तीन नाटक
अभिषेक मजुमदार

संपादक : सौरभ राय

First published in 2018 by Oberon Books Ltd
521 Caledonian Road, London N7 9RH
Tel: +44 (0) 20 7607 3637 / Fax: +44 (0) 20 7607 3629
e-mail: info@oberonbooks.com
www.oberonbooks.com

Copyright © Abhishek Majumdar, 2018

Abhishek Majumdar is hereby identified as author of these plays in accordance with section 77 of the Copyright, Designs and Patents Act 1988. The author has asserted their moral rights.

All rights whatsoever in this play are strictly reserved and application for performance etc. should be made before commencement of rehearsal to The Author c/o Oberon Books. No performance may be given unless a licence has been obtained, and no alterations may be made in the title or the text of the play without the author's prior written consent.

You may not copy, store, distribute, transmit, reproduce or otherwise make available this publication (or any part of it) in any form, or binding or by any means (print, electronic, digital, optical, mechanical, photocopying, recording or otherwise), without the prior written permission of the publisher. Any person who does any unauthorized act in relation to this publication may be liable to criminal prosecution and civil claims for damages.

A catalogue record for this book is available from the British Library.

PB ISBN: 9781786822581
E ISBN: 9781786821614

Cover image by Pratyush Singh

eBook conversion by CPI Group (UK) Ltd, Croydon, CR0 4YY.

Visit www.oberonbooks.com to read more about all our books and to buy them. You will also find features, author interviews and news of any author events, and you can sign up for e-newsletters so that you're always first to hear about our new releases.

सम्पादकीय टिप्पणी

हिंदी रंगमंच, जैसा कि मोहन राकेश ने स्वीकारा है, किसी ख़ास परंपरा के साथ अनुस्यूत नहीं है। 'परंपरा के अभाव' वाली बात अपनी जगह ठीक है, लेकिन पिछली सदी में हिंदी नाटक के विकास का सबसे बड़ा बाधक, मेरी समझ से, बॉलीवुड रहा है। सिनेमा की लोकप्रियता ने न केवल हिंदी रंगमंच की प्रतिभाएं लील लीं, बल्कि इसकी सामाजिक और सांस्कृतिक क्षमता पर भी बड़ा आघात पहुँचाया। यह आकस्मिक नहीं है कि भारत की सर्वाधिक बोली और समझी जाने वाली भाषा होने के बावजूद हिंदी का रंगमंच अपने जन समुदाय की अभिव्यक्ति और आकांक्षाओं का प्रतिनिधित्व करने में कन्नडा, बांग्ला, या मराठी रंगमंच की तुलना में काफ़ी पीछे रह गया है।

वहीं दूसरी तरफ़, आज के इन्टरनेट और वैश्वीकरण के दौर में हिंदी रंगमंच में क्रमबद्ध परंपरा का आभाव हमें फायदा पहुँचा रहा है। आधुनिक हिंदी रंगकर्मियों में प्रयोगशीलता और नियमों को तोड़ने का आग्रह अधिक है। विभिन्न सांस्कृतिक धाराओं के समावेश से बने हिंदी के विशाल समुदाय का प्रतिनिधित्व करते नाटककारों की यह नई पीढ़ी तेज़ी से संस्कृत नाट्य, लोकनाटक, दास्तानगोई, और नुक्कड़ नाटकों से लेकर पश्चिम के नाटकीय प्रयोगों को आत्मसात कर रही है। बावजूद इसके, आधुनिक हिंदी नाटक इन सबसे अलग अपनी ज़मीन तलाश रहा है। अपने समय, अनुभवों, और मुफ़लिसियों को दर्शाने की कोशिश करते हुए ये नए रंगकर्मी कॉलेज के ख़ाली क्लासरूमों से लेकर बम्बई के पृथ्वी थिएटर तक फैले हुए हैं, और हिंदी नाटक का नया रूप-विधान गढ़ रहे हैं।

नए नाटककारों की इस पीढ़ी में अभिषेक मजुमदार बहुचर्चित हैं। इनका जन्म एक बंगाली परिवार में हुआ। बचपन *जेएनयू विश्वविद्यालय* के तर्कसंगत परिसर में बीता। दिल्ली, भुवनेश्वर, और त्रिची में पढ़ाई करने के बाद ये बेंगलुरु आए। कॉलेज में शौकिया तौर पर नाटक करते थे लेकिन बेंगलुरु में महेश दत्तानी द्वारा

आयोजित अभिनय और लेखन की कार्यशालाओं का हिस्सा बनने के बाद रंगकर्म को जीवन बना लिया। छात्रवृत्ति पाकर लन्दन गए और *इंटरनेशनल स्कूल ऑफ़ परफॉर्मिंग आर्ट्स* से नाटक की पढ़ाई की। बेंगलुरु लौटकर अपने मित्र संदीप शिखर के साथ मिलकर *इंडियन एन्सेम्बल* की स्थापना की, और एक अहिन्दी भाषी प्रदेश में रहकर भी हिंदी के साथ सक्रिय और प्रयोगधर्मी बने रहे। भाषा, नाट्यसंरचना, और लेखन के प्रयोगों के ज़ोर पर नाटक बनाए और प्रसिद्धि पाई। आज इन्हें देश-विदेश की संस्थाओं और कलाप्रेमियों का प्रोत्साहन मिल रहा है, और हर नए नाटक के साथ इनके काम का केनवास बड़ा होता जा रहा है।

अभिषेक मूलतः चरित्रों के नाटककार हैं। घाट-घाट का पानी पीने का अनुभव शायद इन्हें अलग-अलग दृष्टिकोणों की यह व्यापक समझ देता है। इनके नाटकों के पात्र अलग होते हुए भी अपनी अभिज्ञता में परिपूर्ण और तार्किक स्तर पर जागरूक होते हैं। चरित्रों को मांझने की यह क्रिया कथानक में नाटकीयता और द्वंद्व पैदा करती है। फलस्वरूप, इन नाटकों का मूल विरोधाभास अक्सर तात्त्विक और जटिल होता है। नाटकीय द्वंद्व का समाधान चरित्र कभी मरकर तो कभी हारकर प्रस्तुत कर देता है, लेकिन नाटकों के तात्त्विक विरोधाभास पाठकों का साथ नहीं छोड़ते।

अभिषेक के नाटकों के पात्रों को अगर ध्यान से देखें तो इनकी व्यंजना शक्ति और बोलने के ढंग पर भी 'चरित्र-निर्माण' वाली बात लागू होती है। *कौमुदी* में मैनेजर बाबू 'वो' का प्रयोग करते हैं, सत्यशील 'वह' का, और परितोष ज़रूरत मुताबिक भाषा का इस्तेमाल करता है। *मुक्तिधाम* का घासीदास, जो पहले नट रह चुका है, बात से बात पैदा करते हुए सतही हास्य पैदा करता है। वहीं अहिल्या अपनी हाज़िर-जवाबी और व्यंजना के ज़ोर पर एक विलक्षण स्त्री का चरित्र गढ़ती है। भाषा का यह खेल संस्कृत नाटकों में भी देखने को मिलता है। कालिदास, भास, इत्यादि के वाङमय में भी पात्रानुसार भाषा का प्रयोग मिलता है। जहाँ महत्वपूर्ण और 'ऊंची कोटि' के पात्र संस्कृत का प्रयोग करते हैं, वहीं फुटकर पात्रों में प्राकृत भाषा का भरपूर प्रयोग किया गया है।

इसमें कोई दो राय नहीं कि अभिषेक के नाटकों के विषय और कथानक क्लासिक लेखन की परंपरा से प्रेरित हैं। इनमें एक निर्दिष्ट आरम्भ, मध्य, और समापन होता है। रामायण, महाभारत, और अमीर हम्ज़ा के दास्तानों को प्रासंगिक बनाते हुए नाटक का विरोधाभास खड़ा होता है। बावज़ूद इसके, इनके नाटकों में जिन्न, भूत, दर्शक, आलोचक, नट जैसे 'बाहरी चरित्र' रहस्य न पैदा करते हुए नाटक को देखने-समझने में पाठक की मदद करते हैं। इन निर्लिप्त चरित्रों की टिपण्णी इन नाटकों को पर्याप्त रूप से आत्म-जागरूक बनाती है। तभी तो *कौमुदी* में वे नाटक

के भीतर नाटक खेलते हुए गुरु-शिष्य, पिता-पुत्र, और पुराने-नए के बीच के द्वंद्वों की पड़ताल करते हैं। *मुक्तिधाम* बौद्ध धर्म के उदयकाल की पुनर्रचना करता हुआ हिंन्दु उग्रवाद की जड़ों का विनिर्माण करता है। वहीं *ईदगाह के जिन्नात* में अभिषेक कश्मीर की हताशा को भाई-बहन, डॉक्टर-मरीज़, और यथार्थ-फंतासी के बीच के संबंधों के माध्यम से जांचते-परखते हैं। तभी तो ये नाटक विषय और द्वंद्व के स्तर पर चिरकालीन होते हुए भी पर्याप्त रूप से सामयिक बन जाते हैं।

समकालीन मसलों पर क्लासिक्स में अनुसंधान, पुराने मिथकों के ज़रिये नई सामाजिक और राजनैतिक बात पैदा करना, आत्म-जागरूक 'बाहरी चरित्रों' के माध्यम से कथानक पर भाष्य रचना, नाटक के भीतर नाटक खेलना, पुराने समय का विनिर्माण – ये सभी उत्तर आधुनिक आग्रह हैं। क्लासिक और उत्तर आधुनिक धाराओं के समावेश! जैसा कि मैंने पहले लिखा, विभिन्न धाराओं को आत्मसात करते हुए हिंदी नाटक के नए रूप विधान की संरचना!

कला की राजनैतिक और सामाजिक ज़िम्मेदारी को समझकर अभिषेक और उनकी पीढ़ी के कई नए रंगकर्मी बेधड़क काम कर रहे हैं। अभिषेक के नाटकों के कथानक जटिल होने के बावज़ूद पात्रों के बीच चल रहे दिलचस्प संवाद के कारण रोचक और पठनीय बने रहते हैं। तर्क-वितर्क और हास-परिहास दृश्यों में नाटकीय तनाव पैदा करते हैं, जो समकालीन मसलों में सीधा हस्तक्षेप करते हैं। फलस्वरूप, कथानक की जटिलता भूलकर हम नाटक की बुनियादी चिंता में डूब जाते हैं। इस सन्दर्भ में देखा जाए तो ये नाटक बौद्धिक नाट्य-प्रेमियों को तो आमंत्रित करते ही हैं, लेकिन एक कदम और बढ़ाकर नए पाठकों को भी जीवन और समाज की जटिलता को नज़दीक से देखने-परखने के लिए प्रेरित करते हैं।

– सौरभ राय

भूमिका

साल 2012 के शुरुआती दिनों में मुझे दक्षिण मुंबई में स्थित नेशनल सेंटर फॉर द परफॉर्मिंग आर्ट्स के टाटा थिएटर में 'ईदगाह के जिन्नात' देखने का मौका मिला। यह नाटक राइटरस ब्लॉक नाम के एक नाट्यलेखन-कार्यक्रम की उपज थी, जिसे ब्रिटिश काउंसिल, मुंबई के एक पुराने थिएटर ग्रुप रेज प्रोडक्शनस, और लन्दन के रॉयल कोर्ट थिएटर की सहकारिता में आयोजित किया गया था। रिचर्ड ट्वायमन द्वारा निर्देशित यह नाटक मुंबई के दर्शकों के लिए एक असाधारण अनुभव था, जहाँ का ग़ैर-राजनैतिक और राजनैतिक नाट्यपरिवेश हमेशा से ही सतही रहा है। अचानक हमारे बीच एक ऐसे नाटककार ने प्रवेश किया था, जो न केवल अपने शोध के स्तर पर कश्मीर के जटिल ऐतिहासिक और राजनैतिक परिदृश्य को लेकर जागरूक था, बल्कि अपनी नाट्य-संरचना के माध्यम से कई मानव संवेदनाओं और अनुभवों की परतों को उघाड़ने का माद्दा दिखा रहा था। मजुमदार ने अपने नाटक के माध्यम से कश्मीर की समस्या की पेचीदगियों की पड़ताल की थी; और बाकी नाटकों की तरह कोई सरल समाधान सुझाकर दर्शकों को खोखला सुख देने का इनमें कोई आग्रह नहीं था। 'ईदगाह के जिन्नात' द्वारा उठाए गए तकलीफ़देह सवाल हम दर्शकों के साथ घर लौटे थे।

अपने नाटक के माध्यम से मजुमदार जिन परिस्थितियों से जूझते हैं वहाँ रौशनी नहीं, सिर्फ़ गहरा अँधेरा है। यहाँ की युवा महत्त्वाकांक्षाएँ एक सपने के हाशिये पर सिमट गई हैं- और वह सपना है आज़ादी का, अपना भविष्य ख़ुद लिखने का। आज़ादी के बिना सभी आकांक्षाएँ एक कड़वी हताशा में ख़त्म हो जाती हैं, इस बात को मजुमदार बख़ूबी समझते हैं। अत्याचारी यहाँ भारतीय सेना है, जो 1990 की आर्म्ड फोर्सेज स्पेशल पावर्स एक्ट के तहत 'शान्ति' कायम करने के लिए कार्यरत है। कश्मीर की यही विडम्बना है कि हिंसा के ज़रिए शांति स्थापित करने का यह आग्रह यहाँ के लोगों की आज़ादी के सपने से बार-बार टकराता रहा है।

जब मजुमदार इस नाटक के लिए शोध कर रहे थे, तब पत्थरबाज़ी की वारदातें आए दिन अखबारों में पढ़ने को मिलती थीं। पत्थरबाज़ी कश्मीर-घाटी में सदियों से प्रतिवाद का एक माध्यम रहा है, और इस बार भी यह भारत सरकार की अमानवीय नीतियों के ख़िलाफ़ संघर्ष का एक ज़रिया था। फलस्वरूप, सेना जब भी किसी विरोधकर्ता को घायल करने के लिए या मारने के लिए गोलियाँ दागती थी, तब उन्हें गलत नहीं ठहराया जाता था।

2010 में जब एक ग्यारह साल के स्कूली बच्चे तुफ़ैल मटूट की जान भारतीय सैनिकों के हाथों अनजाने में चली गई, तब कश्मीर की घाटी में पत्थरबाज़ियों का एक नया सिलसिला शुरू हो गया था। 'ईदगाह के जिन्नात' में तुफ़ैल की मौत और उसके बाद कश्मीर की युवा में फैला आक्रोश, दोनों बातों की झलक देखने को मिलती है। श्रीनगर की गलियां प्रदर्शनकारियों से भर गईं थीं, जो सेना द्वारा कर्फ़्यू लगाए जाने के बावजूद सड़कों पर पत्थर लिए उतर आए थे। जहाँ उनके पत्थरों से कुछ जवान घायल हुए, वहीं सेना की दाग़ी गोलियों से ग्यारह कश्मीरी नौजवान मौत के घात उतार दिए गए, जिन्हें आज़ाद कश्मीर के हिमायतियों ने शहीद का दर्ज़ा दिया। इन नौजवानों को एक ईदगाह में दफ़नाया गया था। नाटक में भी ईदगाह शहीदों की क़ब्रगाह है। नाटक की घटनाएँ ईद के आस-पास घटित होती हैं, और ईद की नमाज़ की जगह होने के कारण ईदगाह अपने-आप नाटक में एक ज़रूरी पहलू जोड़ देती है।

मजुमदार के चरित्र इस जटिल कहानी के अलग-अलग दृष्टिकोण का प्रतिनिधित्व करते हैं। बिलाल की फुटबॉल टीम के सभी खिलाड़ी आज़ादी के पक्ष में हैं, और प्रतिरोध में शामिल होना चाहते हैं। बिलाल आख़िर तक दुविधा में रहता है, और आज़ादी के लिए लड़ते अपने दोस्तों का साथ देने से अधिक फुटबाल खेलकर देश-दुनिया में नाम कमाना चाहता है। डॉ. बेग एक शांतिवादी हैं, और कश्मीर का भविष्य भारत सरकार के साथ वार्ता स्थापित करने में देखते हैं। उनके विचारों से अलग मत रखने वाली उनकी छात्रा डॉ. वानी पत्थरबाज़ी करने वालों की ओर आकर्षित नज़र आती है, और अपने बेटे को भी इस आन्दोलन से जुड़ने से नहीं रोकना चाहती। बिलाल की मानसिक रूप से बीमार बहन अशरफ़ी जिन्न-जिन्नातों और अपने मृत अब्बू की स्मृतियों से बनी एक काल्पनिक दुनिया में सिमट गई है। मजुमदार ने जिन्नातों की भी एक दुनिया बनाई है, जो कश्मीरियों की व्यथा का एक उम्दा रूपक गढ़ती हैं, जो न इधर के हैं, न उधर के; जिनका जीवन उनका मूलभूत अधिकार नहीं है, और न ही उनकी मौत उनकी ज़िन्दगी का स्वाभाविक अंत।

मजुमदार अपने नाटक में एक और जिवंत प्रतीक का बखूबी इस्तेमाल करते हैं, और वो है आँखों का, जो सचेत और निडर होकर ललकारती हैं। हम इन आँखों

से नाटक के शुरुवात में ही रूबरू होते हैं, जब अशरफ़ी और बिलाल के अब्बू बच्चों को अमीर हम्ज़ा की कहानी सुनाते हुए समझाते हैं कि जंग हकीकत नहीं, सिर्फ़ एक धोखा है, तिलिस्म है। कहानी की नायिका फ़ातिमा अपने अब्बू से कहती है, "आसमानों की तरफ़ देखिए। ऊपर वो दो सितारे मेरी आँखे हैं और हमेशा वहीं रहेंगी। जिस पल आपकी आँखें मेरी आँखों से मिलेंगी, आप भी इस तिलिस्म को तोड़ देंगे।"

नाटक के अंत से पहले हम दोबारा इन आँखों से मिलते हैं, जब एक सिपाही दूसरे से उस घटना का उल्लेख करता है जब उसने एक प्रदर्शनकारी बच्ची की गोली मारकर हत्या कर दी थी। वह कहता है, "वो मर चुकी थी लेकिन उसकी आँखें जिंदा थीं। वो मुझे घूरे जा रही थी। मैंने उसकी आँखों पर गोली चलाई, पर उसकी आँखें बंद ही नहीं हो रहीं थी। "यही गुस्ताख आँखें नाटक के अंत में एक आख़िरी बार लौटती हैं जब अशरफ़ी बिना पलकें झपकाए लगातार सिपाही को घूरती रहती है, और घोषणा करती है कि, "मार दो मुझे... और मैं फिर से वापस आऊँगी... और फिर से... और फिर से..." नाटक का बेचैन करने वाला अंत इस बात की तरफ़ भी इशारा करता है कि कश्मीर के वीभत्स हालात सुधरने में शायद कई सदियाँ और लग जाएंगी।

'मुक्तिधाम' के ज़रिये भी मजुमदार एक ऐसी विराट राजनैतिक घटना की ओर ताकते हैं जिसकी लम्बी छाया काफ़ी दूर तक भविष्य पर अँधेरा करती हैं। नाटक का काल और स्थान अतीत में कहीं दबा हुआ है, लेकिन नाटक की घटनाएँ और द्वंद्व आज पहले से कहीं अधिक प्रासंगिक हैं। शायद इसी छाया की डोर पकड़ कर मजुमदार अतीत में जाकर हिन्दू उग्रवाद की जड़ों का अनुसन्धान करते हैं। नाटक का पहला ड्राफ्ट लिखने के बाद मजुमदार ने मुझे एक ई-मेल में लिखा था, "पिछले एक-डेढ़ साल से मैं हिंदुत्व को एक बौद्धिक विचार के रूप में देख सकने की नाटकीय क्षमता पर विचार कर रहा हूँ। न केवल हिंदुत्व बल्कि फ़ासीवाद की जड़ें, मेरी समझ से, भौतिक सिद्धांतों में दबी हैं, जो आगे चलकर बुद्धिजीवी विरोधी हो गईं। इसी शोध के दौरान मैंने आठवीं शताब्दी के एक दौर को नज़दीक से पढ़ा और समझा, जब पाल साम्राज्य के दौरान बौद्ध और हिन्दू मतों के बीच की शुरुआती झड़पें हुईं थी।"

'मुक्तिधाम' के कथानक का आरम्भ भी एक निर्णायक दिन से ज़रा पहले होता है। एक विलक्षण सूर्य ग्रहण होने वाला है। ग्रहण पूरा होने पर वीरपुर मठ के मुख्य आचार्य अपना उत्तराधिकारी घोषित करेंगे और समाधि लेंगे। राजनैतिक परिवर्तन के इस दौर में एक बार फिर से शांतिवाद और आक्रामकता की विचारधाराएँ आपस में टकराती हैं, विवेक और भावुकता के बीच तकरार होती है। इस बार भी जीत

किसी ख़ास पक्ष की नहीं होती, और दोनों गुट क्रूरता और रक्तपात में सराबोर हो जाते हैं। हालाँकि नाटक में अलग-अलग विचारधाराओं का नेतृत्व करने वाले पात्र अपनी-अपनी निजी लड़ाई हार जाते हैं, लेकिन करुणा और उदारता जैसे साधारण मानवीय गुणों के पतन की तर्ज पर जीत आख़िरकार आक्रामक विचारधारा की ही होती है। यहाँ जातिवादी सोच भी एक बड़ी भूमिका निभाती है। विचारों पर नारे हावी हो जाते हैं। अग्निवेश का शिष्य श्रीहरी कहता है, "आचार्य अग्निवेश हमारी चेतना, मनुस्मृति हमारा मार्गदर्शक... यह नारा है।" शत्रु-निर्माण की यह क्रिया इस हिंसात्मक विचारधारा की परिचालक है, जिसके अंतर्गत किसी भी अमानवीय कृत्य को सही ठहराया जा सकता है। अग्निवेश का एक और नारा इस बात की पुष्टि करता है, "बौद्धियों से मुक्ति ही अब सनातन धर्म की मुक्ति है।"

इस नाटक का मंचन अभी तक नहीं हुआ है। हालाँकि नाटक का मूल्यनिर्धारण आख़िर में मंच और दर्शक ही करेंगे, और इस सन्दर्भ में मजुमदार के नए नाटक को अभी लम्बी परीक्षा से गुज़ारना है; लेकिन जहाँ तक लेखन का सवाल है, 'मुक्तिधाम' एक बड़े साहस का काम है। वह भी एक ऐसे समय में जब राष्ट्रीय और अंतर्राष्ट्रीय राजनैतिक परिदृश्य में भावुकता विवेक पर हावी हो रही है। भारत में हिंदुत्व उफान भर रहा है और इनके सदस्यों की अपनी एक आच्छादित सेना तेज़ी से खड़ी हो रही है। इस सामाजिक परिवेश में 'मुक्तिधाम' ने निर्भीक होकर हमारे धार्मिक और सामाजिक लोकाचार को जांचने-परखने का काम किया है, वह भी एक ऐसे ऐतिहासिक समय में जाकर, जिसे हमारे देश का हिंदूवादी तंत्र गर्व से स्वर्णिम दौर बतलाकर पुनर्जीवित करने की चेष्टा में जुटा हुआ है।

कुछ नाटकीय अनुभव ऐसे भी होते हैं, जिन पर कई अलग-अलग परिप्रेक्ष्यों से देखे-समझे बिना चर्चा संभव नहीं है। मेरे लिए 'कौमुदी' एक ऐसा ही अनुभव था, जब मैंने इस नाटक का इंडियन एन्सेम्बल द्वारा किया गया मंचन मुंबई के पृथ्वी थिएटर में जाकर देखा था। इस नाटक ने दर्शकों को अर्थ और प्रयोजन के कई स्तरों पर जाकर चुनौती दी थी, और वह भी थिएटर के हर तत्व के माध्यम से उनके साथ एक सार्थक संवाद स्थापित करते हुए। लेखन से लेकर अभिनय, ध्वनि और प्रकाश के प्रयोग में इनकी दक्षता साफ़ दिखलाई पड़ती थी। मजुमदार के बाकी नाटकों की तरह 'कौमुदी' ने भी एक ऐसा द्वंद्व प्रस्तुत किया था, जिसका कोई सरल समाधान नहीं था। इस नाटक ने भी जीवन और उसकी अभिव्यक्तियों से जुड़े आवश्यक प्रश्न खड़े किये थे, लेकिन इस बार मुठभेड़ दो स्पष्ट रूप से परिभाषित गुटों के बीच नहीं था, बल्कि एकाधिक आशयों पर निरंतर चल रहा था।

नाटक का कथानक दिलचस्प है। सत्यशील रंगमंच से जुड़े एक बूढ़े अभिनेता हैं जो अंधे हो रहे हैं। उनका अपने बेटे परितोष से सामना होता है, जो एक युवा कलाकार

है। इनके बीच चल रहे संघर्ष के कई व्यापक रूप हैं; एक बाप और बेटे के बीच का संघर्ष, वृद्धावस्था और युवावस्था के बीच का संघर्ष, पारंपरिक और आधुनिक नाटकीय दृष्टि के बीच का संघर्ष, और अपने मूल स्वरुप में मानवीय प्रारंभ और मानवीय अंत के बीच का संघर्ष। एक निर्धारित दिन इन संघर्षों की नाटकीय मुठभेड़ होती है, लेकिन इस बार नाटक के भीतर चल रहे नाटक के दो मिथकीय पात्रों, एकलव्य और अभिमन्यु के बीच। एक तरफ़ नीची जाति का एकलव्य है जिसने हिंदू समाज की सामाजिक संरचना के विरुद्ध जाकर युद्ध कौशल में महारत हासिल कर ली है, जिसकी वजह से उसे निर्वासित किया जा चुका है। दूसरी तरफ़ एकलव्य है, जो महान योद्धाओं के कुल का उत्तराधिकारी है। थिएटर के बाहर गंगा नदी बहती है जो भारतीय जन-समाज की विभिन्न धाराओं को मिथकीय अर्थ देती है, जिनका अनुसंधान मजुमदार अपने हर नाटक में करते हैं।

'कौमुदी' यथार्थ और नाटक, नाटक को कला और वाणिज्य के रूप में देखने के अलग-अलग आग्रह, और नाटक और उसके दर्शकों के बीच के द्वंद्वों का एक 'मेटा प्ले' बनकर हमारे समक्ष प्रस्तुत होता है। इसका कारण यह भी है कि नाटक के मुख्य द्वंद्व का समाधान नाटक के भीतर चल रहे नाटक में होता है, जिसका मैनेजर मूल नाटक का एक महत्वूर्ण पात्र भी है। चरित्रों के बीच के जटिल संबंधों का यह ताना-बाना समय, स्थान, जीवन, थिएटर और मिथकों की सीमाओं को नेस्तनाबूत करती हैं; और थिएटर और जीवन के बीच कला, कलाकार के अहम, और थिएटर के यथार्थ और कल्पना से जुड़े महत्वपूर्ण सवाल प्रस्तुत करती है। एक अन्य स्तर पर यह नाटक अंधेपन और कला के बीच के संबंधों की भी पड़ताल करती है। जैसा कि जॉर्ज लुईस बोर्खेज ने अपने निबंध 'ब्लाइंडनेस' में लिखा है, "एक लेखक को, या किसी भी आदमी को, यह विश्वास होना चाहिए कि जो भी उसके साथ घटित होता है, वह एक साधन भर है; सभी चीज़ों का अपना प्रयोजन है। यह बात कलाकारों पर और भी अधिक लागू होती है। जीवन के सभी अनुभव, जीवन के तिरस्कार, शर्मिन्दगियाँ, आपदाएं वगैरह वह नरम मिट्टी है, जिसका इस्तेमाल कर कलाकार अपनी कला की रचना करता है।"

मजुमदार अपने नाटकों की भाषा में काव्यात्मकता और पुष्टता को जोड़ते हुए चलते हैं, जिनसे इनके नाटकों में एक उत्तेजक ध्वन्यात्मक बनावट पैदा होती है। यही वजह है कि मजुमदार के नाटकों को दुनिया के श्रेष्ठ नाटकीय साहित्य के साथ रखकर देखा जा सकता है, जिन्हें केवल मंच पर देखना ही नहीं, बल्कि पढ़ना भी एक विलक्षण अनुभव प्रदान करता है।

– शांता गोखले

राई के लिए
...बाबा

अनुक्रम

कौमुदी 17

ईदगाह के जिन्नात 77

मुक्तिधाम 173

कौमुदी

आनंद के मलयालम उपन्यास 'व्यासं-विग्नेस्वरम'
और होसे लुइ बोर्हेस के निबंध 'ब्लाइंडनेस' से प्रेरित

चरित्र

सत्यशील

मैनेजर बाबू

परितोष कुमार

अभिमन्यु

दुर्योधन

एकलव्य

नाटक के अंदर कौमुदी नाटक खेलने वाले कलाकार

एक

(सत्यशील गंगा के घाट में रेत पर पड़े हैं।)

सत्यशील : अब मुझे सब दिख रहा है। एक हरे और नीले रंग का धुआं मेरे चारों ओर छा चुका है। उधर गंगा जी के पुल से इलाहाबाद के न जाने कितने ही रईस लोगों की गाड़ियाँ आ रही हैं। कुछ बसें भी... दर्शकों की बातें सुनाई दे रही हैं मुझे, बातें जो वे मेरे ही नाटक की अपेक्षा में करते हैं। चारों तरफ़ रौशनी है, घाट पर भीड़! और इस शाम के नशे में धुत, नदी पार करते हुए 'नीलिमा थिएटर' की तरफ़ आते हुए लोग। दूर की हर चीज़ और भी उभर कर पास आ रही है। कहीं कुछ नहीं दिख रहा, तो वह है करीब का सच? इंसान की यही कमज़ोरी है। दृष्टि का वर उसे जीवन के पहले क्षण से उपलब्ध है। पर करीब की दृष्टि का नहीं। दूर का वो हमेशा ही जान लेता है। हमेशा उसकी नाक, उसके कान, उसके सोचने-समझने की ताकत दूर पर लगी रहती है। करीब का सुख उसे नसीब नहीं। शायद इसीलिए इतने सारे पढ़े-लिखे लोग हर शाम नीलिमा थिएटर आते हैं। करीबी चीज़ों को दूर से देखने। अपनी कमज़ोरियां, अपने विकल्प, अपने मरते-मारते-जूझते आदर्शों की लड़ाई, अपने द्वंद्व, अपनी हवस, अपना खौफ़। किसी और का बारीक और कमज़ोर इंसानी गुरूर तार-तार होता हुआ देखने। यही थिएटर का भ्रम है। एक बहुत हसीन धोखा, एक ख़ूबसूरत जालसाज़ी, एक नशे-सा फ़रेब! शायद इसीलिए इसमें दृष्टि का खोना फ़रेब के परे जाने जैसा है। वाक्, अंग, दृष्टि, दृष्टिकोण। जब हर चीज़ का अंत हो जाए, वहीं कहीं हमारे नीलिमा थिएटर के भ्रम का आदि होता है। अंधेपन में अंधेरा नहीं होता। होती है यह लगातार रहने वाली हरी और नीली रौशनी। इस रौशनी को अँधेरे में न बदल पाना अंधेपन की सबसे बड़ी मजबूरी है। रौशनी के कारोबार से, रौशनी के कारोबार तक का फासला क्या खूब तय कर रहा हूँ मैं! नीलिमा थिएटर के रंगमंच से अंधेपन का फ़ासला उतना भी दूर नहीं जितना दिखता है।

दो

(थिएटर के मैनेजर और उनका सहकर्मी मुरारी स्टेज पर हैं। अंदर की तरफ़ सत्यशील एक रेतघड़ी के साथ अपनी कुर्सी पर बैठे हैं।)

मैनेजर : (किसी को बताते हुए) देखो तुमसे मैंने हज़ार बार कहा है कि जब सामान बाँधो तो हर चीज़ को इस सूची के साथ मिला लिया करो। अब फिर बेवकूफ़ी कर दी न तुमने? ढूँढो अब उस पिस्तौल को... ढूँढो! ऐसे नहीं चलेगा।

मुरारी : ऐसे कह रहे हैं जैसे पूरे इलाहबाद में वैसी दूसरी पिस्तौल नहीं मिलेगी...

मैनेजर : पूरे इलाहबाद में क्या, बनारस, लखनऊ, राइ बरेली, कलकत्ता तक ऐसी पिस्तौल किसी थिएटर कंपनी के पास नहीं होगी। तुम साले नौटंकी वालों की यही परेशानी है। नाटक करते हो खाना खाकर थूकने की तरह। खाया थूका... खाया थूका... किसी चीज़ की कोई कद्र ही नहीं... तुम/

(परितोष का प्रवेश। परितोष ने कोट पहन रखा है।)

मैनेजर : आप? अभिनय करने आए हो?

परितोष : जी।

मैनेजर : (मुरारी से) कोट पहन कर अभिनय करने आए हैं। वहाँ... बाहर दरवान के पास नाम लिखकर जा सकते हो। और हाँ, किसी अभिनेत्री का आपको ज्ञान है?

परितोष : अभिनेत्री?

मुरारी : औरत... औरत समझते हो?

मैनेजर : औरत के रोल में आदमी नहीं... औरतों जैसी औरत... पता हो तो बताना। उसे रखा तो चार आने तुम्हारे भी बनेंगे।

परितोष : आप?

मैनेजर : जी मैं हूँ नीलिमा थिएटर का मैनेजर। आप वैसे इस तरह अंदर आ नहीं सकते।

परितोष : सिगरेट पियोगे?

(मुरारी सिगरेट लेता है। मैनेजर पलट कर देखता है।)

मैनेजर : क्या हो रहा है? आप इस तरह बीड़ी पिला कर... सिगरेट है?

(परितोष मैनेजर को सिगरेट देता है। परितोष मैनेजर और अपनी सिगरेट सुलगाता है।)

मैनेजर : कैसे आना हुआ?

परितोष : मैं वो अभिमन्यु-वध में एकलव्य के काम के लिए...

(मैनेजर परितोष का गिरेबान पकड़कर उसे दूसरी तरफ़ ले जाते हैं।)

मैनेजर : फुसफुसाते हुए, गुस्से से) पागल हो क्या? सिर पे चोट लगी है तुम्हारे? कहाँ से कहाँ... ख़ुद तो मरोगे ही मेरी भी नौकरी खाओगे... वो देख रहे हो... वो... पता है वो कौन हैं?

परितोष : कौन हैं?

मैनेजर : सत्यशील... सत्यशील! अगर उन्होंने सुन लिया कि कोई कल का लड़का एकलव्य और अभिमन्यु का नाम भी ले रहा है, तो अभी मेरी मैनेजरी बंद करा देंगे और रसोई में लगवा देंगे। और बेटा तुम्हें पता नहीं है कि ये थिएटर वाले खाते बहुत हैं!

परितोष : अच्छा वो सत्यशील हैं।

मैनेजर : नीची आवाज़ में बोलो... नीची... सत्यशील जी की दृष्टि जब से जा रही है, उनके सुनने की क्षमता चौगुनी हो गई है। आजकल नाटक करते हुए... हर शाम को... अपनी पंक्तियों के साथ-साथ, पास वाले अप्सरा थिएटर के डायलाग पर भी ध्यान देने लगे हैं।

परितोष : जी अच्छा..!

मैनेजर : जी अच्छा क्या? क्या जी अच्छा? सत्यशील जी कोई मामूली कलाकार हैं क्या? अभी कल रात मध्यांतर में कह रहे थे, "पता करिए तो मैनेजरबाबू, अप्सरा के सीता हरण में रावण की भूमिका कौन कर रहा है?"

मुरारी : सूरज प्रकाश। मेरा बहनोई है।

मैनेजर : तुम पिस्तौल ढूंढो।

“आज उसने रावण के शब्दों को केवल एक ढंग से खेला। केवल क्रूरता रावण को सपाट बना देती है। हो सकता है, रावण में एक क्षण के लिए वास्तव में सीता के लिए प्रेम की भावना जाग उठी हो। कई तरह से इसे खेला जा सकता है। मेरे जाने से पहले मैं कुछ समय उस कलाकार के साथ बिताना चाहूँगा जो रावण कर रहा है।”

मुरारी : बुला लाएँ सूरज प्रकाश को?

मैनेजर : तुम अपना काम करो।

परितोष : बुला लाओ, बुला लाओ।

मैनेजर : क्या बुला लाओ? जाओ... जाओ बाहर... (परितोष को धक्का देता है।)

परितोष : मैं बनारस से आया हूँ।

मैनेजर : तो क्या करूँ?

परितोष : परितोष कुमार।

मैनेजर : तो सर पे बिठा लूं आपको?

परितोष : बनारस के तारा थिएटर में इसी नाटक में अभिमन्यु का पात्र मैं ही करता हूँ... मुझे आप ही के थिएटर के/

(विलम्ब।)

मैनेजर : (दूसरी ओर मुँह कर) अरे! सुनो कुछ लाओ नाश्ता... बड़े कला. कार आए हैं। मुख्य पात्र वाला नाश्ता लाना, वो भाला सिपाहियों वाला नहीं। (वापस परितोष को) वो दरअसल... क्या हुआ कि... (मुरारी से) कुर्सी लाओ, कुर्सी... (परितोष से) मां सोच रहा था कि जो एकलव्य करने आएँगे वो उम्र में आपसे बहुत बड़े होंगे। आपका नाम सुना था पर कभी तस्वीर नहीं देखी। मुझे... आप... आप बैठिए न... हैं।

(मुरारी परितोष के लिए कुर्सी लाता है।)

परितोष : कोई बात नहीं। मुझे कल आना था। मैं एक दिन पहले ही आ गया। आपकी इसमें कोई भूल नहीं।

मैनेजर : पहली बार कोई ऐसा कलाकार देखा है बाबू साहब जो समय से पहले आता है। वरना इतने दिन से नीलिमा में काम कर रहा हूँ। ये कलाकार मंच पे चाहे कुछ भी करें, निजी जीवन में होते हैं एकदम कामचोर।

परितोष : जी?

मैनेजर : माफ़ करें, मेरा मतलब आपसे नहीं था।

परितोष : मैं आज ही से काम की शुरूआत करना चाहता हूँ।

मैनेजर : आज से?

परितोष : जी।

मैनेजर : देखिए किसी भी और कलाकार के साथ आपका काम होता परितोष जी तो मैं मना नहीं करता। इतनी सी उम्र में... पूरे देश में आपका इतना नाम है, और हमारे थिएटर के तो भाग भले कि आपने बनारस छोड़कर यहाँ आने का निर्णय लिया। पर सत्यशील बाबू आजकल... वो क्या है कि (धीरे से) आपको तो पता ही है शायद... उनकी दृष्टि जा रही है।

परितोष : दृष्टि जा रही है?

मैनेजर : जी... नज़र गुल... फाश... फूश... हवा... तो आजकल मैं उनकी दिनचर्या में किसी तरह की नई चीज़ नहीं डालता। शायद इससे उन्हें/

परितोष : आप लोगों ने इन बूढ़े अपाहिज अधमरे कलाकारों को सिर पर चढ़ा रखा है। मुझे इस पात्र को निभाना है उनके बाद। अगर मैं चाहूँ एक दिन पहले काम की शुरूआत करना तो ऐसा होना ही चाहिए। काम मुझे करना है, उन्हें नहीं।

(मौन।)

मैनेजर : देखिए... आप युवा हैं... आपको/

परितोष : मैनेजर साहब, एक बात याद रखिएगा। मैं कलाकार हूँ। आप मेरे लिए काम करते हैं, मैं आपके लिए नहीं। और अगर आप यह चाहते हैं कि नीलिमा थिएटर का एकलव्य और अभिमन्यु, (सत्यशील की तरफ़ मुँह कर) इस भोंडगिरी से ऊपर जाए, तो इसमें यक़ीनन मेरी ज़रूरत के अनुसार काम होगा। क्या यह बात आपको पूरी तरह स्पष्ट है?

(अंदर से सत्यशील की आवाज़।)

सत्यशील : मैनेजर बाबू! मैनेजर बाबू हैं यहाँ?

(मैनेजर तुरंत दौड़ कर अंदर जाते हैं।)

मैनेजर : जी मालिक।

सत्यशील : ये शीशा साफ़ नहीं है, या मेरी दूसरी आँख भी पूरी तरह जा रही है?

मैनेजर : शीशा साफ़ नहीं है, सत्यशील बाबू।

सत्यशील : (हँसते हुए) आप... मैनेजर बाबू, मुझसे कहीं बड़े कलाकार हैं... वो लड़का आ गया?

(दरवाजे पर परितोष।)

सत्यशील : (अकेले में नाटक की पंक्तियाँ खेलते हुए।)

> मैं तुम्हें सिखाऊंगा अभिमन्यु...
> जीवन और मृत्यु दोनों अन्धकार के प्रतीक हैं।
> अंधकार में प्रतिशोध, घृणा और प्राण का महत्त्व है।
> वास्तव में सत्य
> कौमुदी का शास्त्र है।
> यह कौमुदी केशव की नहीं
> एकलव्य की है।
> तुम्हें तुम्हारे उत्तर केशव की कौमुदी से नहीं
> एकलव्य की कौमुदी में प्राप्त होंगे
> यह केशव के षड्यंत्र की कौमुदी नहीं
> एकलव्य के सत्य की कौमुदी है।

(परितोष से) स्टेशन से बस में आए?

परितोष : जी हाँ।

सत्यशील : कैसा रहा आपका सफ़र... बनारस से इलाहाबाद तक का?

परितोष : जी अच्छा।

सत्यशील : जब मैंने काम शुरू किया था तब बसों और ट्रामों पर केवल साहब लोग बैठते थे। हमें पैदल ही जाना पड़ता था। (बाहर की तरफ़ मुँह कर) ये बसों की आवाज़ सुन रहे हैं आप?

परितोष : जी मुझे बसें दिखतीं हैं।

सत्यशील : माफ़ कीजिएगा... (हँसते हुए) वो क्या है– मैं तो भूल ही जाता हूँ कि आप सब लोग देख सकते हैं। (लपककर परितोष का हाथ पकड़कर उसे खिड़की की तरफ़ ले जाता है) क्या आपको गंगा जी के उस पार एक मोटर गाड़ी दिखाई दे रही है? एक मोटर गाड़ी जो इस दिशा में आ रही है।

परितोष : (हाथ छुड़ाकर) जी नहीं।

सत्यशील : पर मुझे सुनाई दे रहा है। एक है गाड़ी उस तरफ़। इसी दिशा में आ रही है। आप भी अगर दो-चार दिन कम देखें तो आपको भी ज़्यादा सुनाई देगा। आप चाहें तो कम देख सकते हैं। मैं चाहूँ तो ज़्यादा नहीं...

(परितोष अपने हाथ में पकड़ा पानी का गिलास सत्यशील की मेज़ पर पटक देता है।)

(मौन) खैर... यह जो मोटर गाड़ी है यह बहुत जल्द यहाँ से जाएगी... और आज भले ही इसमें सिर्फ़ साहब, मेम साहब, अमीर लोग बैठें हों, एक दिन सब इसमें बैठेंगे। आप कहेंगे कि यह परिवर्तन है... क्यों मैनेजर बाबू?

मैनेजर : जी... जी...

सत्यशील : मैं इसे कहता हूँ भरपाई। हिसाब। भाड़ा। किराया... जो हर पीढ़ी अपनी अगली पीढ़ी को देती है, क्योंकि उसे पता है कि उसकी अगली पीढ़ी दरअसल उससे कम होशियार, कम आधुनिक, कम इंसान है। इसीलिए हम हमेशा अपनी अगली पीढ़ी के लिए कम उम्मीद और ज़्यादा सामान छोड़ जाते हैं।

(मोटर गाड़ी के गुज़रने की आवाज़। परितोष और मैनेजर अचरज से उस दिशा में देखते हैं)

सत्यशील : आपने कोई पाप नहीं किया जो आप बेचारे बस में आए और आपकी अगली पीढ़ी मोटरगाड़ियों में घूमेगी। मैंने भी ऐसा कोई जुर्म नहीं किया जिससे आप जैसा कल का लड़का बस में आए और मैं पैदल... कब से शुरू करना चाहते हैं आप?

परितोष : आज से।

सत्यशील : और क्या शुरू करना चाहते हैं आप?

परितोष : मैं आपको एकलव्य करता देखना चाहता हूँ, और आपके साथ आज से ही अभिमन्यु भी करना चाहता हूँ।

सत्यशील : आप मेरा पात्र करने के लिए मुझे मंच पर मिलना चाहते हैं?

परितोष : जी।

मैनेजर : देखिए यह तो मुमकिन नहीं है। अभिमन्यु का पात्र तो रतनदीप कर रहे हैं...

सत्यशील : उसे मैं समझा दूंगा... मेरी तरफ़ से उसे आज के पैसे भी दे दीजिएगा मैनेजर साहब। (परितोष से) मुझे आपके अभिमन्यु करने में कोई आपत्ति नहीं है पर एक सलाह दूंगा। लेंगे?

परितोष : जी।

सत्यशील : अभिमन्यु पर ध्यान रखिएगा। एकलव्य सीखने के लिए अभिमन्यु को समझना बहुत ज़्यादा ज़रूरी है... आप मुझे बाहर से देखने की कोशिश मत कीजिएगा। आप मेरे साथ अभिमन्यु को अंदर से खेलिएगा। बाहर से देखना दृष्टि की तौहीन है... दृष्टि और देखने में फ़र्क समझते हैं न आप?

परितोष : मैंने तारा थिएटर के दिग्गज कलाकारों से बाकयदा कलाकारी सीखी है... मैं आपकी तरह/

सत्यशील : तभी तो कह रहा हूँ। अभिमन्यु पर ध्यान दीजिएगा। अपनी शिक्षा को अपने रास्ते में मत आने दीजिएगा।

तीन

(एक तरफ़ शीशे के सामने परितोष अभिमन्यु के पात्र के लिए तैयार हो रहा है। दूसरी तरफ़ सत्यशील मेज़ के सामने खड़े होकर कविता बोल रहे हैं।)

सत्यशील :

 तुम धीर हो
 दिगंत हो
 आदि हो, कि अंत हो
 पांडवों का स्तंभ हो
 कौरवों का अंत हो
  पुत्र हो तुम बाज के
  अग्नि के प्रतीक हो
  सर्यवंश के सूर्य हो
  पुरुषार्थ का पौरुष हो
  तुम अडिग हो, अनंत हो
 अष्टप्रहर भोर हो
  नवीन हो,
  युवंत हो
 तुम धीर हो
 तुम वीर हो
 तुम धीर हो तुम वीर हो
 तुम धीर हो तुम वीर हो...

(इन पंक्तियों के अंत में सत्यशील अपने कलाकार में बदल गए हैं। मैनेजर साहब परितोष के कमरे में आते हैं।)

मैनेजर : बाबू साहब, (परितोष को देखते हैं) आप बिलकुल अभिमन्यु ही लग रहे है।

परितोष : एक बात पूछ सकता हूँ आपसे मैनेजर साहब?

मैनेजर : जी ज़रूर। मैं आप के लिए काम करता हूँ। आप मेरे लिए नहीं (हँसते हैं।)

परितोष : कल रात सत्यशील जी का अभिनय कैसा था?

मैनेजर : कल रात... कल रात तो जैसे उनकी दृष्टि बहुत ही कम हो गई थी। मुझे नहीं लगता वो कुछ भी ख़ास देख पा रहे थे। पर कुछ और... वो एकलव्य के कौमुदी की पंक्तियाँ... जो तीसरी रात को सब देखने और सुनने आते हैं... उसमे जो रंग सत्यशील जी लाए...

अभिमन्यु ने उन्हें पूछा... "आप मुझे क्यों नहीं सिखाते हैं एकलव्य? आप मुझे क्यों नहीं सिखाते..." उन्होंने कहा... "मैं तुम्हें सिखाऊंगा अभिमन्यु। यह केशव की कौमुदी नहीं, एकलव्य की..." लोग खड़े हो गए। खड़े होकर दर्शकों ने वो पंक्तियाँ देखीं... मानों एकलव्य ख़ुद नीलिमा में आ गए हों!

(परितोष सत्यशील के कलाकार रूप को देखता है। सत्यशील पहले से जवान लग रहे हैं और उनकी आँखें भी ठीक हैं। परितोष उन्हें इस तरह देखता है मानों उसने कोई भूत देख लिया हो।)

आप क्या देख रहे हैं परितोष बाबू?

परितोष : जी... मैं... वो... (विलम्ब) कुछ नहीं... कुछ नहीं देख रहा। अभी तारा थिएटर में एक रात मुझे अभिमन्यु करते हुए इस चीज़ का ज्ञान हुआ कि युद्ध में जब अभिमन्यु चक्रव्यूह में फंसे हैं तो एकलव्य का भूत उन्हें ही क्यों दिखाई दिया? किसी और को क्यों नहीं? और अर्जुन को जिस समय केशव ने गीता का उपदेश दिया, तब बाकी सब लोग क्या कर रहे थे? क्या समय किसी भी ज्ञान के लेने या देने के वक़्त रुक जाता है?

(मैनेजर हँसते है।)

मैनेजर : आप भी फ़लसफ़े में फंस गए बाबू साहब। बाहर भीड़ बढ़ रही है। धीरे-धीरे लोग आ रहे हैं। मैं दरवाज़े पर जाता हूँ। आप तैयार हो लीजिए, और अगर किसी चीज़ की ज़रुरत पड़े तो मुझे बुलाएँ।

परितोष : जी।

(मैनेजर बाबू जाते हैं और कलाकार का प्रवेश।)

सत्यशील : तो तुम आ ही गए! मुझे पता था तुम आओगे एक दिन। तुम्हें आना ही था। ऐसा हो ही नहीं सकता कि कोई अभिमन्यु अपना जवाब लेने न आए।

परितोष : आपको सब साफ़-साफ़ दिख रहा है? आप अंधेपन का ढोंग कर रहे हैं?

सत्यशील : मुझे तो हमेशा से ही सब कुछ साफ़ दिखता है। मेरी दृष्टि में कोई खोट नहीं। वहाँ देखो... वो है सत्यशील... महान सत्यशील जी... कलाकारों के कलाकार... तुम्हारे पिता। जो इस समय अपनी रौशनी पूरी तरह से चले जाने से पहले, अपने जीवन के आख़िरी तीन मंचन के लिए तैयार हो रहे हैं।

(दूसरी ओर सत्यशील तैयार होते हुए दिखाई देते हैं।)

परितोष : आप बहुत बड़े कलाकार हैं बाबा। अभी भी आप मुझे ही धोखा दे रहे हैं। अभी भी आपको मैं ही मिला हूँ बेवकूफ़ बनाने के लिए? एक मैं ही मूर्ख हूँ और आप चालाक। मगर अब वो दिन गए।

सत्यशील : अच्छा है। अब तुम्हें मुझसे छुप-छुप कर सीखने की आवश्यकता नहीं होगी।

परितोष : मैंने आपसे कुछ नहीं सीखा है। कहानियां बना-बना कर अपने आप को शिखर पर मत चढ़ाइए।

सत्यशील : क्यों? बचपन में तुम्हारी माँ के गुज़रने के बाद तुम मंच के परदे से मुझे नहीं देखा करते थे? और कहाँ से सीखा तुमने यह अभिनय?

परितोष : वो मेरी कमज़ोरी थी। मैं आपके करीब आना चाहता था। चाहता था कि आप मुझे अपना लें। पर वो मेरी गलती थी।

सत्यशील : मैं वो नहीं हूँ। वो सत्यशील हैं। मैं उनका कलाकार। आज पहली बार तुम्हारे कलाकार के साथ मंच पर जा रहा हूँ, तो सोचा ज़रा मिल लूँ पहले।

परितोष : इन पुराने थिएटरों के भूतों के बारे में सुना था। अब देख भी लिया...

(मैनेजर चाय ले कर प्रवेश करते हैं)

मैनेजर : चाय।

परितोष : धन्यवाद। (मैनेजर जाते हैं) चाय... चाय पियोगे कलाकार?

सत्यशील : पी सकते हैं... कौनसी पिलाओगे?

परितोष : अच्छी।

सत्यशील : पिलाओ... तारा थिएटर में कब से हो?

परितोष : दस साल से। जब से आपने मुझे बेच दिया था। वहां के मैनेजर के पास।

सत्यशील : मैंने नहीं... उसने।

परितोष : (कमरे से तेज़ आवाज़ में) मेरे पास वक़्त कितना है?

मैनेजर : (कमरे के बाहर से) दस मिनिट हैं साहब।

सत्यशील : बहुत समय है। अभी तो कह रहे थे इनसे कि कोई ज्ञान की बात हो तो समय अपने आप रुक जाता है।

परितोष : अच्छा तो आप मुझे ज्ञान देने आए हैं?

सत्यशील : तुम्हें ज़रूरत है।

परितोष : आपसे... आपसे मुझे कोई उम्मीद या ज़रूरत नहीं। और कितने तरह के भूत यहाँ घूम रहे हैं... इस थिएटर में?

सत्यशील : भूत-भूत क्या लगा रखा है? मंच पर तुम भूत थोड़े ही बन जाते हो?

परितोष : मंच पर मैं... मैं होता हूँ। उसके बाहर भूत।

सत्यशील : तुम्हें अपने आप होने का बड़ा ग़ुरूर है... चाय अच्छी है वैसे।

परितोष : होना भी चाहिए। आपने... यानि उन्होंने (सत्यशील के कमरे की तरफ़ इशारा कर के) उन्होंने तो मुझे हाथ के मैल की तरह धो डाला था। अब मैं उन्हें दिखाऊंगा कि मैं क्या बना हूँ।

सत्यशील : तो तुम यहाँ अपना एकलव्य ढूँढने नहीं, सत्यशील का एकलव्य तोड़ने आए हो?

परितोष : सत्यशील का एकलव्य तोड़ना ही मेरे एकलव्य का बनना है।

(अभिमन्यु के भूत का प्रवेश।)

सत्यशील : और अभिमन्यु? अपने अभिमन्यु का क्या करोगे?

(सत्यशील वहां से निकलते हैं।)

परितोष : और बस तीन बार अभिमन्यु, फिर जीवन भर एकलव्य। सत्यशील का एकलव्य, सत्यशील से छीनकर। जो इंसान पूरी तरह एक बाप नहीं बन पाया, उसको एक पूरा कलाकार बनने का कोई अधिकार नहीं। कोई अधिकार नहीं है उन्हें कि उन्हें दुनिया याद रखे। अगले तीन दिनों में मैं उन्हें और उनके काम को पूरी तरह धूल में मिला दूंगा... पूरी तरह!

(मैनेजर का प्रवेश।)

मैनेजर : आप ठीक हैं परितोष जी?

परितोष : जी... जी... हाँ, मैं वो अपनी पंक्तियाँ ले रहा था।

मैनेजर : (संकोच से) अच्छा। मुझे बुलाइएगा। पहला मंचन है नीलिमा में। शायद आप थोड़ी चिंता में हैं।

परितोष : जी नहीं। मैं किसी प्रकार की चिंता में नहीं हूँ। आपका काम हो गया हो तो आप जा सकते हैं।

मैनेजर : जी।

(मैनेजर चला जाता है। इधर सत्यशील शीशे के सामने बैठे हैं। वे अचानक अभिमन्यु के भूत को देखते हैं।)

सत्यशील : तुम... तुम... कौन है ये? इसे निकालो बाहर। तुम ऐसे कलाकारों के कमरे में नहीं आ सकते। निकलो... निकलो/

अभिमन्यु : इतने उत्तेजित मत हो सत्यशील... तुमने क्या सोचा? केवल तुम्हारी दृष्टि ही जा रही है? दृष्टि के जाने से इंसान ज़्यादा या कम नहीं, बल्कि अलग देखने लगता है। तुम्हारे आख़िरी तीन खेलों में तो कम से कम तुम्हें एक असली अभिमन्यु का सामना करना ही था।

सत्यशील : अभिमन्यु? क्या बकवास है ये? ये कौन है?

अभिमन्यु : फिर वही बात। इतने झूठे अभिमन्यु तुमने अपनी सुविधा के लिए बनाए हैं कि अब एक असली अभिमन्यु से मिलकर इतनी पीड़ा हो रही है तुम्हें?

सत्यशील : (अभिमन्यु की तरफ़ देखते हुए) तुम... कैसे अभिमन्यु हो सकते हो? वो तो युवा है...

अभिमन्यु : एकलव्य से तो तुम काफ़ी बुज़ुर्ग हो सत्यशील (हँसता है) तुमने क्या सोचा? तुम्हारी उम्र बढ़ेगी। तुम बड़ी-बड़ी बातें करोगे... और अभिमन्यु वहीं का वहीं रहेगा? मैं तुमसे बहुत-बहुत बड़ा हूँ सत्यशील, और तुम्हारे इस ढोंग के नाटक से मेरे वास्तव का कोई मेल नहीं।

सत्यशील : मेरे कमरे में खड़े होकर ऐसी बकवास मत करो। नाटक ढोंग का नहीं सत्य का शास्त्र है।

(अभिमन्यु हँसता है।)

अभिमन्यु : अच्छा... और तुम जैसे पाखंडी लोग, कमज़ोर, बुजदिल, न अच्छे पति, न बेटे न बाप... तुम लोग दिखाओगे हमें सत्य का मार्ग? (हंसकर) अपना

बेटा तो तुमने बेच दिया, और पूरे समाज की मशाल अपनी हाथ में लेने का ढोंग कर रहे हो?

सत्यशील : वो मेरा बेटा नहीं, पैदा होने से कोई पुत्र नहीं बन जाता।

अभिमन्यु : अब यह भी तुमने अपने ढोंग के नाटक से सीखा है।

सत्यशील : जी नहीं, आपके महाभारत से।

अभिमन्यु : हमारे महाभारत के उस संस्करण से, जो तुम्हारे दर्शकों को तुम्हारी कला दिखाने के काम आती है। पहले तो इलाहाबाद में ही नौ रातों तक नाटक खेलते थे सत्यशील, अब तो वो भी तीन दिन पर आकर टिका है। कुछ सालों में इलाहाबाद के ये सारे थिएटर भी बंद हो जाएँगे। तुम्हें पता नहीं चल रहा कि तुम्हारा ढोंग अब दर्शकों ने भी भांप लिया है?

सत्यशील : तुम्हें सत्य का ज्ञान होता तो तुम चक्रव्यूह में जाते ही नहीं। सत्य और घटना में अंतर है अभिमन्यु। और इस रंगमंच के सत्य को समझने के लिए तुम्हें इंसान होना होगा, भूत नहीं। कहानी मनुष्य को बनाती है, और मनुष्य तुम जैसे साधारण लोगो को इतिहास। रंगमंच नहीं होता तो तुम्हें कोई याद भी नहीं रखता। रंगमंच में जो महाभारत है, वो तुम्हारे घटनात्मक महाभारत से कहीं अधिक मूल्यवान है।

अभिमन्यु : इतना मूल्यवान कि तुमने महाभारत की नीति को मानकर अपने ही बेटे को बेटा नहीं समझा!

सत्यशील : तुम नहीं समझोगे अभिमन्यु। मैंने सैंकड़ों अभिमन्यु बनाए हैं। मैं अभिमन्यु को तुमसे बेहतर जानता हूँ।

अभिमन्यु : अच्छा... अब कितना नज़र आ रहा है तुम्हें?

सत्यशील : बहुत कम... एक आँख से थोड़ा-बहुत... धुंधला-धुंधला सा... पर यह अंधेपन वाली रौशनी मुझे साफ़ दिखाई दे रही है... हरी और नीली...

अभिमन्यु : रौशनी से तो तुम्हारा पुराना रिश्ता है... तुमने अपनी सारी उम्र बिताई है रौशनी के नीचे। और सत्यशील तुम्हें लगता रहा कि ये बहुत बड़ा काम है, नहीं? लोगों के ऊपर अँधेरा कर दो और सामने रौशनी का भ्रम डाल दो... और ख़ुद उस रौशनी के भ्रम में खड़े होकर बड़ी-बड़ी बातें करो। और यह ढोंग करो कि तुम बहुत बड़े ज्ञानी हो।

(मैनेजर का प्रवेश।)

मैनेजर : ये लीजिए सत्यशील जी, आपकी तुलसी चाय।

सत्यशील : धन्यवाद।

मैनेजर : और कुछ?

सत्यशील : ये मेरी आँखों में डाल दीजिए।

(मैनेजर एक दवाई सत्यशील की आँखों में डाल देते हैं। अभिमन्यु उनके पास आकर खड़ा होता है।)

सत्यशील : तुम क्या चाहते हो मुझसे?

मैनेजर : जी?

सत्यशील : नहीं, कुछ नहीं... तुम क्या चाहते हो मुझसे?

अभिमन्यु : मैं तुम्हारा अंत देखना चाहता हूँ। तुम्हारे झूठ का अंत। एक सवाल पूछूँगा। बूझोगे? महाभारत का सवाल।

सत्यशील : (हंसकर) तुम, एक हारे हुए पात्र मुझसे सवाल पूछोगे? पूछो पूछो...

मैनेजर : जी?

सत्यशील : तुम, एक हारे हुए पात्र मुझसे सवाल पूछोगे? पूछो..

मैनेजर : मैंने कहा हो गया सत्यशील बाबू... डाल दी दवाई।

सत्यशील : हाँ... मैनेजर बाबू आप जाइए, मैं आता हूँ।

(मैनेजर जाता है।)

अभिमन्यु : चाय में चाय क्या है? चाय पत्ती चाय है, चीनी चाय है, दूध चाय है या पानी चाय है?

(विलम्ब।

परितोष शीशे के सामने। सत्यशील का कलाकार उसके सामने।)

सत्यशील : आपको एक सवाल पूछना चाहता हूँ परितोष बाबू।

परितोष : जो भी पूछना है जल्दी पूछिए। मुझे देर हो रही है।

सत्यशील : चाय में चाय क्या है? चाय पत्ती चाय है, चीनी चाय है, दूध चाय है गा गानी चाय है?

परितोष : आप उन लोगों में से हैं जो जान बूझकर कलाकारों के ठीक मंच पर चढ़ने से पहले बेतुके सवाल पूछते हैं।

सत्यशील : अरे... सौ बार तुम यह नाटक कर चुके हो तारा थिएटर में। अब तो कुछ बासीपन भी आ गया होगा। बूझो न मेरा सवाल।

(सत्यशील और परितोष दोनों अपने अपने शीशों के सामने बेठे हैं। मैनेजर मंच पर आ गए हैं।)

मैनेजर : आप सब का आज नीलिमा थिएटर में बहुत बहुत स्वागत है। सभी दर्शकों को मैं सत्यशील जी की तरफ़ से... (तालियों की आवाज़) सभी दर्शकों का मैं सत्यशील जी की तरफ़ से हार्दिक स्वागत करता हूँ। मुझे पता है अगले तीन रातों में आप लोग सब यहाँ सत्यशील जी को ही देखने आने वाले हैं। उनके आख़िरी तीन अभिनय की खबर सुनकर पूरे इलाहाबाद या प्रदेश के ही नहीं बल्कि पूरे देश के रंगमंच के प्रेमियों में भगदड़ मचगई है। बम्बई से तो इलाहाबाद के लिए ट्रेनों की टिकटें नहीं मिल रही हैं... (फिर तालियाँ।)

सत्यशील : अभिमन्यु चाय में चाय कुछ नहीं है। न पानी है, न चीनी है, न पत्ती है, न दूध है।

परितोष : चाय में चाय सब कुछ है। पानी भी और चीनी भी और दूध भी और पत्ती भी।

सत्यशील : चाय में चीनी घुलकर चीनी नहीं रहती।

परितोष : दूध हमेशा दूध रहता है, और चीनी हमेशा चीनी। जो चीज़ जैसी बनी है वो वैसी ही रहती है। जैसे चाँद कौमुदी से कम नहीं हो जाता... चाँद चाँद ही रहता है, और उसकी रौशनी उसकी रौशनी।

सत्यशील : जैसे चाँद रौशनी देने के बाद न चाँद चाँद रहता है न रौशनी रौशनी... हम वो नहीं हैं जो हम जानते हैं।

परितोष : हम अटल हैं... हम से हमारा है।

सत्यशील : हम नहीं जानते कि हम क्या हैं। हम जानेंगे तो हम वो नहीं रहेंगे जो हम जानने से पहले थे। हमारा अर्थ हमारे न जानने मैं है।

परितोष : मैं तैयार हूँ। शुरू करो।

सत्यशील : चाय हो गई। आह...

मैनेजर : नीलिमा थिएटर प्रस्तुत करता है आज का नाटक... सर्वश्री सत्यशील (तालियाँ) आज के नए युवा कलाकार बनारस के मशहूर परितोष कुमार, और नीलिमा के अन्य लोकप्रिय कलाकारों के अभिनय में... (तालियाँ) नाटक, अभिमन्यु और एकलव्य की 'कौमुदी'।

चार

सत्यशील : (एकलव्य की भूमिका में) आज कह देंगे तुम्हें,

ए वीरों के वीर, सब राज़ हम

हर छल कपट, हर युद्ध का द्वंद्व

माँ की कोख से तू सीख ले

सीख ले तू,

भेद सब, सब तंत्र मंत्र, सब अस्त्र-शस्त्र

हर नीति, न्याय,

हर हल, उपाय

सीख ले राज पाठ

सीख ले चकोर वार,

सीख ले तू चक्रव्यूह

कोख में बने जो राजा

वो बने अभिमन्यु।

अर्जुन : फिर जैसे ही शत्रु बाईं ओर से आए तो दाईं ओर प्रथम-अस्त्र का चलाना आवश्यक/

केशव : अर्जुन... अर्जुन तू भी कैसा बावला-सा है? इतनी सारी अर्धांगिनियों के बाद भी तुझे यह ज्ञान नहीं कि कोई भी आवश्यक सूचना अपनी घरवाली को रात में नहीं दिया करते। प्रत्येक पुरुष दरअसल यही चाहता है कि उसकी अर्धांगिनी एक अच्छी छात्रा बने। जिसकी कोई नहीं सुनता वो विवाह करता ही इसलिए है कि उसके घर में कोई उसकी सुने। परन्तु यह कभी भी पूरा/

(परितोष अभिमन्यु के रूप में।)

अभिमन्यु : माँ... माँ... बाबूजी क्या बोले जा रहे हैं? और तुम भी बिलकुल ध्यान नहीं दे रही। मैं तो वैसे ही इतनी देर से यह समझने की चेष्टा में लगा हूँ कि बाबूजी तुमसे बात कर रहे हैं या मुझसे। माँ... माँ...

(सत्यशील सुभद्रा की भूमिका में।)

सुभद्रा : हट पागल... बाबूजी तुझसे ही बात कर रहे हैं। मुझसे तेरे बाबूजी ने बात की ही कब है? द्वार के बाहर जो लोग खड़े हैं, मैं तो उन बेचारों की सूरत देखना चाहती हूँ। बाहर से सोच रहे होंगे कि वीर अर्जुन आधी रात को अपनी पत्नी सुभद्रा को अपने प्रेम में रणनीतियां बता रहे हैं (हँसती है।)

अर्जुन : किससे बात कर रही हो सुभद्रा? तुम्हारा दिमाग ख़राब हो गया है!

(तभी कृष्ण पीछे से अर्जुन के सिर पर एक थप्पड़ मारते हैं।)

केशव : मछली की आँख तक तेरा तीर पहुंचवा कर अपनी बहन से तेरा ब्याह कराया है मूर्ख। और तू उसी पर रौब दिखाता है! मैं नहीं होता न... तेरा तीर गिरकर तेरी ही आँख में घुस गया होता बुड़बक। तुझे महान बनाने में पूरे महाभारत में न जाने कितनों को बलिदान देना पड़ा, और इस मूर्ख का अभिमान देखो?

सुभद्रा : क्यों जी! आप हवा में बात करें तो अपने बेटे को रणनीति बता रहे हैं। और मैं बोलूँ तो पागलपन!

अर्जुन : जगाकर रखो इसे केशव। इसे जगाकर रखो। अभी युद्ध आने ही वाला है और इस हड़बड़ी में ये जन्म ले रहा है। अगले कुछ सालों में सिर्फ़ युद्ध की तैयारी होगी। किसी को कुछ सिखाने का कोई अवसर नहीं मिलेगा। इसे जो सिखाना है अभी सिखाना पड़ेगा।

सुभद्रा : देखो अर्जुन। तुम्हें जो भी कहना है कह डालो... यह लड़का वीर होना ही चाहिए... किसी भी हालत में। वरना तुम पांडवों की पूरी वीरता तो केवल अपनी माँ-बेटियों के लिए प्रतिज्ञा लेने तक ही सीमित है।

केशव : मुझसे पूछो इस अर्जुन के बारे में। मेरा काम तो महाभारत की लड़ाई के आख़िरी दिन तक चलेगा। इसे तो अभी युद्ध के पहले दिन सब कुछ रोक-राक कर गीता का उपदेश भी देना है। कहाँ तक पहुंचे?

अर्जुन : हाँ तो मैं कह रहा था कि चक्रव्यूह में...

अभिमन्यु : जी आप बता रहे थे कि चक्रव्यूह में कैसे प्रवेश करते हैं।

सुभद्रा : क्या... क्या बता रहे थे?

अर्जुन : चक्रव्यूह। चक्रव्यूह। अभी-अभी तो बताया मैंने! इतनी देर से/

अभिमन्यु : ठीक है, माँ ठीक है। मैंने सुन लिया है यहाँ तक। ये बता रहे थे कि चार चक्र पार करने के बाद पांचवे में प्रवेश करने के तीन द्वार हैं।

सुभद्रा : हाँ, आप कुछ तीन द्वारों के बारे में बोल रहे थे।

अर्जुन : हाँ हाँ... तीन द्वार। तो पांचवे चक्र में तीन द्वार हैं... इनमें से एक सही और दो गलत। सही वो जिसके पीछे आपको दो और द्वार दिखाई दे। और गलत वो जिनके पीछे एक ही और दिखे।

(सत्यशील एकलव्य के रूप में स्थान लेते हैं।)

एकलव्य : (केशव से) प्रणाम केशव!

केशव : प्रणाम प्रणाम... लीजिए अब भरी रात में आपकी ही कमी थी।

एकलव्य : बाहर कौमुदी देखी है आपने? ऐसी कौमुदी रात में, इतनी अच्छी चन्द्रमा की रौशनी में, मुझसे अपने झोपड़े में रहा नहीं जाता।

केशव : हट! हट यहाँ से! झोपड़े में नहीं रहा जाता। एकलव्य, अब तुम एकलव्य के भूत हो। तुम्हें कितनी बार कहा है कि मनुष्यों वाली भाषा मत बोला करो।

एकलव्य : महाराज आपने तो जीते जी मुझे कभी मनुष्यों वाली भाषा बोलने नहीं दी। ये जाति वो जाति कर दुत्कारते रहे। आपके अपनों को तो आपने मोक्ष-वोक्ष का मोह देकर अपने जाल में फाँस लिया। पर महाराज मैं चमार लूहर की जात का, मेरा क्या मोक्ष, मेरा क्या भगवान, क्या राम, क्या अर्जुन? मैं तो केवल इस बालक से मिलने आया हूँ।

अभिमन्यु : माँ, यह कौन है माँ?

सुभद्रा : (आँखें बंद होती हुईं) कौन कौन है बेटा... (अर्जुन की तरफ़ देखती है) ये तुम्हारे बाबूजी हैं बेटा। क्या हो गया है तुम्हें? आधी रात में...

केशव : तो एकलव्य के भूत, तुम इस बालक से क्यों मिलने आए हो? अभी-अभी यह चक्रव्युह वाली गुत्थी बूझने वाला है और तुम हो कि/

एकलव्य : अरे रहने दें महाराज। बहुत देखे हैं मैंने चक्रव्यूह-वक्रव्युह। सौ आदमी मिलकर एक को घेर लें तो हो गया चक्रव्यूह। इसमें इतने षड्यंत्र की क्या बात है? आप लोगों ने अपनी-अपनी जात बचाने के लिए हर साधारण चीज़ को एक लंबा चौड़ा नाम दे दिया है। और हम लोग उस नाम से ही घबराकर रह गए।

केशव : देख चमार, पिछली बार तो तुझे पत्थर मार कर छोड़ दिया था, इस बार बकवास की तो...

एकलव्य : छोड़ कहाँ दिया था महाराज, मार ही डाला था! मेरी मृत्यु तो महाभारत की लड़ाई के पहले ही आपने करवा दी, और कह दिया सबको कि केशव के हाथों मरकर इस चमार को मोक्ष मिल गया। ये मोक्ष, चक्रव्यूह, गीता के उपदेश जैसे झांसे आपको सूझते कैसे हैं?

केशव : अर्जुन, आगे बढ़ो। इस चमार को तो मैं...

अर्जुन : हाँ तो मैं बता रहा था कि पांचवे/

सुभद्रा : हाँ जी घुस गए पांचवे में... आगे बोलो... उफ़...

अर्जुन : पांचवे के बाद बस... आप लगभग अंदर हैं।

एकलव्य : यह पूरा बताएगा क्या केशव?

केशव : हाँ क्यों?

एकलव्य : पूरा बता देगा तो आपका तो पूरा खेल ही बिगड़ जाएगा। आपने मुझसे तो मेरे श्रम का अधिकार छीन लिया, पर अभिमन्यु को कैसे रोकिएगा?

केशव : मैं तुम्हारी बात समझा नहीं चमार।

एकलव्य : महाराज, आपको चमारों की बात सुनाई ही कहाँ देती है जो समझ में आए। मैं बस इतना कह रहा हूँ कि अभिमन्यु तो अर्जुन से बड़े वीर हैं।

अभिमन्यु : यह अच्छी ख़बर है। है कौन यह आदमी, और इसका अंगूठा कहाँ है?

एकलव्य : और आप चाहते नहीं कि अर्जुन से बड़ा कोई वीर हो। और वीरगति को प्राप्त होने, और वीर बनने में अंतर है महाराज। वीर वही, चक्रवीर, शूरवीर... जो आख़िर तक बच जाए। जो मर गया वो इतिहास का पन्ना। जो बच गया वो वीर।

केशव : दोनों वीर होंगे।

एकलव्य : महाराज अगर दोनों वीर हो सकते थे, तो महाभारत के न जाने कितने पात्र बच जाते। दो वीरों की कहानी तो आपने सोची ही नहीं। इतने बड़े युद्ध के बाद यह तो आप भी जानते हैं महाराज कि या तो अर्जुन बचेंगे या अभिमन्यु। दोनों का बचना कहानी को शोभा नहीं देगा।

अभिमन्यु : माँ, यह बिना अंगूठे का आदमी क्या बोल रहा है?

सुभद्रा : अरे कौन बिना अंगूठे का आदमी?

केशव : सुभद्रा बहन, वीरों को ऐसी दृष्टि उपलब्ध होती है। तुम नहीं देख पा रही हो पर यहाँ एकलव्य का भूत है।

सुभद्रा : केशव! यह क्या? आप जहाँ मन चाहें जा सकते हैं इसका मतलब यह नहीं कि अपनी बहन और बहनोई के कमरे में रात को दाख़िल हो जाएँ! और यह एकलव्य कौन है? वही चमार न, जिसने कुछ बुत लगाकर धनुर्विद्या सीखने की बेतुकी-सी बात की थी? यह गुरु द्रोण भी अद्भुत हैं। जब माँगना ही था तो उसका धड़ मांग लेते, अंगूठा मांगने की क्या आवश्यकता थी? यह तो कब से अर्जुन के पीछे पड़ा है। अब क्या चाहिए इसे?

एकलव्य : सोच लीजिए महाराज। आपको भी धर्म संकट हो सकता है। जब तक धर्म है, संकट तो होगा ही। अब आप क्या करेंगे?

केशव : अर्जुन... हे अर्जुन! तुमने सुनी एकलव्य की बात?

अर्जुन : जी सुना केशव।

केशव : तो क्या राय है तुम्हारी?

अर्जुन : किस विषय में केशव?

केशव : तुम से तो कुछ पूछना ही बेकार है। अरे तुम दोनों में से... तुम और तुम्हारे पुत्र में से एक ही जी सकता है। किसका जीवित रहना उचित होगा? और कौन अपने प्राणों की आहूति देगा?

अभिमन्यु : बाबूजी देंगे जी आहूति... बाबूजी देंगे। माँ... माँ... कहो न...

अर्जुन : यह कठिन प्रश्न है महाराज।

अभिमन्यु : अरे कठिन क्या है। मैंने तो अभी जन्म भी नहीं लिया है मामाजी। मैं कैसे आहूति दे दूँ?

अर्जुन : इस प्रश्न का क्या उत्तर हो सकता है? पुत्र और पिता में किसे चुनें?

केशव : यह सारा ब्रह्मांड दुःख से बना है अर्जुन। दुख और पीड़ा मनुष्य के सबसे बड़े साथी हैं। इस ब्रम्हांड में दुःख कम करना मेरा काम है। तो वही निर्णय उचित होगा जिससे ब्रह्मांड में दुःख कम हो।

अभिमन्यु : मामाजी, क्या कह रहे हैं आप? तो कौनसा दुःख कम है? पुत्र का कुमारावस्था में अनाथ होना या माता-पिता के वृद्धावस्था में पुत्र का न होना? अब आप बताएं केशव, किस दुःख की मात्रा दूसरे से कम है? और इस दुःख को आप कैसे नापेंगे?

(विलम्ब।)

केशव : (एकलव्य को) यह मुझसे नहीं होगा महाराज। जीवन का सत्य मुझसे कहीं अधिक आप जानते हैं। आपने मुझसे कहीं अधिक जिया है। यह आप ही बताएं एकलव्य। आप ही बूझिए यह पहेली।

अभिमन्यु : आप बूझेंगे बिन अंगूठे के चमार? आप इतना बड़ा सत्य बूझेंगे? बूझिए... बताइए...

(सत्यशील अचानक स्थिर हो जाते हैं और यादों में खो जाते हैं... समन्दर की आवाज़ आनी शुरू होती है। परितोष अब एक बालक बन जाता है। दृश्य परितोष के बचपन में चला जाता है।)

सत्यशील : आँखें बंद रखिए। खोलिएगा नहीं। ठीक है?

परितोष : बाबा... बाबा... मुझे सुनाई दे रहा है!

सत्यशील : आप थोड़ी देर इसे बस सुनिए। इस आवाज़ को। (सत्यशील भी अपनी आँखें बंद कर लेते हैं।) बाबू, समन्दर की आवाज़ सुनो। अब आओ। एक-एक कदम करके आगे आओ।

सत्यशील : अब खोलो आँखें।

(परितोष पानी की ओर देखता है।)

परितोष : बाबा!

सत्यशील : समन्दर। दुनिया में तीन चौथाई पानी और एक चौथाई ज़मीन।

(परितोष दौड़कर पानी के अंदर जाने लगता है।)

सत्यशील : देख के बाबू... देख के... कहाँ जा रहा है? देख के। (हँसते हुए) बस बस। और नहीं... और अंदर मत जाना... बस... बस... बस।

(परितोष पानी में रुक जाता है। वह हँसते हुए पानी से खेलने लगता है।)

सत्यशील : (पत्नी से) कामिनी, तुम्हें पता है ये मेरा बहुत दिनों का सपना था... तुम दोनों को यहाँ लाना। मैं अपने बाबूजी के साथ आया था बचपन में समन्दर देखने। हमारे इलाहबाद की गंगा के बाद यह समन्दर देखकर मैं मानों पागल हो गया था। मुझसे रहा ही नहीं गया था।

तुम्हारी वजह से मैं यह जीवन जी पाया हूँ। यह अभिनेता का अनिश्चित जीवन। तुम नहीं होती तो शायद मेरा कभी घर नहीं बनता। जैसे मैं अपने माँ-बाप के बाद अकेला जी रहा था, वैसे ही अपने आप को ख़र्च कर देता। शायद मैं कभी एक पूरा अभिनेता भी नहीं बन पाता। यह पुरस्कार तुम्हारा है। एकलव्य तो मैं कर ही रहा था कब से। शायद पुरस्कार भी मिल ही जाता। पर जीवन को समझने के लिए मुझे भी एक घर की ज़रूरत थी, जो तुमने मुझे दिया है। यह घर, यह पुरस्कार, हमारा परितोष... (वे समन्दर की तरफ़ देखते हैं।)

(चिल्लाकर) बाबू... बाबू!!!

परितोष : (डूबते हुए) अब मैं नीचे हूँ। बहुत नीचे। ऊपर नीला पानी। और उसके ऊपर नीला आसमान। आपको मेरे लिए आना चाहिए था बाबा। हर लम्हा डूबते वक़्त हर पुत्र यही सोचता होगा कि उसके पिता उसे शायद बचा लेंगे।

सत्यशील : मैं आया था। तुम्हारे ही लिए बाबू। समन्दर की तह तक मैं चला जाता।

परितोष : मुझे मालूम है बाबा। आप आए... आपने मेरा हाथ भी थामा...

सत्यशील : हाँ मैंने तुम्हारा हाथ भी थामा।

परितोष : एक क्षण में इतिहास बदलता है। एक क्षण में दुनिया उथल-पुथल...

(सत्यशील अपने हाथ से परितोष का हाथ पकड़ते हैं।)

सत्यशील : मैंने तुम्हें पकड़ लिया था। मेरी आँखों से जब मैंने तुम्हारी आँखों में देखा तब तुम्हारी आँखों में रौशनी बची थी।

(परितोष अपनी माँ का पैर थाम लेता है, और सत्यशील उनका हाथ अपने दूसरे हाथ से।)

सत्यशील : दोनों को बचाना नामुमकिन था। असंभव। लहर बहुत ढीठ थी और मैं बहुत दुर्बल।

(सत्यशील परितोष का हाथ छोड़ कर अपनी पत्नी का हाथ अपने दोनों हाथों से पकड़ लेता है।)

परितोष : आपने मुझे छोड़ तो दिया पर मैंने भी आपकी आँखों में वो हताशा देखी। आप... और मैंने भी किसी तरह माँ के पैरों को पकड़ा।

सत्यशील : तुमने माँ को नहीं, एक शरीर को पकड़ा। मृत्यु के क्षण प्रेम नहीं होता। वात्सल्य, ममता, पौरुष, समानता कुछ नहीं होता। मृत्यु से पहले और मृत्यु के बाद पुत्र पुत्र और माँ माँ होती है। मृत्यु के क्षण केवल शरीर होता है।

परितोष : नहीं बाबा, मैंने माँ को पकड़ा। और आपने एक ही क्षण में मेरा हाथ माँ के पैर से हटा दिया!

सत्यशील : मैं बहुत दुर्बल था और लहर बहुत अटल... और तुम... तुम थे या नहीं मुझे पता नहीं... पर जब तुम्हें मैं बाहर लाया...

परितोष : मैं कैसे बचा बाबा मुझे पता भी नहीं... अपने पुत्र की हत्या आपसे हो नहीं पाई और मेरी माँ को भी आप बचा न सके।

सत्यशील : लहर बहुत ढीठ थी... और मैं... बहुत बहुत दुर्बल!

(पानी की आवाज़। सब स्थिर खड़े हैं। परितोष उठ कर माँ के पास जाता है। एक विलम्ब के बाद वो सत्यशील से हाथापाई कर उसे दबोचता है। फिर दौड़ कर माँ

के शरीर के पास जाकर ज़ोर-ज़ोर से रोता है। सत्यशील उठता है और पत्नी के पास जाता है। कुछ देर तक दोनों शरीर को देखते हैं। फिर सत्यशील परितोष की तरफ़ बढ़ता है और गुस्से से उसे उठाकर पानी में फैंक देता है।

रौशनी बदलती है। परितोष अपना धनुष उठाकर फिर नाटक का अभिमन्यु बन जाता है, और सत्यशील एकलव्य।)

अभिमन्यु : आप बूझेंगे बिन अंगूठे के चमार। आप बूझिए और बताइए, कौन-सा दु:ख बड़ा है?

(विलम्ब।)

एकलव्य : केशव... हे केशव... इतना बड़ा सत्य आप एक चमार से जानेंगे? तो सुनिए –

मृत्यु, पुत्र की हो तो एक मरे...
जो एक और पुत्र हो कहीं
मृत्यु, माँ की हो तो दो मरे,
जो माँ मरे, बेटा मरे
जो एक है वो न लौटता
वंश ख़ून ही केवल मांगता
अभिमन्यु ग़र न भी रहे
परीक्षित का होना अनिवार्य है
पर अगर अर्जुन मरे
इस कहानी का अंत क्या?

मनुष्य ढूँढता है कथा
एक कथा जो वह दोहरा सके
अभिमन्यु वीरगति को जाए
तो राजा परीक्षित को बनाओगे
पर अर्जुन ग़र रण में गिरे
इतने षड्यंत्रो के बाद भी
तो हे केशव,
इस कथा में क्या रह जाएगा?
मनुष्य किस भ्रम में जी पाएगा?

ब्रह्मांड चल रहा है ब्रह्म पे
इंसान दुर्बल, विधि अटल
तुम चाहते हो रहना महान
तो दुर्बल इंसान ही बनाओगे
इस जगत में नायकों की
है कमी इंसान को
रक्त का भ्रम तुमने दिया
तो रक्त से ही विधि बनाओगे
दुःख बड़ा हो या छोटा
कथा में क्या कह जाओगे?

हे केशव
ग़र अर्जुन रण में गिरा
इतिहास को क्या मुँह दिखाओगे?

हे केशव, ग़र अर्जुन रण में गिरा
इतिहास को क्या मुँह दिखाओगे?

(एक विलम्ब के बाद तालियाँ। सत्यशील धीरे धीरे उठते हैं, और पलट कर तालियों के बदले आख़िरी की दो पंक्तियाँ बार-बार लेते हैं। बाकी कलाकार इसे आश्चर्य से देखते हैं।)

पाँच

(मंच पर रौशनी बदलती है। सत्यशील अपने ग्रीन-रूम में कुर्सी पर बैठे हैं, और उनके पीछे बाकी दो कलाकार बारी-बारी पत्रकार एवं दर्शकों का पात्र निभाते हैं।)

पत्रकार : एक तस्वीर सत्यशील जी। बस एक।

पत्रकार : तो कैसा महसूस हो रहा है आपको अपना आख़िरी मंचन करते हुए?

दर्शक : (उत्साह से) आज आपने यह नई पंक्तियाँ कैसे बोल दीं? यह क्या था, किसने लिखा?

दर्शक-विद्वान : आपने थिएटर को मजाक बनकर रख दिया है। थिएटर क्या है? क्या है थिएटर? 'थी' यानि स्त्रीलिंग में भूत काल और 'एटर' यानि खा गया। भूत काल जो पूरी तरह से खा जाए वो हुआ थी-एटर। और आप आख़िरी मंचन में भी नई-नई चीज़ें कर रहें है?

पत्रकार : आपको कितना दिख रहा है सत्यशील जी? आपको मंच पर देखकर लग नहीं रहा था कि/

पत्रकार : कि कुछ ख़ास आप देख रहे हैं। दैनिक इलाहाबाद के लिए एक 'एक्सक्लूसिव' अपनी आँखों की तस्वीर देंगे क्या? सोच कर देखिए मुनाफ़ा ही होगा।

दर्शक : मैंने अपने दोनों जुड़वाँ बच्चों का नाम सत्यशील रखा है। एक लड़का है और एक लड़की।

दर्शक-विद्वान : नाटक क्या है? न यानि नृत्य का 'न'। आ यानि आत्महत्या का 'आ', ट यानि टार्जन का 'ट', और क यानि कौतुहल का 'क'। जो खेल नृत्य से उभरे, और जिसमें कलाकार अपनी आत्महत्या कर चरित्र में टार्जन की तरह

घुसकर उछल-कूद करे और दर्शकों में यह कौतुहल जगाए कि ये क्या हो रहा है... उसे ही नाटक कहते हैं।

सत्यशील : मैंने क्या किया? मैंने तो कुछ भी नहीं किया... आज पता नहीं किस ने किया।

पत्रकार : किसने किया... क्या मतलब? आपने नहीं किया? (दूसरे पत्रकारों से) भाई इन्होंने नहीं किया तो किसने किया? क्या इसमें किसी और देश का हाथ हो सकता है?

सत्यशील : अरे नहीं-नहीं मेरा यह मतलब नहीं था... मेरा मतलब यह है कि आज मैं था भी और नहीं भी।

दर्शक : कोई बात नहीं, ऐसा होता है। आप एक तस्वीर अगर मेरे बेटे के साथ निकालें तो बड़ी मेहरबानी होगी। इसके स्कूल का प्रोजेक्ट है। कृपया अगर आप...

पत्रकार : तो मेरा मतलब है सत्यशील जी आपको अब कितना दिखता है? कितना प्रतिशत...

सत्यशील : देखिए अब मुझे थोड़ा आराम करने दीजिए।

युवा कलाकार : सर मुझे आप अंधे होने का अभिनय सिखाएंगे... मैंने पंडित भोला नाथ जी, सुश्री जीजा बाई धूमल, पंडित दीनानाथ अरहोलकर, पंडित मिहिर बिस्वास, सुश्री कमला नाथ गंगोपाध्याय और उस्ताद अहमद उल अंसारी अलीगढ़ वाले छोटे से अभिनय सिखा है।

(सत्यशील अपने कमरे में शीशे के सामने बैठ गए हैं।)

पत्रकार : सब कुछ ठीक है पर एक वाक्य में क्या आप बता सकते हैं कि एकलव्य और अभिमन्यु के अंदर चलने वाले द्वंद्व से जिस पीड़ा की उत्पत्ति होती है, उसमें रस और भाव का जो मिश्रण है, उसे प्रकट करने के लिए आपने किन-किन रसों और भावों का सहारा लिया है, और इन रसों में कितना योगदान आपके निजी जीवन का रहा है? एक वाक्य में कृप्या... जगह कम है।

युवा कलाकार : सर मैं चाहता हूँ कि स्तानिस्लावस्की के अंदर घुस कर, उसमे स्वांग और नाचा का जो सत्य है, उसका निचोड़ मेयेर्होल्ड में डालके, ब्रेष्ट के एलियनेशन से निकलूं।

दर्शक-विद्वान : क्या है... क्या है नाटक? नाटक यानि 'ड्रामा'। डर का ड, रहस्य का र, आक्रोश का अ और माँ की ममता का म। जब एक खेल डर, रहस्य, आक्रोश और ममताय चारों भावों को पूरी तरह से दर्शकों तक पहुंचा दे तो उसे ड्रामा कहते हैं।

छह

(सत्यशील अपने कमरे में अकेले बैठे हैं। परितोष का प्रवेश। वो उनके सामने आकर खड़ा हो जाता है। उनकी दवाई हाथ से ले लेता है। सत्यशील चुपचाप बैठे हैं। परितोष पूरी दवाई धीरे-धीरे शीशे पर उढ़ेल देता है। सत्यशील कुछ नहीं कहते।)

परितोष : क्यों ढोंग कर रहे हैं आप?

(विलम्ब।)

आपको क्या मिलेगा इससे? और क्या मिलना बाकी है? एक कलाकार हैं आप, थोड़ी सी इमानदारी अगर आप ने कर ली तो क्या चला जाएगा आपका?... सत्यशील... सत्यशील नाम है आपका... एक बूँद, एक बिंदु बराबर भी सत्य है आपमें?

क्या चाहते हैं आप? अपने चरित्र के बाहर के तर्क देकर मंच पर मौज़ूद दूसरे कलाकारों को नीचा दिखाना? आपकी लाज की वजह से किसी ने आज आपके विपरीत तर्क नहीं दिया, और कुछ नहीं। लोगों को यह नाटक ज़ुबानी याद है, और आप इसमें अपने ख़ुद के नए... आप कभी तो सच बोलिए!

सत्यशील : इतने साल बाद मिले हो... और इतना क्रोध है तुम में?

परितोष : आप यह ढोंग क्यों कर रहे हैं?

सत्यशील : मैं अंधेपन का ढोंग नहीं कर रहा... मैं इतने दिनों तक शायद दृष्टि का ढोंग कर रहा था।

परितोष : वाह... वाह... हर बात के लिए आपके पास कोई बात है। मैं यहाँ आपसे रिश्ता बनाने नहीं आया हूँ, अपना काम करने आया हूँ। आप एक कलाकार

हैं और मैं एक कलाकार... आप अपना काम करें और अपने साथियों को भी उनका काम करने दें।

सत्यशील : तुम्हें नहीं लगता कि एक माँ का न होना एक पुत्र के न होने से अधिक बड़ा दु:ख है?

परितोष : आपको नहीं लगता कि एक बालक जो जन्म के समय से अपने पूरे मन से अपने माता-पिता पर विश्वास करता है, उसको जानबूझकर मृत्यु के घाट उतार देना एक बहुत बड़ा फरेब है? इसमें आपको कोई विश्वासघात नहीं नज़र आता?

अभिमन्यु की मृत्यु के बाद सुभद्रा का क्या हुआ होगा आपने कभी सोचा है? अर्जुन के पास तो और भी लोभ, और महानता के मौके थे पर सुभद्रा का अपना और कौन था? माँ के जीते जी पुत्र की मृत्यु कितना बड़ा शोक है आप बिल्कुल भी नहीं समझ सकते?

सत्यशील : तुमने पिछले कई सालों से अभिमन्यु का पात्र किया है इसलिए तुम इस बात को समझ नहीं पा रहे हो।

परितोष : और आपने एकलव्य का... आपका कोई निजी संपर्क नहीं रहा किसी से भी पूरे महाभारत में। आपके लिए पूरा महाभारत एक धोखा है... एक सोच... कौन जिए या कौन मरे, इससे एक अंश भी आपकी सोच में कोई अंतर नहीं आता। आप केवल अपना सोच सकते हैं। आपका प्रेम भी आपके अपने लिए है। हो सकता है सत्यशील कि आप केवल एक कलाकार ही बने और कुछ बन ही नहीं पाए।

सत्यशील : मैं एकलव्य की बात कर रहा हूँ... अपनी नहीं।

परितोष : नहीं। आप अपनी ही बात कर रहे हैं... आप हमेशा अपनी ही बात करते आए हैं। आपको अपने और एकलव्य में कोई फर्क ही नहीं दिखता। और शायद इसीलिए आप एकलव्य करने में इतने सक्षम हैं, क्योंकि आपने दरअसल कभी एकलव्य किया ही नहीं। एकलव्य के भेष में सत्यशील ही किया है।

सत्यशील : हर कला में इंसान वही करता है... तुम भी वही कर रहे हो।

परितोष : जी नहीं। कम से कम जान बूझ कर तो नहीं। आपका परिवार बचपन में चल गुजरा इसमें दर्शकों का क्या दोष? इसमें माँ का, मेरा, नीलिमा थिएटर के मैनेजर का क्या हाथ है? अपने हिस्से का शोक और दु:ख सब लेकर लाते हैं सत्यशील। शोक इंसान को बनाता है, पर उसके लिए इंसान होना बहुत ज़रूरी है।

सत्यशील : तुममें यह क्रोध भी तुम्हारा अपना नहीं।

परितोष : लेकिन मंच पर यह नहीं जाता। मैं अपने वास्तविक जीवन में चाहे कुछ भी करूँ, कैसा भी सोचूँ, मंच पर मैं कुछ और बनने जाता हूँ।

सत्यशील : मंच पर हम सब अपने आप को ढूँढने जाते हैं।

परितोष : मंच पर हम अपने आप का पूरा रूप ढूँढने जाते हैं सत्यशील, वो रूप जिससे हम मंच के बाहर वंचित हैं। हमारा बड़ा 'मैं', हमारा छोटा 'मैं' नहीं। दर्शक और कलाकार ढूँढने आते हैं एकलव्य में सत्यशील की सम्भावनाय सत्यशील में एकलव्य के निश्चय को नहीं।

(मैनेजर अंदर आते हैं। कमरे में चुप्पी। परितोष जाने लगता है।)

मैनेजर : रुक जाइए परितोष बाबू।

(परितोष खड़ा होकर उन्हें देखता है।)

मैनेजर : पहले मैं आप दोनों की एक ग़लतफहमी दूर कर दूँ। मैं आपके लिए नहीं, आप दोनों मेरे लिए काम कर रहे हैं। और मैं काम कर रहा हूँ रंगमंच के व्यवसाय के लिए। और रंगमंच का व्यवसाय आप लोगों के निजी फ़लसफ़ों से नहीं चलता। मेरा मन करे तो मैं कल शाम को आपको हटाकर किसी बाई जी का नाच रखवा दूँ और भीड़ मेरे नीलिमा थिएटर में फ़िर भी होगी। अगर इस कमरे में एक आदमी है जो वास्तव में रंगमंच के बारे में सोच रहा है, तो दुर्भाग्यवश वो इस थिएटर का मैनेजर है और उसके कलाकार नहीं।

सत्यशील : मुझे माफ़ कर दें मैनेजर बाबू...

मैनेजर : (परितोष को कपड़ा देते हुए) इस शीशे को खरीदने में कई महान अभिनेताओं का श्रम लगा है और कई महान लेखकों की लिखी हुई ऐसी पंक्तियाँ ख़र्च हुई हैं जो अमूल्य हैं। थिएटर में अपना ग़ुस्सा अपने आप पर निकालिए परितोष बाबू, थिएटर के सामान पर नहीं। इस पूरी ईमारत में सब से कम कीमत इंसान की है, और सबसे ज़्यादा उसके काम की।

परितोष : आप मुझसे इस तरह बात नहीं कर सकते।

सत्यशील : लाइए मुझे दीजिए कपड़ा, मैं साफ़ कर देता हूँ।

मैनेजर : साफ़ तो आप ही करेंगे परितोष बाबू, और मैं आपसे बिल्कुल इस तरह बात कर सकता हूँ। आप मेरे थिएटर में हैं, मैं आपके घर में नहीं...

परितोष : आप यहाँ काम करते हैं, यह आपका नहीं है।

मैनेजर : यह बिलकुल मेरा है। यह हर उस इंसान का है जो शाम को अपना काम-काज छोड़कर आपका झूठ देखने आता है, और आदर्श रूप में यह आपका

भी होना चाहिए। पर आप अपने आप से इतने भरे हैं कि आप में किसी और की जगह ही नहीं। आप एकलव्य या अभिमन्यु बनें या न बनें, पर आप सबसे पहले इस शीशे को साफ़ करेंगे। अगर आपने इस शीशे को साफ़ नहीं किया तो आप जा सकते हैं। मुझे नीलिमा में ऐसी किसी महानता की आवश्यकता नहीं है जो इतने साल के दूसरे महान कलाकारों की बनाई हुई चीज़ के महत्त्व को न समझे।

सत्यशील : मैंने जान बूझकर अपने चरित्र के बाहर की पंक्तियाँ नहीं ली मैनेजर बाबू। मैं जानता हूँ कि आज से पहले यह पंक्तियाँ कभी किसी एकलव्य ने नहीं कही। पर यह निश्चित ही एकलव्य की सोच हो सकती है। मैं अपने साथियों को छोटा दिखाने के लिए नई पंक्तियाँ नहीं ले रहा था मैनेजर बाबू।

मैनेजर : मैं जानता हूँ। मैंने देखा। और कुमार अविनाश ने भी यही कहा मुझसे कि आज सत्यशील जी कुछ और बन गए। पर कल अलग है। आप कुछ और तभी बन सकते हैं जब आप उसकी चेष्टा न करें।

सत्यशील : कल तो अभिमन्यु दुर्योधन के साथ युद्ध करेगा, और उसे पराजय की कगार तक ले जाएगा। एकलव्य का काम बहुत कम है कल। मैं अपने आपको/

मैनेजर : किसी का काम कम नहीं है। दुर्योधन को पराजय तक अभिमन्यु नहीं, हम लोग एक साथ लेकर जाएंगे। सिर्फ़ आप, परितोष बाबू, कुमार अविनाश और आपके अन्य साथी नहीं, बल्कि जो इस थिएटर में टिकटें बेचता है, जो प्रकाश देता है और जो झाड़ू लगता है, वो भी...

आप दोनों यह याद रखें कि चाहे मंच पर बेशक आप लोग ही हों, पर खेल में आपके अलावा बहुत लोग हैं... (विलम्ब) मुझे और भी कई काम हैं। मैं यह शीशा देखने आऊंगा रात को परितोष बाबू।

(मैनेजर चले जाते हैं। कमरे में ख़ामोशी। परितोष और सत्यशील दोनों दो तरफ़ बैठें है। परितोष उठते हैं और शीशा साफ़ करते हैं।)

सत्यशील : नीति का पहला प्रश्न तुमने आज खेला। मृत्यु की नीति का। कल खेलोगे प्रतिज्ञा का और परसों कला की नीति का। नीति के तीन स्तंभ – प्राण, प्रतिज्ञा और कला। ये सभ्य जीवन के तीन ऐसे स्तंभ हैं जिनके बारे में विचार और विमर्श केवल सभ्य, शिक्षित मनुष्य ही कर सकता है। नीलिमा में यह नाटक खेलना इतना सरल नहीं जितना तुम्हारे तारा थिएटर में था।

परितोष : मैं नीति के लिए नहीं, खेल के लिए नाटक खेलता हूँ। जो मनुष्य नीति के लिए नाटक खेले, वो नीति और खेल, दोनों से फ़रेब करता है।

सत्यशील : और यह तुम्हारी अपनी नीति है। मुझसे छुप-छुप कर तुमने केवल खेल ही नहीं, अपनी नीतियाँ बनानी भी सीखी हैं।

परितोष : मैंने आपसे कुछ नहीं सिखा। मैंने जो सीखा ख़ुद ही सीखा।

सत्यशील : कल मैं तुम्हें मेरे तर्क का भी विपरीत तर्क दे सकता हूँ, अगर तुम चाहो तो...

आज मैंने तुम्हारी सहायता इसलिए भी नहीं की क्योंकि तुम्हें इस बात का ज्ञान होना बहुत आवश्यक है कि तुमने अपनी काबिलियत से बहुत बड़ा काम अपने हाथ ले लिया है। अभिमन्यु कोई भी कर सकता है, अभिमन्यु के पात्र में अपना कुछ भी नहीं है, हालात के आलावा। उसका अपना कोई द्वंद्व, कोई तर्क, कोई विकल्प, कोई विमर्श नहीं है। उसकी जो कुछ भी ख्याति है, वो सत्यशील के एकलव्य के साथ खड़े होने के लिए है। सिर्फ़ टिकने का श्रेय मिलता है उसे, क्योंकि सब जानते हैं कि नाटक के तीसरे दिन अभिमन्यु मरेगा।

(विलम्ब।)

मेरे बाद तुम यहाँ आओगे। जैसे भी हो मेरी संतान हो तुम। अगर मैं पिछले अभिमन्यु की लाज बचा सकता हूँ तो तुम्हारी कुछ देखभाल तो कर ही सकता हूँ। अन्यथा तुम्हें पता ही है कि तुम्हारा क्या होगा।

तीन दिन के अंत तक दर्शक तुम्हें नकार देंगे। और अगर ऐसा हुआ तो रंगमंच की दुनिया में तुम्हारा भविष्य ख़त्म। कहो, कल चाहते हो कि सत्यशील का एकलव्य तुम्हारे अभिमन्यु के तर्क भी दे? मैं तुम्हें बचा सकता हूँ।

(विलम्ब।)

परितोष : सत्यशील, आप बहुत उदार हैं। बहुत ज्ञानी। बहुत तर्क हैं आपके पास। आप एकलव्य पर अच्छा अध्यन करें, क्योंकि मेरा भविष्य तो भला या बुरा, अवश्य ही अनिश्चित है। पर आपका निश्चित... और दो रातों में आपका नाम इस थिएटर के भूतों में दर्ज हो जाएगा। आप जरूर नहीं चाहेंगे, जाते-जाते दर्शकों के इस भ्रम को तोड़ना कि सत्यशील महान हैं। हमारे दर्शकों ने आख़िर देखा ही क्या है, जो उनकी कल्पना आप से ऊपर हो? आप अपने एकलव्य पर थोड़ा और काम करें। शायद वो आपको बचा ले। अपनी युवावस्था में आपसे अपनी पत्नी तो बचाई नहीं गई। अब बुढ़ापे में आप अभिमन्यु को क्या बचाएँगे?

सात

(पर्दा गिरा हुआ है। थिएटर में रात है। एकदम अँधेरा। अचानक रौशनी जलती है। दुर्योधन और अभिमन्यु अंदर आते हैं। दोनों के हाथ में मुर्गे की एक-एक पकी हुई टांग है। दोनों एक-एक देसी शराब की बोतल भी लेकर आए हैं।)

दुर्योधन : अभिमन्यु! अभिमन्यु! कल मुझे मार देना... भाई देख... कल देख... मार देना।

अभिमन्यु : नहीं नहीं... ताऊजी... न न।

दुर्योधन : देख भाई... देख भाई... मैं हुक्म देता हूँ... मैं दुर्योधन (हँसता है।)

(दोनों चुपचाप दर्शकों की तरफ देखते हैं।)

अभिमन्यु : ताऊ... ताऊ... ख़ाली थिएटर कितना अच्छा लगता है, नहीं!

दुर्योधन : मैं तो कहता हूँ ख़ाली ही अच्छा लगता है।

अभिमन्यु : अच्छा है कम से कम लोग आएं तो... अच्छा ही है! मैं तो ख़ुश हूँ मैं नाटक का पात्र हूँ। किसी भी और चीज़ का होता तो कितने लोग आते... उफ़!

दुर्योधन : मेरे तो सौ भाई थे... अब दो से ज़्यादा लोग एक साथ देखता हूँ तो चक्कर आते हैं।

अभिमन्यु : ताऊ... कैसा लगता होगा वहाँ बैठकर?

दुर्योधन : (शरमाकर) देख न... देख न... मैं कुछ करता हूँ, देख न...

(अभिमन्यु दौड़कर जाता है और दर्शकों के बीच बैठ जाता है मानों आसपास कोई नहीं है। दुर्योधन सत्यशील की तरह शक्ल बनाता है और उसकी नकल करता है। अभिमन्यु हँसता है।)

दुर्योधन : ताली दे ताली...

(अभिमन्यु ताली बजाता है।)

अभिमन्यु : आप बहुत अलग लगते हो ताऊजी यहाँ से।

दुर्योधन : अच्छा! कैसे?

अभिमन्यु : बड़े लगते हो।

दुर्योधन : जगह बड़ी है, शायद इसलिए...

अभिमन्यु : नहीं... बड़े... आप मुर्गा खाओ।

(दुर्योधन मुर्गा खाता है।)

अभिमन्यु : हाँ मुर्गा भी बड़ा लग रहा है।

दुर्योधन : तुझे कहा था मैंने अभिमन्यु, हम लोग हरियाणा के हैं... उत्तर प्रदेश की मत पी... मत पी... अब देख!

अभिमन्यु : अरे नहीं ताऊजी... बात वो नहीं है। मैं यह सोच रहा हूँ कि इतने सारे लोग यहाँ क्या देखने आते हैं..?

दुर्योधन : इधर आ... इधर...

(अभिमन्यु ऊपर जाता है। दुर्योधन नीचे बैठता है।)

दुर्योधन : हाँ कुछ कर।

अभिमन्यु : क्या करूँ?

दुर्योधन : कुछ भी कर... पर कुछ कर।

(अभिमन्यु भी सत्यशील की नकल करता है। दुर्योधन हँसता है।)

दुर्योधन : मंच पर सब बड़ा लगता है पर दरअसल बात इतनी बड़ी है नहीं, क्यों?

अभिमन्यु : या बात इतनी ही बड़ी है लेकिन मंच पर देखकर पता चलता है...

दुर्योधन : अच्छा मान मंच पर महाभारत करना हो... कर सकते हैं?

अभिमन्यु : जी।

दुर्योधन : पूरा कुरुक्षेत्र, दिखा सकते हैं इतनी सी जगह में?

अभिमन्यु : जी दिखा सकते हैं।

दुर्योधन : और अगर एक घर दिखाना हो... सिर्फ़ एक कमरा... किसी गरीब सारथि के घर का?

अभिमन्यु : मामाजी, वो भी दिखा सकते हैं।

दुर्योधन : एक चींटी और हाथी की कहानी?

अभिमन्यु : जी दिखा सकते हैं।

दुर्योधन : पूरे ब्रह्मांड में उड़ता हुआ... एक मुर्गा?

अभिमन्यु : जी कर सकते हैं।

दुर्योधन : क्यों रे! (दर्शकों की तरफ़ इशारा करते हुए) यहाँ बैठते ही लोग बोखला जाते हैं क्या? कुछ भी मान लेते है?

अभिमन्यु : मामाजी...

दुर्योधन : ताऊजी... ताऊजी... फिर यहाँ आकर तुम्हें...

अभिमन्यु : हाँ ताऊजी... तू... (हँसता है) सत्यशील में ये लोग क्या देखते हैं?

दुर्योधन : हमें।

अभिमन्यु : पर हमें तो देखने कोई नहीं आता।

दुर्योधन : यही तो मेरे पल्ले नहीं पड़ता। कि हमें देखने कोई नहीं आता पर सत्यशील में हमें देखने लोग चले आते हैं।

अभिमन्यु : कलयुग है चाचाजी, कलयुग। घोर कलयुग। ये एकलव्य है कौन मामाजी?

दुर्योधन : ताऊ... बोला न...

अभिमन्यु : हाँ हाँ... क्षमा करें। कौन है यह एकलव्य?

दुर्योधन : पता नहीं। मुझे तो याद भी नहीं पड़ता ठीक से। तुम्हारी तरफ़ से कोई था क्या?

अभिमन्यु : नहीं, हमारी तरफ़ तो ऐसे नाम का कोई याद नहीं पड़ता।

दुर्योधन : कोई छोटा पात्र होगा।

अभिमन्यु : इसे लेकर इतना हंगामा क्यों है?

दुर्योधन : कुछ ऊँगली-वुँगली काटने की बात है।

अभिमन्यु : यहाँ कितनों के धड़ कट गए, हाथ कट गए, घर बार इधर उधर हो गए... यह ऊँगली वाले में क्या है?

दुर्योधन : ऊँची जाति का होगा।

अभिमन्यु : हमसे भी ऊँची?

दुर्योधन : ब्राह्मणों में से कोई?

अभिमन्यु : ब्राह्मणों के नाम तो मुझे जुबानी याद हैं।

दुर्योधन : यह उर्दू के शब्द मत इस्तेमाल किया करो... मुझे खटकता है... (विलम्ब) एक बात बता, नाटकों में सत्यशील हमारे बारे में ऐसी शुद्ध भाषा में क्यों बोलता है?

अभिमन्यु : हिंदू लोग आते हैं नाटक देखने। ऊँची जाति के हिंदू... इसीलिए... उनको भी उर्दू या नीची जाति की ज़ुबां खटकती है।

दुर्योधन : अच्छा। तो इस एकलव्य का पता करना पड़ेगा। कौन है यह?

अभिमन्यु : सत्यशील बड़ा कलाकार सिर्फ़ इसलिए है मामाजी क्योंकि उसे बड़ा पात्र मिला। यह एकलव्य जो कोई भी है, बड़ा पात्र है।

दुर्योधन : हमें अगर इस हालत में देखे तो (दोनों हँसते हैं।)

अभिमन्यु : विश्वास ही नहीं करेंगे।

दुर्योधन : करेंगे... करेंगे... यहाँ हर चीज़ का विश्वास करेंगे।

अभिमन्यु : अच्छा मामाजी... मानिए मैंने आपको कल मार दिया।

दुर्योधन : तो वे महाभारत के अंत में क्या दुशासन का चीर हरण करोगे मूर्ख?

अभिमन्यु : तो फिर मैं सालों से इस नाटक में आपसे लड़ ही क्यों रहा हूँ चाचाजी?

दुर्योधन : तुम लड़ रहे हो कहानी के लिए... क्योंकि यहाँ आने वाले हर इंसान को एक कहानी ऐसी चाहिए जिससे वो आगे जी पाए। एक सरल कहानी, जिसमें अन्याय हारे और न्याय जीते। जिसमें बड़ा पापी आख़िरी में मरे, और अच्छे इंसान को मोक्ष मिले।

तीन सवाल हैं... तीन प्रश्न जो हर इंसान के अंदर हैं... किसकी मृत्यु उचित है, कौनसी प्रतिज्ञा अटल है, और मनुष्य कला को बनाता है या कला मनुष्य को मनुष्य बनाती है... नीति के तीन प्रश्न जिनके उत्तर ये (दर्शकों की ओर इशारा करते हुए) ढूँढ रहे हैं।

अभिमन्यु : सत्यशील को तो ख़ुद ही नहीं पता इन प्रश्नों के उत्तर।

दुर्योधन : उत्तर पता चल गया तो यह बंद नहीं हो जाएगा? रात को देखो यहाँ कितना आराम है... मुझे ख़ाली कुर्सियां बहुत अच्छी लगती हैं। मैनेजर बाबू को बिल्कुल नहीं। सत्यशील को कुछ दिन पहले तक ख़ाली कुर्सियों से घिन्न थी,

पर अब वो कह ही नहीं सकता कि कितनी कुर्सियां ख़ाली हैं और कितनी नहीं।

हर कहानी इंसान अपने कोण से देखता है... हमारा कोण यह है, परदे के ऊपर, ग्रीन रूम के अंदर भूतों के साथ। कल तुम मुझे नहीं मारोगे, मुझे यक़ीन है। और यह सबको पता है। पर कल फिर कुर्सियां भरी होंगी। लोग यहाँ वही देखने आते हैं जो उन्हें पता है... जो उन्हें भूलने का डर है। कमज़ोर लोग... कमज़ोर लोगों के लिए करते हैं नाटक।

(मध्यांतर।)

आठ

(आधी रात के बाद का समय। सत्यशील गंगा के घाट पर खड़े हैं। पानी की आवाज़। मैनेजर बाबू दौड़ते हुए आते हैं। उन्हें देख कर लग रहा है कि उन्हें नींद से जगाया गया है। सत्यशील धीरे धीरे पानी की ओर कदम बढ़ाते हैं। एक कुत्ता उनके साथ-साथ जाता है। जैसे-जैसे वो अंदर जाता है, कुत्ते के पाँव भी गीले होते रहते हैं। जब भी कुत्ता वापस आने की कोशिश करता है, सत्यशील उसे खींच कर अंदर ले जाते हैं।)

मैनेजर : सत्यशील जी... सत्यशील जी... सत्यशील जी आप... (उन तक पहुँचते हैं) सत्यशील जी, रुकिए कहाँ जा रहे हैं?

(सत्यशील रुकते हैं और मुड़कर उन्हें देखते हैं।)

सत्यशील : आप आ गए?

मैनेजर : जी... जी... वो मुरारी आया और उसने कहा कि सत्यशील बाबू बुला रहे हैं, तो मैंने सोचा न जाने ऐसे आधी रात को क्या हो गया? तो मैं दौड़ता हुआ आ गया। सब ठीक तो है सत्यशील जी?

सत्यशील : मुझे पानी से निकालिए...

मैनेजर : जी... जी... (मैनेजर उनको खींच कर बाहर निकालते हैं। बाहर निकलकर सत्यशील जी घाट पर बैठ जाते हैं। कुत्ता लगभग पूरा भीग गया है।)

क्या हुआ साहब... सब ठीक?

सत्यशील : मेरा घर देख रहें हैं आप? ये... इधर... आपको पता है ये घर मैंने यहाँ क्यों बनाया... घाट के इतने पास?

(मैनेजर घर को देखते हैं जो उनके पीछे है।)

ताकि मेरे घर से नीलिमा थिएटर दिखे। मेरी खिड़की से मुझे मेरा थिएटर नज़र आए। ये गंगा जी। इसके एक पार मेरा घर और दूसरे पार मेरा थिएटर। और रोज़ाना मुझे घर से थिएटर के फासले को पार करने के लिए एक नाव में बैठकर नदी पार करनी पड़ती है। रोज एक ऐसी घबराहट, एक ऐसे ख़ौफ का सामना करना पड़ता है, जो मेरे जीवन का सबसे बड़ा डर है शायद। पर मैं यह करता हूँ। रोज नाव से जाता हूँ... आपको पता है क्यों?

(मैनेजर बाबू सिर हिलाते हैं। सत्यशील अपने कुत्ते को पुचकारते हैं।)

क्योंकि किसी भी कला में डर का होना आवश्यक है। इंसान किसी भी कला की गहराई तक जाने के लिए अगर अपने सबसे पुराने और महत्वपूर्ण डर का सामना करे तो उस कला में कुछ और रंग आता है।

मैनेजर : जी...

सत्यशील : इस लड़के में वो डर नहीं।

मैनेजर : जी?

सत्यशील : परितोष कुमार में वो डर नहीं है। इसीलिए उसमें वो गहराई भी नहीं है।

मैनेजर : बनारस के बहुत मशहूर कलाकार हैं सत्यशील बाबू/

सत्यशील : हमारे देश में मशहूर होना बहुत आसान है मैनेजर बाबू। पर अपने काम में सक्षम होना बहुत कठिन। यह लड़का सक्षम हो ही नहीं सकता। इसके अंदर की दुर्बलता और डर को इसने इतना पीछे छोड़ दिया है कि यह जो भी करेगा सतह पर ही कर पाएगा। गहराई तक यह जा ही नहीं पाएगा।

(विलम्ब।)

सत्यशील : मैं इसके साथ मंच पर नहीं जाऊंगा मैनेजर बाबू।

मैनेजर : जी?

सत्यशील : अपने अभिनेता जीवन की आख़िरी दो रातें मैं एक भौंडे कलाकार के साथ नहीं बिता सकता। मेरे दर्शकों के प्रति मेरी कुछ/

मैनेजर : क्या कह रहे हैं आप सत्यशील बाबू? नाटक शुरू हो चुका है। लोग यहाँ-वहाँ से आ रहे हैं। अभी, इस वक़्त कैसे/

सत्यशील : रतनदीप को बुला लीजिए। वैसे भी यह पात्र वही कर रहा था। कल के इस नौसिखिये कलाकार की नीलिमा को कोई ज़रुरत नहीं।

मैनेजर : अगर आपने ऐसा किया सत्यशील जी, तो इस लड़के को आगे और कौन काम देगा? इसका भविष्य/

सत्यशील : (हँसते हुए) इसका भविष्य अन्धकार ही है। यह अगर अभिनय छोड़ दे, तो इसके और थिएटर दोनों के लिए अच्छा है।

(सत्यशील कुत्ते की चेन खोलते हैं और पानी में कुछ फेंकते हैं। कुत्ता पानी की तरफ़ नहीं जाता। वे फिर पानी में कुछ फेंकते हैं लेकिन कुत्ता आगे नहीं बढ़ता। फिर उसे लात मारते हैं। कुत्ता दो कदम चलकर घबराता है।)

तो कल से/

मैनेजर : ये कुत्ता आपका पालतू है?

सत्यशील : (हंसकर) कह सकते हैं। एक दिन घर के बाहर आकर ख़ुद ही अड़ कर बैठ गया था... मैने इसे रख लिया।

मैनेजर : कितने साल हो गए? ये पानी में नहीं जाता?

सत्यशील : काफ़ी साल हो गए... आठ... दस... जाता है... जाता कैसे नहीं है... दो लातों में घोड़े की तरह जाता है।

(कुत्ते को लात मारकर पानी की तरफ़ धक्का देते हैं। कुत्ता पानी से डरकर वापस आ जाता है)

मैनेजर : मेरे घर पर भी हमने एक कुत्ता रखा था। घाट पर आते थे तो पागलों की तरह गंगा जी की तरफ़ दौड़ता था... वैसे कुत्तों को पानी बहुत पसंद है।

सत्यशील : जी... इसे नहीं।

मैनेजर : कुत्ते काफ़ी अच्छा तैर लेते हैं वैसे।

सत्यशील : मैंने आधी रात में आपको यहाँ कुत्तों पर चर्चा करने के लिए नहीं बुलाया।

मैनेजर : सत्यशील जी, मुझे इसकी बड़ी चिंता है, इसलिए बोल रहा हूँ। जो जानवर ख़ुद किसी चीज़ से डरे तो मैं समझ सकता हूँ। पर जो अपने स्वभाव के पार जाकर डरे, उसका डर केवल एक लक्षण है, किसी दूसरी बड़ी और गंभीर समस्या का।

(विलम्ब।)

सत्यशील : वो मेरा बेटा है।

(सत्यशील कुत्ते को लेकर पानी की तरफ़ दोबारा जाने लगते हैं।)

मैनेजर : मुझे अनुमान था... मुझे बहुत पहले से अनुमान था... तभी मैंने आपसे पूछा भी था मगर आपने आपत्ति नहीं की तो मैंने बुला लिया।

सत्यशील : मैं क्यों आपत्ति करता? मैं तो चाहता था कि उसे एक और आख़िरी अवसर मिले... मेरा पुत्र है आख़िर। पर अब आप उसे जाने दें। वो इस लायक नहीं/

मैनेजर : मुझे माफ़ करें सत्यशील बाबू, पर आज वो केवल आपका पुत्र नहीं, नीलिमा थिएटर का मुलाज़िम भी है। और उसका भविष्य मेरे लिए कीमती है। मैं क्षमा चाहता हूँ।

सत्यशील : उसका भविष्य नीलिमा के भविष्य से बड़ा है आपके लिए?

मैनेजर : नहीं। पर मैं दोनों भविष्यों में दुकानदारी नहीं करता। मैं रंगमंच के व्यवसाय को संभालता ज़रूर हूँ क्योंकि वो हम सबका पेट पालने के लिए आवश्यक है। मगर मैं कला और दुकानदारी में फ़र्क़ समझता हूँ। यह मुझसे नहीं होगा।

सत्यशील : आप जानते हैं न, अगर मैं कल नहीं आया तो क्या होगा?

मैनेजर : आपका कुत्ता आपको देख रहा है।

सत्यशील : मैं आपसे कुछ पूछ रहा हूँ।

मैनेजर : जी... जी... माफ़ कीजिएगा... आप कुछ कल की बात कर रहे थे?

सत्यशील : आप जानते हैं न कि अगर मैं कल नहीं आऊँ तो क्या होगा?

मैनेजर : आप अपने इस वफ़ादार और डरे हुए कुत्ते के साथ वक़्त बिताएंगे।

सत्यशील : मेरा नहीं, नीलिमा का क्या होगा।

मैनेजर : कल... पता नहीं। मुश्किल होगी। तकलीफ़... हो सकता है टमाटर भी पड़ें। हो सकता है लोग वापस चले जाएँ। पता नहीं, कुछ भी हो सकता है। मगर कल शाम तक मेरे पास एक थिएटर, अठारह घंटे और तीन कलाकार तो हैं ही। आपसे कम, बहुत कम, पर तीन... तीन ऐसे जो काम करना चाहते हैं। कुछ तो होगा सत्यशील बाबू। और हो सके तो आप यहाँ से सुनिएगा। आजकल आपके कान आपके सबसे अच्छे मित्र हैं।

मुझे आप ही से एक सीख मिली है रंगांच के बारे में, और वो यह कि थिएटर का कोई भगवान नहीं होता सत्यशील बाबू। वो ख़ुद है। इस कुत्ते का ख्याल रखिएगा। आपकी आँखें जा रही हैं और आप पानी के बहुत करीब रहते हैं।

नौ

मैनेजर : देवियो और सज्जनो... नीलिमा थिएटर में आप सबका स्वागत है। जैसा कि आप जानते हैं कि आज दूसरे दिन का खेल होगा नाटक एकलव्य और अभिमन्यु की 'कौमुदी'।

(लोग तालियाँ बजाते हैं।)

मुझे दु:ख के साथ यह कहना पड़ रहा है कि... जैसा कि आप जानते हैं सत्यशील जी की दृष्टि जा रही है, जिसके कारणवश वो आज के खेल के मंचन में नहीं आ सकेंगे... (दर्शक एकदम चुप हो जाते हैं) पर आज के मंचन में एकलव्य का पात्र करेंगे मशहूर युवा कलाकार श्री परितोष कुमार... (कोई ताली नहीं बजती।)

(विलम्ब।)

आप... आप लोग अपने स्थान पर बैठे रहे, मैं आपको पूरा भरोसा देता हूँ कि नाटक आज भी/

(गंगा के घाट पर चन्द्रमा की रौशनी में सत्यशील अपने कुत्ते के साथ खड़े हैं।)

सत्यशील : (ज़ोर-ज़ोर से हँसते हुए) पागल हो गया है यह मैनेजर। अब देखो! तुम्हारे मालिक के बगैर यह नीलिमा कुछ भी नहीं... कुछ नहीं... पाँच दिन में यह बंद न हो गया तो/

(अभिमन्यु का भूत नदी से निकलता हुआ सत्यशील की ओर आता है। कुत्ता भौंकता है। अभिमन्यु के पास आते ही कुत्ता चुप हो जाता है और सहम कर बैठ जाता है। सत्यशील उसे गौर से देखते हैं।)

सत्यशील : अभिमन्यु? तो तुम भी आज नीलिमा छोड़ आए? (हँसते हुए) मैं समझ सकता हूँ। सत्यशील के बग़ैर नीलिमा में आख़िर है ही क्या?

अभिमन्यु : आज खेल नीलिमा में नहीं, यहाँ हो रहा है सत्यशील। तो मैंने सोचा तुम्हारे ढोंग के नाटक से अच्छा, आज मैं तुम्हारा असली खेल देखूँ... (विलम्ब) अकेले बैठे हो?

सत्यशील : अकेला कहाँ? अपने कादार कुत्ते के साथ नीलिमा की बर्बादी का मज़ा... सुन रहा हूँ। मैनेजर बाबू बौखला गए हैं। अंत से पहले आदमी बौखला जाता है। एकलव्य करने के लिए कोई सीखा-सिखाया शिक्षित कलाकार नहीं, बल्कि एक ऐसा कलाकार चाहिए जो अपने अनुभव से जुड़ा हो। शिक्षा मनुष्य को केवल तंत्र सिखा सकती है, कला नहीं।

अभिमन्यु : तुम कुछ भी कर लो, इस कुत्ते से तुम कभी नदी पार नहीं करवा पाओगे... (कुत्ते को देखता है।)

सत्यशील : मैं कुछ भी कर सकता हूँ... मैं कलाकार हूँ, सत्य का पात्र, और तुम हो केवल मेरी कल्पना।

अभिमन्यु : (हँसते हुए) मैं योद्धा, तुम कलाकार। तुम्हारा झूठा जीवन सत्य और मेरी मृत्यु भी कल्पना?

तुम खेलो ये कौमुदी का खेल; पर तुम्हारी मुक्ति कौमुदी में नहीं, अँधेरे में है। तीन परस्पर सत्य हैं सत्यशील; मेरा सत्य, तुम्हारा सत्य और सत्य यह कि मनुष्य मिथ्या ही सत्य को ढूँढता है।

सत्य केवल सत्य की असम्भावना है। सत्य जानना चाहते हो तो अपने डरे हुए कुत्ते से पूछो जो न महानता और न ही प्रतिशोध के लिए तुम्हारे साथ खड़ा है। जिसने तुम्हें अरसों से अपनी दो रोटियों के लिए पाला है। जिसे तुम आज भी पानी तक नहीं ले जा सकते। सत्य तुम्हारे हाथ से बंधा है और तुम महानता में अपनी मुक्ति ढूंढ रहे हो? तुम अंधे हो सत्यशील। तुम्हारे नीलिमा थिएटर में सब अंधे हैं।

(मंच पर परितोष इस समय एकलव्य का पात्र खेल रहा है और मैनेजर का पात्र करने वाला कलाकार अभिमन्यु का। परितोष की वेशभूषा सत्यशील के एकलव्य से थोड़ी अलग है।)

अभिमन्यु : हे दुर्योधन, तुम्हें मैं अभी चाहूँ तो मौत के घाट उतार सकता हूँ। तुम निहत्थे, लहूलुहान, हताश मेरे सामने आज खड़े हो। द्रौपदी माँ का प्रतिशोध मैं चाहूँ तो अभी ले लूं, पर मैं एक पांडव हूँ। मैं पांडव हूँ और प्रतिज्ञा से बड़ा कोई धर्म नहीं मेरा। तुम्हें मैं आज जाने दूंगा... असहाय, एक अवैध जीवन के साथ। एक अधूरी पराजय से सुसज्जित तुम, आज अपने शिविर में लौटोगे मेरे दिए हुए दान के कुछ और दिन लेकर, और महाबली भीम के हाथों वध होने की प्रतीक्षा

करोगे। ठीक वैसे ही जैसे माता द्रौपदी ने इतने वर्षों से अपने प्रतिशोध की प्रतीक्षा की। अब तुम प्रतीक्षा करोगे उस प्रतिशोध के पूरे होने की। यही तुम्हारा सबसे बड़ा दंड है... दंड की प्रतीक्षा।

एकलव्य : अभिमन्यु।

अभिमन्यु : आप?

एकलव्य : कौन सा प्रतिशोध इतना महत्वपूर्ण है पांडव, जिसके हेतु तुम इतने सारे निर्दोष लोगों के प्राण बचाने के अवसर को हाथ से जाने दोगे?

अभिमन्यु : मैं समझा नहीं महाराज।

एकलव्य : दुर्योधन का वध होते ही युद्ध समाप्त हो जाएगा। और तुम सैंकड़ों लोग; यह सिपाही, यह घुड़सवार, जो न पांडव हैं न कौरव, जो केवल तुम लोगों के निजी युद्ध में मर रहे हैं... इन्हें बचा सकते हो... उनके प्राणों का मूल्य क्या पांडवों की प्रतिज्ञा से अधिक नहीं है?

अभिमन्यु : यह नीति का नियम है महाराज... आप केशव से/

एकलव्य : नीति के नियम केशव ने बनाए। केशव से मैं क्या पूछूं? केशव जो बनाए वो नीति का नियम। और नीति का नियम उनसे पूछूं? केशव के केशव के लिए क्या नियम हैं वीर अभिमन्यु, वो कौनसा षड्यंत्र है जो उन्होंने अपने साथ खेला है?

धर्म और जाति को मानने वाले केशव, युद्ध और अनियम का औचित्य साबित करने वाले केशव, केशव वो जो द्रौपदी कि लाज रखने भी द्रौपदी के बुलाने पर जाते हैं, जो भाइयों में युद्ध रोकते नहीं, कौमुदी में अर्जुन को गीता का सार सुनाते हैं। केशव को कौमुदी कौन देगा? किस कौमुदी में केशव के अंधकार को प्रकाश का स्पर्श मिलेगा? कैसे देंगे केशव इतने मासूमों के प्राणों का हिसाब?

केशव कहते हैं कि सब उनमें जाएगा... पूछो उनसे हे अभिमन्यु, क्या समूचा संसार केशव में जाना चाहता भी है? मैं तुमसे पूछता हूँ हे वीर अभिमन्यु, अपने आप से पूछो कि केशव कोई वास्तव में है भी या केवल मनुष्य की क्रूरता और कमज़ोरी का नाम है केशव?

अभिमन्यु : आप अधर्म की बात कर रहे हैं एकलव्य। आप वन से हैं... आपकी जाति सभ्यता के नियमों के, और सभ्यता आपकी जाति के परस्पर विरोधी रहे हैं।

एकलव्य : सभ्यता अगर पाँच पांडवों और सौ कौरवों के लिए पूरे ब्रह्मांड का विनाश कर दे, तो मुझे गर्व है अपनी असभ्यता पर। अभी भी वन में नीति

का नियम यही कहता है कि प्राण प्रतिशोध और प्रतिज्ञा, दोनों से कहीं अधिक मूल्यवान है।

(विलम्ब। थिएटर में ख़ामोशी, फिर तालियाँ। दूसरी तरफ़ नदी के किनारे, सत्यशील और अभिमन्यु।)

अभिमन्यु : यह एकलव्य तुमसे कहीं अधिक अमूल्य है सत्यशील। यह वो है जो तुम थे। जिस सत्यशील को पुरस्कार मिला था एकलव्य के लिए। यह वो है। मेरे सामने जो अंधा खड़ा है, वो तो एक कुत्ते को पानी तक भी नहीं ले जा सकता।

(सत्यशील कुत्ते को देखते हैं और उस पर झपटते हैं। कुत्ता शोर करता है। सत्यशील उसे बार-बार पानी में डुबोते हैं। इस दौरान अभिमन्यु धीरे-धीरे पानी में लौट जाता है। जैसे ही अभिमन्यु पूरी तरह पानी में गुम हो जाता है, सत्यशील अपने कुत्ते को डुबोकर मार देते हैं। नदी के पास वो बैठे हैं। दूसरी ओर नीलिमा से तालियों की आवाज़ गूंजती है। कुत्ते की देह नदी में बहती है।)

दस

(अगली दोपहर। मैनेजर बाबू मुरारी के साथ मंच पर काम कर रहे हैं। सत्यशील आते हैं।)

मैनेजर : चाय पिएंगे सत्यशील जी?

सत्यशील : हाँ... पी सकता हूँ।

(मुरारी जा कर सत्यशील के पैर छूता है और थोड़ी देर तक उनसे धीमी आवाज़ में बातें करता है। सत्यशील हँसते हुए बात करते हैं।)

मैनेजर : तो आप दोबारा..?

सत्यशील : आज आख़िरी रात है... आज नाटक का सबसे महत्वपूर्ण अंश है।

मैनेजर : आप नाटक के लिए आए हैं?

सत्यशील : जी। आपको कोई संदेह है?

मैनेजर : नहीं संदेह तो नहीं... पर न जाने क्यों कहीं कुछ मेरे अंदर कह रहा है कि आप आज भी अपने ही लिए आए हैं।

सत्यशील : इस थिएटर में मेरा बड़ा योगदान रहा है मैनेजर बाबू। आप लोगों के पागलपन से मैं इस का नाम नहीं डूबने दूंगा।

(परितोष अंदर आते हैं।)

परितोष : माफ़ कीजिएगा। मैं बाद में आता हूँ मैनेजर बाबू।

मैनेजर : नहीं नहीं... आइए परितोष बाबू... बैठिए।

(परितोष सत्यशील को देखता है। वो देखता है कि उनकी दृष्टि बिलकुल चली गई है। मुरारी कुर्सी लाता है और परितोष के पीछे रख देता है। विलम्ब। परितोष कुर्सी सत्यशील के पीछे रख देता है।)

सत्यशील : (बैठते हुए) धन्यवाद मुरारी।

परितोष : आप... आप... की आँखें!

सत्यशील : ख़राब लग रही हैं? काला चश्मा है... पहन लूँ?

परितोष : आप... आप... देख पा रहे हैं मुझे? अब... मैं आपके बिलकुल सामने बैठा हूँ।

सत्यशील : मुझे तुम्हें करीब से देखने का कोई शौक नहीं है परितोष कुमार। मुझे तुम्हारी आँख से ही तकलीफ़ होती है।

मैनेजर : हम लोग यहाँ काम की बात करने आए हैं... परितोष बाबू, सत्यशील जी आज रात को एकलव्य करना चाहते हैं।

मैनेजर : क्या कहते हैं आप?

(मौन।)

सत्यशील : अब यह... यह बताएगा कि मैं नीलिमा के मंच पर जाऊंगा या नहीं? यह बताएगा?

परितोष : मुझे नहीं लगता कि इन्हें इस हालत में काम करना चाहिए।

(सत्यशील घुमाकर परितोष को एक थप्पड़ मारते हैं और लड़खड़ा कर नीचे गिर जाते हैं।)

सत्यशील : तुम एहसान करोगे मुझ पर? मेरी हालत क्या है... क्या है..! तुम जैसा ओछा अभिनेता दो क्या, दस आँख लेकर भी अंधा है... और तुम मुझे...

(परितोष सत्यशील को हाथ पकड़कर उठाता है।)

तुम चाहते हो न एकलव्य बनना... ठीक है... तुमने मुझसे छुप-छुप कर अभिनय सीखा... अब मुझे एक गुरु दक्षिणा दो... दोगे?

(यह कहकर सत्यशील परितोष के पैरों पर गिर जाते हैं। विलम्ब। मुरारी सत्यशील को उठाकर कुर्सी पर बिठाता है।)

मुरारी : आप यहाँ बैठिये साहब।

(विलम्ब।)

परितोष : मैं चाहता हूँ कि एकलव्य आप ही करें... क्योंकि मेरी पूरी तैयारी अभिमन्यु की है। मुझे जो करना था मैंने वो कल कर दिया है, और करते ही मुझे मेरा प्रतिशोध मिल गया है... दर्शकों को भले ही मेरा काम पसंद आया हो, पर

एकलव्य आप ही हैं। आपने अपना पूरा जीवन दिया है उसे। मैं सिर्फ़ एकलव्य का शरीर कर सकता हूँ, उसकी सोच नहीं।

आज मैं अभिमन्यु करूँगा। और नहीं, मैं आपको यह मौका गुरु दक्षिणा में नहीं दे रहा। बहुत छोटा शब्द है ये। द्रोण ने इस शब्द को हमेशा के लिए मैला कर दिया है। और आप वैसे भी मेरे गुरु नहीं, जैसे द्रोण एकलव्य के गुरु नहीं थे।

वो बचपना था। और अच्छा है कि आपने मुझसे बचपन में कुछ नहीं माँगा। आपमें द्रोण-सी क्रूरता हमेशा से थी पर मुझमें एकलव्य-सा शौर्य नहीं था। मैं आपको निराश ही करता।

सत्यशील : मैनेजर बाबू, इस लड़के को बोलिए यह यहाँ से चला जाए। मैं इसकी आवाज़ भी नहीं सुनना चाहता।

परितोष : मैं जा रहा हूँ। बस एक बात आपको बता दूँ। कल रात मुझे इस थिएटर में आप क्या, आपका कलाकार भी नहीं मिला। पर हाँ मिले अभिमन्यु के भूत। कहने लगे आप गंगा जी के किनारे लेटे हैं। मैं रात को गया था। आपने अपना कुत्ता मार दिया था... और आप वहीं सो गए थे। आप सो गए थे।

वहां मुझे आपका कलाकार मिला। उसे डूबने का डर लग रहा है, और इस बार किसी ने उसके पैर नहीं पकड़े हैं, इस बार सिर्फ़ आपके हाथ में है सब कुछ।

(झोले से कुत्ते का पट्टा निकलकर सत्यशील के हाथ में देता है और निकल जाता है।)

ग्यारह

(मैनेजर बाबू मंच के सामने आते हैं।)

मैनेजर : देवियो और सज्जनो, आप सबका नीलिमा थिएटर में स्वागत है। आज इस मंचन के आख़िरी दिन, मुझे इस बात की बेहद ख़ुशी है कि आप लोगों के सामने, एक आख़िरी बार आएंगे, एक ऐसे कलाकार... एक ऐसे महान कलाकार जिन्होंने अपना पूरा जीवन रंगमंच को दे दिया! (तालियाँ) एक ऐसे कलाकार जिनका नाम भारत के रंगमंच से ऐसे जुड़ा है जैसे भारत का रंगमंच महाभारत से जुड़ा हुआ है। एक ऐसे कलाकार जिनकी साधना आज आपके सामने आख़िरी बार प्रस्तुत करते हुए मैं अपने आप को बड़ा और ख़ुशनसीब महसूस कर रहा हूँ। भारत के श्रेष्ठ अभिनेता... सत्यशील! (तालियाँ) और आज के महान युवा कलाकार श्री परितोष कुमार, और नीलिमा थिएटर के अन्य प्रतिभावान कलाकार खेलेंगे अभिमन्यु और एकलव्य का नाटक 'कौमुदी'... अंतिम खंड।

(लोग ज़ोरदार तालियाँ बजाते हैं।)

एकलव्य :

जिस ओर देखें महारथी
कई घुड़सवार कई सारथी
बीच में वीरों के वीर
देख कर रुक गया है रण
देवता करते नमन
नदियाँ थमीं, ठहरे हैं वन।
न हवा, न बादलों का
न सूर्य न चन्द्रमा का
रुक सकेगा अब पतन

सब मिलेगा धूल में
जो वीर गिरे यह धूल पर
धूल होगी सेज जब
धूल पर होगा निधन
आज होगा धूल सब... जो गिरे अभिमन्यु
घिर गया है यह वीर आज
चारों दिशा है चक्रव्यूह।

घिर गया है वीर आज
चारों दिशा है चक्रव्यूह।

केशव : यह क्या अर्जुन... यह क्या... तुम यहाँ क्यों खड़े हो? जाओ अपने पुत्र को बचाओ।

अर्जुन : महाराज, मुझे बहुत देर लगेगी। मैं बहुत दूर हूँ और मेरे रथ का पहिया भी थोड़ा इधर-उधर कर रहा है।

केशव : देर क्या लगेगी मूर्ख! कल यह मर गया तो जयद्रथ को मारने पूरा कुरुक्षेत्र गोल-गोल घूमोगे! आज अपने ही बेटे को बचाने में तुम मुझे तकनीकी कठिनाइयाँ समझा रहे हो? मैं ही तो चला रहा हूँ... मैं ही चला जाता हूँ।

अर्जुन : केशव, आप क्या सोच रहे हैं वो मुझे पता नहीं। लेकिन आप क्या चाहते हैं, यह अब तक मैं अच्छी तरह समझ गया हूँ।

केशव : क्या चाहता हूँ मैं?

अर्जुन : महाराज आप चाहते हैं कि मैं आपको कहूँ कि चलिए अभिमन्यु को बचाते हैं... और आप फिर से काम काज छोड़ के, सब कुछ रोक के मुझे पुत्र के जीवन पर उपदेश देंगे चौदह दिनों तक। महाराज, मैं यह विश्राम का अवसर आपको दोबारा नहीं दूंगा।

अभिमन्यु : कहाँ हैं सब? कहाँ हैं? इतने सारे कौरव यहाँ लगे हैं तो कितने सारे पांडव भी तो खाली होंगे कि नहीं... कहाँ गए सब?

(संगीत के साथ सत्यशील एकलव्य के रूप में प्रकट होते हैं।)

एकलव्य : प्रणाम वीर युवक।

अभिमन्यु : यह क्या? सूरज क्यों ढल रहा है? ओह... ओह... मैं अभी... अभी मार देता दो-चार को। फिर वही कौमुदी... अब क्या ज्ञान देना है आपको बिन अंगूठे के चमार राजा?

एकलव्य : एक-दो को तो मार दोगे... उसके बाद क्या करोगे? मरना तो तुम्हें होगा ही।

अभिमन्यु : प्रोत्साहन के लिए धन्यवाद, मगर देखिए मैं अपनी तरफ़ से पूरी कोशिश करके समझूँ कि चक्रव्यूह का तंत्र है क्या?

एकलव्य : यह तंत्र-मंत्र से कुछ नहीं होगा। इतना आसान नहीं है। यहाँ तुम्हारे प्राणों पर बन आई है, और तुमतंत्र समझने में लगे हो! गुरु द्रोण के गुरुकुल के छात्र हो क्या?

अभिमन्यु : जी हाँ।

एकलव्य : तभी यह अंत होगा तुम्हारा। गुरु द्रोण जैसा चालू अध्यापक पूरे ब्रह्मांड में मिलना मुश्किल है। इतने छात्रों को उन्होंने आधा-पौना बताया है कि कभी-कभी मुझे शक होता है कि उन्होंने अपने आप से भी कोई षड्यंत्र करके, ख़ुद को भी दो चार चीज़ें जान बूझ कर कम बताई होंगी... मुझसे तो उन्होंने अंगूठा ही मांग लिया था।

अभिमन्यु : अच्छा-अच्छा तुम वो हो। तभी मैं सोचता था कि तुम्हारे अंगूठे की कहानी क्या है।

एकलव्य : पर तुम ही सोचो उन्होंने षड्यंत्र आख़िर किसके विरुद्ध किया था?

अभिमन्यु : किसके?

एकलव्य : तुम्हारा पिता अर्जुन के...

अर्जुन : क्या?

एकलव्य : जीवन भर उसे अपना सबसे प्रिय छात्र कहते रहे और आज उसी के बेटे को मारने सेनापति बनकर खड़े हैं, और कर्ण को आदेश दे रहे हैं कि तुम पर पीछे से वार करे। कहते हैं, युद्ध का नियम अभिमन्यु जैसे योद्धा को मारने के लिए तोड़ा ही जा सकता है।

अभिमन्यु : जी हाँ महाराज। परन्तु यह सब नीति का खेल है।

एकलव्य : फिर वही पढ़े-लिखे गंवारों जैसी बात! बड़े-बड़े शब्दों में अपने-आप को मत उलझाओ मूर्ख! सीधी बात है यह। गुरु द्रोण किसी के सगे नहीं।

अभिमन्यु : एकलव्य!

एकलव्य : जी।

अभिमन्यु : मुझे पता है। तुम्हें आता है चक्रव्यूह से निकलना... बता दो!

एकलव्य : मैं तुम्हें सिखाऊंगा अभिमन्यु...

(दर्शकों की तालियाँ।)

जीवन और मृत्यु दोनों अन्धकार के प्रतीक हैं।

(सत्यशील अचानक एकलव्य के पात्र के बाहर आकर सोचने लगते हैं।)

क्या जीवन... क्या मृत्यु...

(बाकी कलाकार हैरान हैं। अभिमन्यु फिर कोशिश करता है।)

अभिमन्यु : एकलव्य, तुम्हें आता है चक्रव्यूह से निकलना... बता दो..!

एकलव्य : न।

अभिमन्यु : देखो एकलव्य ऐसे नहीं करते।

एकलव्य : ए! ए! पास मत आओ... देखो ऐसे... ए! देखो ऐसे गले मत पड़ो।

अभिमन्यु : बता दो न एकलव्य। क्या जाएगा तुम्हारा?

(केशव का पात्र करने वाला कलाकार दोनों के बीच घुस जाता है।)

केशव : यह कौमुदी हमेशा नहीं रख सकता मैं। मुद्दे पर आओ दोनों और जो कहना करना है जल्दी करो।

अभिमन्यु : केशव... आप कहाँ है?

केशव : तुम्हारे बाबूजी का रथ चला रहा हूँ बेटा।

अभिमन्यु : रथ चला रहे हैं... कहाँ चला रहे हैं? रथ चला रहे हैं तो इधर क्यों नहीं आ रहे हैं?

केशव : अब क्या बताऊँ बेटा, तुम्हारे बाबूजी कह रहे हैं कि पहिये में ख़राबी है।

अभिमन्यु : जी क्या?

एकलव्य : देख लिया? हो गया? और केशव तुम तो मत ही बनो। जैसे कि इसमें तुम्हारा कोई हाथ ही नहीं। तुम्हारे योगदान के बिना इंसान इतना धूर्त हो ही नहीं सकता।

केशव : देख गंवार... बेकार की बातें मत कर।

अभिमन्यु : तुम तो मुझे बचा सकते हो एकलव्य, तुम क्यों नहीं बचाते... तुम क्यों नहीं बचाते मुझे एकलव्य? क्यों नहीं बताते मुझे चक्रव्यूह का भेद?

(सत्यशील परितोष के प्रश्न से परेशान होते हैं।)

एकलव्य : मैं तुम्हें सिखाऊंगा अभिमन्यु...

(दर्शकों की तालियाँ। सत्यशील फिर से अपने किरदार से बाहर आकर कुछ बड़बड़ाने लगते हैं। अर्जुन और केशव का पात्र करने वाले कलाकार एक-एक कर के आगे बढ़ उनकी पंक्तिया लेते हैं, पर सत्यशील हभूला नहीं हूँ मैं" कह कर उन्हें मंच से खदेड़ देते हैं।

वे गिर जाते हैं। अभिमन्यु का पात्र करता परितोष उनकी तरफ़ बढ़ता है पर सत्यशील हाथ दिखाकर उसे रोक देते हैं।)

एकलव्य : मत करो उपकार मुझ पर। मैं अभी भी शूर हूँ। तुम नहीं थे जब कहीं भी, मैं यहाँ वर्तमान था।

अभिमन्यु : आप तब शूर थे और आज भी आपका ही है। पर अभिमन्यु भी है वीर, आप यह भी हैं जानते।

एकलव्य : मैं नहीं जानता तुम्हें। मैं क्यों तुम्हें यह ज्ञान दूँ? मृत्यु, जीवन, दंड, दोष... यह मेरे विपरीत हैं। मैं सब हूँ। मैं अर्जुन भी हूँ, मैं कर्ण भी, भीष्म हूँ मैं, द्रोण भी। हर महान योद्धा का सम हूँ, हर शूरवीर का शून्य। जब नहीं था कुछ भी कहीं, एकलव्य यहाँ वर्तमान था।

अभिमन्यु : एकलव्य तुम इतिहास बने अपनी विद्या के नाम से।
तुम पूछो ख़ुद से ही यह... तुम अब भी क्यों मुक्त नहीं?
क्यों नहीं है मोक्ष प्राप्त?
तुमको अभी तक, हे धनुर्धारी!
न ये युद्ध तुम्हारा
न मैं पुत्र तुम्हारा
न कौरव, न पांडव तुम
क्यों हो तुम इतिहास में?
अपने नहीं पर औरों के

मांगती है तुमसे तुम्हारी ही मुक्ति हे धनुर्वीर
तुम्हारी कौमुदी तुमसे है बड़ी
एक और एकलव्य दो
तुम मुक्त हो! तुम मुक्त हो।
सत्य की विद्या तुम्हारी
हे एकलव्य तुम सत्य दो
ये कौमुदी है तुम्हारी

तुम कौमुदी का सत्य दो
ये कौमुदी है तुम्हारी
तुम कौमुदी का सत्य दो।

(विलम्ब। परितोष सत्यशील की ओर बढ़ता है। एक विलम्ब के बाद सत्यशील उसे धक्का देकर दूर कर देता है। सत्यशील धीरे-धीरे मंच से बाहर जाने लगता है।)

परितोष : (रोते हुए) बाबा, आप मुझे क्यों नहीं सिखाते? क्यों नहीं सिखाते बाबा... क्यों नहीं सिखाते मुझे...

(सत्यशील रुक जाते हैं। वापस लौटते हैं।)

सत्यशील : ज्ञान सत्य में नहीं, कर्म में है अभिमन्यु।
और एकलव्य का कर्म अब तुम करो
केशव का कोई सत्य नहीं
तुम कभी भी निरस्त्र नहीं
तीर, तलवार, बल से नहीं
जो इस क्षण में मिले
उसी से युद्ध करो
तुम निहत्थे अब भी नहीं
इस टूटे हुए चक्र से युद्ध करो

अंत में जय कौरवों पर नहीं
अपने भय, अपने शोक, अपने अभिमान पर जय करो।
एकलव्य सत्य का नहीं, कर्म का पात्र है।
मेरा कर्म अब समाप्त हुआ
तुम्ही हो केशव,
तुम्ही हो अर्जुन
एकलव्य भी अब तुम करो।

अब मुझे कुछ नहीं दिख रहा है अभिमन्यु। एक धुआं दिख रहा था मुझे। अब केवल वो ही रह गया है। केवल वो हरा और नीला धुआं मेरी तरफ़ बढ़ रहा है। तुम कहाँ हो अभिमन्यु?

(परितोष उनके पास जाकर बैठता है। सत्यशील उसके सिर पर हाथ रखते हैं। उसके मुँह पर हाथ फेरते हैं। दोनों गले मिलते हैं।

तालियाँ बजती हैं। सारे पात्र आगे बढ़कर एक पंक्ति में दर्शकों का अभिवादन करते हैं, सत्यशील उनमें नहीं होते। सत्यशील पीछे जाते हैं, रुकते हैं, मुड़कर बाकी कलाकारों को देखते हैं, दर्शकों को देखते हैं, मंच को देखते हैं। परितोष उन्हें जाता हुआ देखता है। अँधेरा।)

ईदगाह के जिन्नात

चरित्र

अब्बाजान
अशरफ़ी
बिलाल
ख़ालिद
मुश्ताक़
डॉक्टर बेग
डॉक्टर वानी
पहला सिपाही
दूसरा सिपाही
जिन्न

एक

(मंच पर गहरे लाल रंग का कश्मीरी क़ालीन बिछा हुआ है। उसी तरह का दूसरा लाल क़ालीन, मगर उससे बड़ा, एक तरफ़ लटका है। क़ालीनों पर फूल बने हुए हैं।

मंच पर बिछे क़ालीन पर अब्बाजान, अशरफ़ी और बिलाल घुटनों के बल बैठे हैं। वे एक दूसरे को देख रहे हैं और मुस्कुरा रहे हैं। अब्बाजान की उम्र चालीस के आस-पास है। अशरफ़ी सात साल की, और बिलाल बारह साल का है। उनके कपड़े बेदाग़ सफ़ेद रंग के हैं।

क़ालीन पर दो तकिए रखे हुए हैं। एक छोटा और दूसरा थोड़ा बड़ा। दोनों तकिए हरे रंग के हैं। उन तकियों के किनारों पर काले रंग के गोटे लगे हुए हैं। पूरे मंज़र पर नीला रंग झलक रहा है। रौशनी किरदारों के कपड़ों पर आ-जा रही है। लटके हुए क़ालीन पर उसकी लाली चमक रही है।

अब्बाजान बच्चों को इशारे से अपने तकिए उठाने को कहते हैं। वे तकियों को उठा लेते हैं और अब्बाजान की गोद पर रख देते हैं, जो पैर पर पैर रखकर बैठे हैं। फ़िर वे ऊपर की ओर नज़रें उठाकर, उन्हें देखते हुए लेट जाते हैं, और मुस्कुराते हैं।)

अब्बाजान : कौन सी?

अशरफी : वही जिसमें... वही हम्ज़ा और उड़ते हुए चिराग़ों वाली।

बिलाल : नहीं...नहीं...नहीं (अशरफ़ी के सर पर थपकी देता हुआ) वो तो हमने कल ही की थी। अब्बू, वो वाली जिसमें हम्ज़ा तिलिस्म तोड़ता है!

अशरफी : (बिलाल को वापस थपकती हुई) मगर हम्ज़ा तो हर दास्तान में तिलिस्म को तोड़ता है।

बिलाल : हाँ, मगर वह कभी कामयाब नहीं होता, होता है क्या?

अब्बाजान : ठीक है... ठीक है... भई ठीक है... शशश... अब तुम दोनों अपनी आँखे बंद करो... और अब हम देखेंगे। अगर तुम सो जाते हो तो हम अपनी दास्तान में हर चीज़ हासिल कर सकते हैं... उड़ते हुए चिराग़ों को भी और वो भी जो हम्ज़ा जंग के तिलिस्म को तोड़ने की कोशिश करता हुआ हासिल करना चाहता है... और अगर सब कुछ ठीक-ठाक रहा तो इंशाअल्लाह वो इसमें कामयाब भी होगा।

अशरफी : (जोश से भर कर) सचमुच... अब्बू! क्या हम हर वो चीज़ पा सकते हैं जो हम अपनी कहानी में चाहते हैं?

अब्बाजान : हाँ, कोई भी चीज़। कोई भी चीज़ जो तुम चाहते हो मगर सिर्फ़ तब, जब तुम अच्छे बच्चे बनो... अगर बच्चे अच्छे हों तो दास्तान कम्बल बन जाती है।

बिलाल और अशरफ़ी : (आँखे मींच कर) और अगर बच्चे ख़राब हों तो दास्तान कड़कड़ाती हुई हवा बन जाती है।

(अब्बाजान उन्हें देखते हैं। बिलाल और अशरफ़ी अपनी आँखें बंद करने का नाटक करते हैं मगर अब्बाजान को देखने के लिए उन्हें बार-बार खोलते रखते हैं। अब्बाजान उन्हें देखते हैं और मुस्कुराते हैं।

वे धीरे-धीरे ऊपर देखते हैं। जैसे ही वे ऊपर देखते हैं, बच्चे भी अपनी आँखे खोल देते हैं और छत की तरफ़ देखते हैं।)

अब्बाजान : दास्तान... दास्तान...

बिलाल और अशरफ़ी : (जोश से भर कर) दास्तान... दास्तान...

अब्ब्जान : पहले, बहुत पहले, एक ऐसी पर जो काफ़ी हद तक कुछ इसी जगह जैसा था... रसूल का सिपहसालार[1] रहता था/

बिलाल और अशरफ़ी : बादशाह... रसूल।

अब्बाजान : और उनका एक सिपहसालार था।

बिलाल : बहादुर अमीर हम्ज़ा।

अशरफ़ी : (बिलाल की तरफ़ इशारा करते हुए) हम्ज़ा... (वह मुस्कुराती है।)

अब्बाजान : शशश...

(दोनों बच्चे दोबारा सोने का नाटक करते हैं।)

---

[1] सेनापति

अब्बाजान : और हम्ज़ा, रसूल की फ़ौज का सिपहसालार, शैतान की फ़ौज से लड़ रहा था... मरदूद[2] गुलाबउद्दीन... एक शैतान जिसने दावा किया था कि वह... कि वह, अल्लाह मुझे माफ़ करे... कि वह अल्लाह था!

और जादूगर जादूगरों से लड़ रहे थे। और करामाती करामातियों से मार-पीट कर रहे थे, जादू-टोनों पर जादू-टोने गिर रहे थे, और तिस्लिम कई नए तिलिस्म पैदा कर रहे थे, और दुनिया दोनों फौजों की तरक़ीबों और जुनून से बर्बाद हो रही थी। हम्ज़ा और गुलाबउद्दीन की वो फ़ौज...

(वे बच्चों को देखते हैं, जांचने के लिए कि वे सो गए हैं।)

अशरफी : जिन्नातों की... (मुस्कुराती है।)

(अब्बाजान हल्के से उसके सर पर थपकी मारते हैं।)

अब्बाजान : हाँ... जिन्नातों की। जिन्नात... अल्लाह के ताकतवर मख़्लुकात[3]। बग़ैर धुएँ की जलती हुई आग से बने। पाकीज़ा एहसासों की और बेवजह पैदा हुई आग से बने...

और सुर्ख आसमानों पर जंग तेज़ हो गई, आग जैसा पानी, पानी जैसी बर्फ़, हरे समन्दर, बैंगनी मस्जिदें और एक पीला... पीला... चाँद। और वह थी तिलिस्म की तिलिस्म से लड़ाई, जादूगरों की जादूगरों से जंग और जिन्नातों की जिन्नातों से जूझ।

और जंग के इस मुक़ाम पर एक रात, हम्ज़ा की बेटी, एक छोटी सी लड़की... छोटी सी लड़की फ़ातिमा उनके पास आई, उनके महल में... और बोली– 'अब्बाजान...मेरे प्यारे अब्बाजान।'

अशरफ़ी : 'फ़ातिमा... मेरी प्यारी फ़ातिमा,' अब्बू ने कहा।

अब्बाजान : 'अब्बू...मेरे प्यारे अब्बू... मेरे उड़ने वाले चिराग़ महल से चोरी हो गए हैं। मैंने उन्हें पिछली रात दूर जाते हुए देखा, धीरे-धीरे, बहुत धीरे अपने आप... बग़ैर किसी को दिखे, एक के बाद एक मेरे चिराग़ बस दूर चले गए, समन्दर के ऊपर तैरते हुए किसी दूर जगह। और मेरा कमरा, अब्बू, तारीकी[4] में डूब गया। तब मैं खिड़की की तरफ़ दौड़ी, अब्बू, और मैंने समन्दर को देखा, जो चांदनी के रंग में घुला था। और धीरे-धीरे, बहुत धीरे मैंने समन्दर को धुंधला होते देखा। समन्दर धुंधला होता गया और चाँद कहीं दूर फिसल गया। फिसल गया, महल से बहुत दूर कहीं।'

[2] बुरा आदमी

[3] संसार के सभी जीव

[4] अंधेरापन

अशरफी : मगर ठीक तभी दो ज़िन्नात हाजिर होते हैं, ठीक मेरे सामने।

अब्बाजान : 'जिन्नात,' अमीर हम्ज़ा ने कहा।

'हाँ, जिन्नात... (बारी बारी अपनी और अशरफ़ी की तरफ़ इशारा करते हुए) हाफ़िज़ – राफ़िज़... (उलटा इशारा करते हुए।) राफ़िज़ – हाफ़िज़।

अशरफ़ी : (अपनी तरफ़ और फ़िर अब्बू की तरफ़ इशारा करती हुई) राफ़िज़– हाफ़िज़ (उलटा इशारा करती हुई) हाफ़िज़ – राफ़िज़...

अब्बाजान : 'अल्लाह, शैतान और फ़रिश्ते सभी एक साथ,' फ़ातिमा ने जोश से कहा, 'और वो आपके या गुलाबउद्दीन के जिन्नात नहीं थे अब्बू... वो मेरे थे।' फ़ातिमा बोली, जिसने हम्ज़ा की आँखों में अभी तक नहीं देखा था, 'मेरे जिन्नात हाज़िर हुए और उन्होंने मुझसे कहा कि तुम जंग कभी नहीं जीतोगी, अब्बू, और न ही गुलाबउद्दीन...'

'कैसी बेअदबी है,' हम्ज़ा ने चीख़ कर कहा। 'और कहाँ है तुम्हारे ये बेशर्म जिन्नात?' हम्ज़ा ने तिलमिला कर कहा। फ़ातिमा ने ख़ामोशी से ऊपर की तरफ़ देखा और कहा, 'जंग ख़त्म हो गई है, अब्बू... जंग आज ख़त्म हो गई है। मेरे जिन्नातों ने जंग के तिलिस्म को तोड़ दिया है। उन्होंने इसे उसी पल तोड़ दिया था जब उन्हें याद आया कि आख़िरकार यह एक तिलिस्म है... यह जंग। जब आप लड़ते हैं आप हर चीज़ भूल जाते हैं अब्बू, और ऐसा ही करता है वो मरदूद गुलाबउद्दीन। आप दोनों ही भूल गए हैं कि यह जंग हकीक़त नहीं है अब्बू... आप दोनों ही लड़ते हैं मानों यह हकीक़त है।'

'आसमानों की तरफ़ देखिए, अब्बू,' उसने हम्ज़ा को खींचते हुए कहा। 'वो दो सितारे ऊपर, वो... वो मेरी आँखे हैं और वो हमेशा वहीं रहेंगी, वहीं ऊपर आसमान में। जिस पल आपकी आँखें मेरी आँखों से मिलेंगी, आप भी तिलिस्म को तोड़ देंगे। अब्बू, जब भी आप मेरी आँखों को आसमान में ढूंढेंगे, आप उन्हें पा जाएंगे और वो वहीं रहेंगी हमेशा और हमेशा।' इतना बोल कर उसने हम्ज़ा की तरफ़ देखा... और हम्ज़ा ने अपनी बेटी के चेहरे को देखा। वहाँ जहाँ उसकी आँखें होनी चाहिए थीं दो छेद थे, और ऊपर आसमान में उसके दो सितारे थे। हम्ज़ा ज़ोर से चीख़ उठा और उसने अपनी बेटी को कस कर पकड़ लिया।

'उस मरदूद गुलाबउद्दीन ने मेरी बेटी की आँखें ले ली हैं', उसने कहा। 'मैं उसकी बादशाहत के हर एक बच्चे की आँखें नोच लूँगा।' यह कहते हुए, हम्ज़ा अपने जादुई घोड़े पर जा बैठा और अपनी जादुई फ़ौज और अपने जादुई जिन्नातों के साथ, गुलाबउद्दीन से जंग करने के लिए चल पड़ा। इतने ग़ुस्से से भरा हुआ जैसा

दुनिया ने न तो पहले कभी देखा था न ही कभी उससे पहले सोचा था। जंगें बार-बार हुईं... मगर फ़ातिमा की आँखें आसमान में मंडराती रहीं।

और आज रात भी... अगर तुम ऊपर आसमान में देखोगे... तो फ़ातिमा की आँखे इंतज़ार कर रहीं होंगी कि कब उसके अब्बू तिलिस्म को तोड़ेंगे... तिलिस्म को अपनी आँखों से तोड़ेंगे... उसकी आँखों से मिलाकर...

बिस्मिल्लाहिर्रहमानिर्रहीम... ख़्वाबों की मलिका तुम्हें सुहाने और ख़ूबसूरत ख़्वाब बक्शे... शब्बाख़ैर...

(वे बच्चों को देखते हैं। बच्चे सो चुके हैं। वे झुकते हैं और दोनों की पेशानियों[5] को चूमते हैं।)

---

[5] माथा

दो

(बक्शी स्टेडियम। पहला दिन। सुबह का समय।

ख़ालिद और बिलाल ड्रेसिंग रूम में हैं। ट्रेनिंग के बाद दोनों अपने बैग में कपड़े, जूते और बाकी सामान रख रहे हैं। यह एक गंदी, टूटी हुई जगह है। बगैर कांच की एक खिड़की है जिसके बाहर रस्सी पर टंगी फ़ौजियों की सूखती वर्दियां दिखाई पड़ती हैं। बिलाल खड़ा है और अपने जूते के तलवे को देख रहा है। ख़ालिद एक तौलिये से अपने बदन का पसीना पोंछ रहा है।)

ख़ालिद : मैंने तेरे बारे में यह चीज़ देखी है, बिलाल...

बिलाल : क्या?

ख़ालिद : जब भी हम उस लड़की के कॉलेज के केंपस में खेलते हैं, तू अपना तल्ला तोड़ बैठता है

बिलाल : बकवास।

ख़ालिद : मुझे तेरी लात में अचानक से आई वो ज़बरदस्त ताक़त बेहद पसंद है, और उसकी वो वाह-वाह (नक़ल करते हुए) बीलाल... बिलाल! बीलाल... बिलाल! (हँसता है।)

बिलाल : ख़ालिद, ये संजीदा[6] मसला है। जूतों के बगैर वे मेरा इंतिख़ाब[7] करने के लिए तैयार नहीं होंगे। यह कानून है।

ख़ालिद : हीना... या फ़िर हमीदा... क्या नाम है उस लड़की का?

---

[6] गंभीर

[7] चयन

बिलाल : ख़ालिद, मैं तेरा ख़ून कर दूंगा। तू क्या बोले जा रहा है?

ख़ालिद : वो लड़की... क्या नाम है उसका? जिसकी चुभती हुई आवाज़ है।

बिलाल : ख़ालिद, मैं संजीदा हूँ!

ख़ालिद : उसे लेकर?

(बिलाल अपना सर हिलाता है।)

उसके वालिद साहब मस्जिद में मौलवी हैं। वो तेरे जूते तेरे पिछवाड़े में ठूस देंगे और तेरे टटों से फुटबॉल खेलेंगे!

(एक छोटी सी गेंद को लात मारने का नाटक करते हुए हँसता है।)

अरे भाई माफ़ करना, ऑफ–साइड!!

(बिलाल भी हँसता है। वे फ़र्श पर बैठ जाते हैं। ख़ालिद एक ताक़त बढ़ाने वाला रंगीन शरबत निकालता है। वह एक घूँट पीता है और बाकी बिलाल को दे देता है।)

बिलाल : तो तेरे वालिद साहब अब मिडिल ईस्ट में सोने के बिस्कुटों की तस्करी कर रहे हैं? (हँसता है।)

ख़ालिद : यह ताक़त देने वाला शरबत है बिलाल... ये दौड़ने में तेरी मदद करेगा जब हीना या हमीदा के वालिद साहब तुझे खदेड़ेंगे।

बिलाल : एक गोल–कीपर ताक़त देने वाले शरबत की ज़रुरत क्यों महसूस करता है?

ख़ालिद : अर्जेंटीना का हिमायती ब्राज़ील क्यों जाना चाहता है?

बिलाल : अगर मेरा इंतिख़ाब कर भी लिया जाता है ख़ालिद, तो भी मैं ये मानता हूँ... अर्जेंटीना मेरे दिल के ज़्यादा क़रीब है।

ख़ालिद : और ब्राज़ील ज़्यादा वर्ल्ड कप ले जाता है!

बिलाल : तुझे कोई फ़र्क नहीं पड़ना चाहिए... वैसे भी तू उस रोबोटिक जर्मन क्लब को लेकर दीवाना है।

ख़ालिद : यूरोपियन फुटबॉल, बिलाल... जहाँ मेरा मुस्तक़बिल[8] है।

बिलाल : यूरोप में तू शानदार लाइन–मैन बनेगा। एक हाथ में सीटी और दूसरे में यह रंगीन शरबत। इधर से उधर दौड़ते हुए अपनी (बोतल पर पढ़ता हुआ) पूरी फ़ुर्ती और ताक़त के साथ। (हँसता है।)

[8] भविष्य

ख़ालिद : यूरोपियन फ़ुटबॉल अपने आप में एक मुकम्मल तकनीक है...

बिलाल : यूरोपियन ना हारने के लिए खेलते हैं, साउथ अमरीकी जीतने के लिए खेलते हैं।

ख़ालिद : तुझे हिन्दोस्तान के लिए खेलना चाहिए। हिन्दोस्तानी गेंद के पीछे भागने के लिए खेलते हैं।

(दोनों हँसते हैं।)

(बिलाल अपने जूते को फ़िर से देखता है।)

नहीं टिकेंगे... परसों तक।

बिलाल : दो दिन भी नहीं?

ख़ालिद : बमुश्किल।

(बिलाल अपने बैग से कागज का एक टुकड़ा निकालता है।)

बिलाल : (पढ़ता हुआ) दस किलोमीटर... शॉट, ड्रिबल, कवायदें[9] और फ़िर खेल। (बिलाल परेशान मालूम होता है) और इन सब के बीच ये मनहूस कर्फ़्यू। मैं इसे कैसे ठीक कराऊँ? क्या किसी को याद भी है कि इस कर्फ़्यू की वजह क्या है?

ख़ालिद : क्योंकि हिन्दोस्तानी लोग तुझे यह याद दिलाना चाहते हैं कि तू इन कुत्ते के बच्चों के साथ (तंजिया[10] लहजे में) 'सुलह-नामा' में रुकावट नहीं डाल सकता, जबकि उनके फ़ौजी तुझे सांस तक नहीं लेने देते।

बिलाल : मैं हिन्दोस्तानी फ़ौज के कर्फ़्यू की बारे में बात नहीं कर रहा... मैं तेरे बारे में बात कर रहा हूँ।

ख़ालिद : आठ लाख फ़ौजी बिलाल। तुझे पता भी है यह कितना है? मेरे अब्बू कहते हैं कि यह इराक़ और अफ़ग़ानिस्तान को मिलाकर रह रहे अमरीकी फ़ौजियों की तादाद से भी कहीं ज़्यादा है। क्या तू अंदाजा लगा सकता है? और यह मेरा कर्फ़्यू नहीं, अवाम का कर्फ़्यू है।

बिलाल : सच में? तो अवाम कौन है... तू है अवाम? तू?

कल के कर्फ़्यू का वक़्त जानता है?

ख़ालिद : पूरे दिन, सिवाय शाम चार और पांच के बीच के। सुबह फ़ौजी कर्फ़्यू और शाम को... हमारा।

---

[9] भारी कोशिशें

[10] व्यंगात्मक

कल दोपहर/

बिलाल : (सख़्त लहज़े में) मैं वहाँ नहीं आऊंगा।

(रुक कर। ख़ालिद को देखता है।)

और न ही तुझे जाना चाहिए।

ख़ालिद : कल का दिन अहम है, बिलाल। यह मत/

बिलाल : परसों का दिन अहम है।

ख़ालिद : तेरे वालिद साहब तुझ पर शर्मिंदा होंगे।

बिलाल : नहीं। उन्हें फख़्र होगा।

ख़ालिद : लोग तुझ पर थूकेंगे।

बिलाल : लोगों के थूकने के लिए मैं यहाँ नहीं होऊंगा।

ख़ालिद : तो अब यह बात सिर्फ़ तेरी हो गई?

बिलाल : हाँ। और तुझे भी मेरी तरह ही सोचना चाहिए।

ख़ालिद : कल/

बिलाल : ख़ालिद, मुझे कोई परवाह नहीं है अगर लोग मुझे पर थूकते हैं।

ख़ालिद : तुझे... कश्मीर की कोई परवाह नहीं है?

बिलाल : मैं कश्मीर हूँ। और तू भी। परसों अच्छे से खेलना।

(बिलाल जाने लगता है।)

ख़ालिद : अगर तुझे जूतों की ज़रुरत है, तो तू मेरे ले सकता है।

(बिलाल मुड़ता है। ख़ालिद को देख कर मुस्कुराता है।)

हम उनसे कहेंगे कि हमारी आज़माईशों को अलग-अलग दिनों में रखें।

बिलाल : (अपने जूतों को देखता है) मैं काम चला लूँगा। मेरे जूते/

ख़ालिद : नहीं चलेंगे... और कोई दूसरा तुझे देगा नहीं...

(ख़ामोशी।)

लड़के तुझ पर नज़र रखते हैं... तू कल क़वायद के बाद भी मज़ाहरा[11] और जुलूस में शामिल होने के लिए वहाँ नहीं था, यह बात काफ़ी लोगों को अच्छी नहीं लगी।

बिलाल : मैं वहाँ था।

[11] धरना प्रदर्शन

ख़ालिद : हाँ... जब तक कि वह ख़ुद-ब-ख़ुद तेरे घर तक चल रहा था। मैं जुलूस में पकड़े जाने की बात नहीं कर रह हूँ बिलाल। मैं उसमें शामिल होने की बात कर रहा हूँ।

(मुश्ताक़ अंदर आता है। मुश्ताक़ उनसे थोड़ा बड़ा है। वह कोच नहीं है मगर एक सिनिअर खिलाड़ी है जो टीम की मदद करता है।)

मुश्ताक़ : ओहो... एक ही कमरे में कश्मीरी फुटबॉल के चमकते हुए दो सितारे...

ख़ालिद : मुश्ताक़ भाई।

(उसे बिलाल के जूते दिखाता है। मुश्ताक़ एक जूता उठाता है और उसे देखता है।)

मुश्ताक़ : ये नहीं चलेंगे। दूसरी पारी के लिए तो बिल्कुल नहीं।

ख़ालिद : मुश्ताक़ भाई, क्या हमारी आज़माईशें साथ-साथ होंगी?

मुश्ताक़ : ये तो कोच साहब और बैरूनी[12] इंतिख़ाब करने वाले तय करेंगे।

ख़ालिद : हमारे पास जूतों का सिर्फ़ एक जोड़ा है।

मुश्ताक़ : (जूतों को देखता है) ठीक है। मैं कोच साहब से बात करूँगा।

(अपनी जेब से दो पर्चियां निकालता है। दोनों को एक-एक देता है।)

लो, ये तुम्हारे नक़्शे और वक़्त की फ़ेहरिस्तें हैं। इनमें लिखा है कि कल के जुलूस में तुम्हें कब और कहाँ आना है। इसे याद कर लेना और फ़िर काग़ज को चबा जाना।

ख़ालिद : आज?

मुश्ताक़ : आज तो नामुमकिन है। आगे का मंसूबा बनाने के लिए हमें आज शाम को मिलना पड़ेगा। पुराने स्कूल पर। मुझे उम्मीद है कि तुम दोनों वहाँ होगे।

(बिलाल और ख़ालिद अपनी पर्चियों को देखते हैं।)

(बिलाल से) इस बार कोई बहाने नहीं, बिलाल। ठीक है? यह तुम्हारे घर के ठीक सामने है।

(बिलाल चुपचाप खड़ा रहता है।)

तुम कल जुलूस से गायब क्यों हो गए थे?

बिलाल : कर्फ़्यू/

---

[12] विदेशी

मुश्ताक़ : कर्फ़्यू क्या सिर्फ़ तुम्हारे लिए था, तुम्हारे पिछले आँगन में? मैं वहाँ खड़ा था और अपनी आवाज़ उठा रहा था, ख़ालिद वहाँ खड़ा था और अपनी आवाज़ उठा रहा था... नौजवानों की आँखें तुम पर टिकी हैं। टीम अब बैनुलअक्वामी[13] नज़र में है, और तुम भाग रहे हो... बस एक कायर की तरह भाग रहे हो।

बिलाल : मेरे पास ख़्याल रखने के लिए एक बहन है।

मुश्ताक़ : और हमारे पास कोई नहीं है। (उसको खिड़की की तरफ़ ले जाता है) देखो। इसको देखो। यह तुम्हारा स्टेडियम है। तुम यहाँ खेलते हो। तुम यहाँ ट्रेनिंग करते हो, देखो इन्हें। (उसे फौजियों की वर्दियां दिखाते हुए) ये यहाँ क्या कर रहीं हैं? तुम्हें शर्म नहीं आती, बिलाल, जब तुम्हें अपने ही स्टेडियम में, पीछे के दरवाज़े से, एक चोर की तरह आना पड़ता है, क्योंकि हरे हेलमेट में कोई हरामजादा तुम्हें कभी भी रोक सकता है और गोली मारने की धमकी दे सकता है, सिर्फ़ उस एक चीज़ के लिए जो तुम्हें सबसे ज़्यादा पसंद है? क्या तुम आज़ाद महसूस नहीं करते, जब तुम दौड़ते हो, जब तुम गिरते हो, जब अपने घुटनों पर चोट खाते हो, जब तुम्हें पसीना आता है, जब तुम्हारी आँखों में पानी आता है, जब तुम जीतते या हारते हो? देखो इन्हें। यह उनका खेल नहीं है। यह तुम्हारा है।

खेलो इसे...

(बिलाल अपना सर झुकाए खड़ा रहता है।)

ख़ालिद : यह आएगा, मुश्ताक़ भाई।

मुश्ताक़ : यह कश्मीर का हीरो है! जो अपने घर में बैठा रहता है, जब उसके घर के सामने से गुज़रने वाले जनाज़े के जुलूस पर गोली चलती है, ठीक उसके घर के सामने। (ख़ालिद से) क्या इसे मालूम है कल दोपहर क्या हुआ... जब यह भाग गया? (बिलाल से) क्या तुम्हें पता है?

(ख़ामोशी।)

बिलाल : मेरी बहन अशरफ़ी भीड़ के गुज़रने की बात सुन कर बेहोश हो गई। जब उसने गोलियों की आवाज़ सुनी, मैंने उसे पैंतालीस मिनट तक कस कर पकड़े रखा, अपने सर को मेरे सीने में छिपा कर उसने मेरी बाहें पकड़ ली थीं।

शायद उसे मेरी ज़्यादा ज़रुरत है जितनी आपकी बहन को आपकी मुश्ताक़ भाई, या ख़ालिद की बहन को उसकी... क्योंकि है तो वह चौदह साल की लेकिन उसकी दिमागी उम्र एक नौ या दस साल की बच्ची जितनी है। उस उम्र में, जब हमारे

[13] अंतर्राष्ट्रीय

अब्बा को बस में गोली मार दी गई थी, तब उसने उनकी लाश को अपनी गोद में ले लिया था। और वहीं उस दिन वे लोग वह सब कुछ कर रहे थे मुश्ताक़ भाई, वह लोग नए कपड़े पहन कर एक शादी में जा रहे थे... (रुक कर) एक ऐसी उम्र जब एक जवान लड़की को नए कपड़े पहनने का शौक होता है मुश्ताक़ भाई... मेरी बहन अशरफ़ी को इन सब से डर लगता है।

माफ़ कीजिएगा मुश्ताक़ भाई, अल्लाह जानता है कि अगर मेरा इंतिख़ाब हो गया तो मैं उसे बाहर के किसी अच्छे अस्पताल में दिखा सकूँगा। मेरा इंतिख़ाब आगे चल कर हमारी जिंदगियों को कुछ बेहतर बना सकता है।

मैं उसे लेकर कोई जोखिम नहीं ले सकता मुश्ताक़ भाई। और अपने लिए/

मुश्ताक़ : और कल दोपहर में भी, फ़ौजियों ने तुम्हारे घर के सामने से निकल रहे जनाज़े के जुलूस पर गोलियां चलाई थी जहाँ से तुम भाग खड़े हुए थे। सात साल के एक बच्चे का जनाजा... गोलीबारी में उन्होंने उसके भाई को मार दिया, जो सिर्फ़ बारह साल का था। उन्होंने उसके भाई को मारा और कर्फ़्यू लगा दिया ताकि लोग इकट्ठे न हों सके और बच्चे को दफ़नाया न जा सके। उसकी माँ अगले चौबीस घंटे तक उसका सर अपनी गोद में लिए बैठी रहेगी जब तक कि उसका बेटा दफ़ना न दिया जाए। तुम उनसे जल्द ही उसी अस्पताल में मिल सकते हो, इसकी पूरी गुंजाईश है। यहाँ कश्मीर में, हर दोपहर, बहुत कुछ होता है बिलाल... इसलिए मुझसे बकवास करने से पहले हमेशा याद रखना बिलाल नईम, जर्सी नंबर छह, कश्मीर के उभरते हुए सितारे, दाहिने पैर से गोल करने वाली मशीन... होगे तुम इतने ख़ास... पर ख़ालिद की बहन या मेरी बहन या किसी और के भाई या बहन को हमारी भी उतनी ही ज़रुरत है जितनी कि तुम्हारी बहन को तुम्हारी।

(ख़ामोशी।)

क्या तुम आज डॉक्टर से मिल रहे हो?

बिलाल : (अंदाजन) जी। आज दोपहर।

मुश्ताक़ : ये ख़त लो (उसे एक खत देता है) और इसे डॉक्टर को दे देना। उनसे कहना कि हिन्दोस्तानियों से बातचीत करने के लिए न जाएँ। मुझे यक़ीन नहीं होता कि इसके बाद भी वो मान गए हैं।

(बिलाल ख़त को अंदाज़तन लेता है।)

मुझे देखो।

(बिलाल नहीं देखता।)

(ज़ोर से।) मुझे देखो!

(रुक कर। मुश्ताक़ बिलाल के पास आता है और उसे पकड़ता है।)

इंशाअल्लाह, तुम चुन लिए जाओगे बिलाल। इंशाअल्लाह तुम कश्मीरी फुटबॉल के सितारे बनोगे और वहाँ तक पहुंचोगे जहाँ कोई और नहीं पहुँच सका। और मैं तुम्हारे साथ हूँ, है कि नहीं?

बिलाल : जी मुश्ताक़ भाई।

मुश्ताक़ : पर मुश्ताक़ भाई को अपने कश्मीरी सितारे खिलाड़ियों पर फख़्र करने के लिए एक कश्मीर भी तो चाहिए... न? एक कश्मीर जिस पर हमें नाज हो। बराए मेहरबानी... इस ख़त को दे देना बिलाल। उस डॉक्टर को बातचीत के लिए जाने देने से हमारी बेईज़्ज़ती मत होने देना। एक दिन तुम्हें ख़ुद पर फख़्र महसूस होगा, भरोसा रखो मुझ पर। हमम...?

बिलाल : मैं दे दूंगा मुश्ताक़ भाई।

(बिलाल और ख़ालिद ख़ामोश खड़े रहते हैं। मुश्ताक़ बिलाल को गले लगा लेता है।)

मुश्ताक़ : (उन दोनों की तरफ़ देखकर मुस्कुराता है) शाम में। पुराना स्कूल।

बिलाल और **ख़ालिद :** जी।

मुश्ताक़ : मैं कोच साहब से तुम दोनों की आज़माइशों को एक साथ न रखने के बारे में बात करूंगा। इसे अपने जूते दे दो ख़ालिद, लेकिन अंदर एक कील छुपा देना।

(ख़ालिद अपना बैग उठा कर जाने ही वाला होता है जब वह देखता है कि बिलाल अभी भी रस्सी पर टंगे फौजियों के कपड़ों को देख रहा है। ख़ालिद उसके सर पर थपकी लगाता है। वे साथ खड़े होते हैं और मिलिट्री की वर्दियों को देखते रहते हैं।)

तीन

(पहला दिन। दोपहार का समय।

श्रीनगर में दिमाग़ी बिमारियों का एक सरकारी अस्पताल। डॉक्टर बेग का कमरा।

डॉक्टर बेग ने अपनी कुर्सी को टेबल के पीछे न रख कर सामने रखा है। कमरे के दूसरी तरफ़ एक बेंच है जिस पर डॉक्टर वानी अपने हाथ में नोट-पैड लेकर बैठी है। जैसे-जैसे बातचीत आगे बढ़ती है वह नोट करती रहती है। एक विभाजन इस कमरे को बाहर से दो हिस्सों में बांटता है। बाहर एक बेंच पर बिलाल अपनी बहन अशरफ़ी के लिए, मुश्ताक़ के ख़त के साथ, इंतज़ार कर रहा है। अशरफ़ी अपनी गुड़िया लिए क्लिनिक में दाख़िल होती है।)

बेग : (ज़ोर से) अस्सलाम अलैकुम अशरफी बेग़म/

अशरफ़ी : (बेपरवाही से) वालेकुम अस्सलाम डॉक्टर साहब।

(अशरफी डॉक्टर के सामने सकुचाकर बैठती है। वह अपनी गुड़िया को देखती है और कुछ बुदबुदाती है। बेग उसे देखकर मुस्कुराते हैं। अपने सामने रखे स्टूल की ओर इशारा करते हैं। अशरफ़ी उस पर बैठ जाती है।)

वानी : (ऐसी आवाज़ में जैसे बालिग लोग बच्चों के लिए इस्तेमाल करते हैं।) अस्सलाम अलैकुम अशरफ़ी।

अशरफ़ी : (गुड़िया से) ये तुमसे बात कर रही हैं। चलो, बात करो। (वानी की नकल करती है। उसी तरह जैसे बालिग लोग बच्चों से बात करते हैं) वालेकुम अस्सलाम डॉक्टर साहब।

(वानी मुस्कुराती है और एक नोटपैड खोल लेती है। डॉक्टर और अशरफ़ी जो बातें करते हैं उन्हें वह नोट करती है।)

बेग : (अपनी घड़ी में झांकते हैं। वे अशरफ़ी के आराम से बैठने का इंतज़ार करते हैं, फ़िर बोलना शुरू करते हैं) हाँ, आज तुम वक़्त पर हो।

(अशरफ़ी अपना हाथ फैलाती है। बेग अपनी दराज़ से दो छोटी टॉफ़ियाँ निकालता है, उनको साथ में रखता है।)

बेग : इक्लैर या शुगर टॉफ़ी?

(अशरफ़ी अपना दूसरा हाथ भी बढ़ाती है।)

नहीं, दोनों नहीं। एक यहाँ वक़्त पर पहुँचने के लिए, और दूसरी जब हम खेलना शुरू करेंगे। ठीक है?

(अशरफ़ी सर हिलाती है।)

तो, हम एक बस के सफ़र की बात कर रहे थे। पिछली बार/

अशरफ़ी : डॉक्टर साहब, आपने मुझे स्कूल बैग देने का वादा किया था जो नहीं दिया।

बेग : ओह, क्या इसलिए तुम मुझसे खफ़ा हो?

अशरफ़ी : जी। (रुक कर) नहीं। स्कूल बैग। (आस पास देखती है।)

बेग : अच्छा। अशरफ़ी, मैं तुम्हें स्कूल बैग दूंगा। पर उसके लिए स्कूलों को खुलना होगा/

अशरफ़ी : आप। आपने स्कूल क्यों बंद किए?

बेग : मैंने नहीं किए।

अशरफ़ी : आप ने ही किए हैं, मैं जानती हूँ।

बेग : नहीं, किसने कहा तुमसे?

अशरफ़ी : मुझे मालूम है। लेकिन अगर मैं आपको बताउंगी, तो आप मेरा यक़ीन नहीं करेंगे डॉक्टर साहब।

बेग : मैं तुम्हारा यक़ीन क्यों नहीं करूंगा?

अशरफ़ी : क्योंकि आपको नहीं पता। अगर पता होता तो आप जान जाते।

बेग : अशरफ़ी... ठीक है। देखो, मैंने स्कूल बंद नहीं किए। मैं चाहता हूँ कि स्कूल खुलें। तुम सबके बाहर जाने और खेलने के लिए।

(ख़ामोशी। बेग अशरफ़ी को देख रहे हैं।)

बेग : क्या अब हम बस का सफ़र शुरू करें?

अशरफ़ी : ठीक है। ये मेरी बस है, मैं ड्राईवर हूँ।

(वह कुर्सी को दूसरी तरफ़ घुमाती है।)

मैं ड्राइव कर रही हूँ। वूऊऊऊ...वूऊऊऊ... (आवाज़ें निकालती है) उनके घर मीरपुर से एक शादी के लिए... (बेग उसके बस को चलाने वाले नाटक को गौर से देखते हैं) हाँ... नहीं नहीं... ये वहाँ नहीं जाएगी। बिल्कुल जाएगी। पांच रुपए। हैं आपके पास। अच्छा...

तो, मैं वहाँ ड्राइव कर रही हूँ... वो देखो अशरफ़ी और उसके वालिद आ रहे हैं... मीरपुर के बहादुर जमाल। वो अंदर आते हैं, वो बैठते हैं और फ़िर मैं ड्राइव करती रहती हूँ... मैं ड्राइव कर रही हूँ और वो बैठे हैं... वो वहाँ बैठे हैं...

(बेग उठते हैं और बस के बाहर खड़े होने का नाटक करते हैं। अंदर आने की कोशिश करते हुए वे ड्राईवर की तरफ़ हाथ हिलाते हैं। अशरफ़ी उनको देखती है पर अपनी बस नहीं रोकती।)

अशरफ़ी : बस वहाँ नहीं जाती जहाँ आप चाहते हैं कि वो जाए।

बेग : (मुस्कुराते हुए) क्यों न तुम अब्बा का किरदार निभाओ, और मैं अशरफ़ी का।

अशरफ़ी : (उठते हुए) ठीक है, पर जल्दी। हमें घर पहुंचना है। बिलाल को ट्रेनिंग के लिए जाना है।

बेग : बिलाल कहाँ है?

अशरफ़ी : (एक दूसरी कुर्सी लेकर बस में बैठने की जगह बनाती हुई) घर पर। वो हमारे साथ बस में नहीं था।

बेग : अच्छा। लेकिन वो अभी कहाँ है?

अशरफ़ी : अभी मैं बस में हूँ, और वो बस में नहीं है।

बेग : नहीं अशरफ़ी, देखो। अभी हम मेरे कमरे में हैं। और हम मान रहे हैं कि तुम एक बस में हो। ठीक है? तो यह असलियत में हो रहा है, (अपने कमरे, टेबल और दूसरी चीज़ों की तरफ़ इशारा करते हुए) और वो सब अभी नहीं हो रहा, (उसकी बस की ओर इशारा करते हुए) है न?

अशरफ़ी : आपके लिए, क्योंकि डॉक्टर साहब आप बस में नहीं हैं। मैं बस में हूँ। यह असलियत में हो रहा है। आइए, बस में आइए। मुझे आज सच में जल्दी जाना है...

बेग : ठीक है, तो मैं अशरफ़ी का किरदार निभाऊंगा/

अशरफ़ी : नहीं आप मेरा किरदार नहीं निभा सकते। मैं यहाँ बस में हूँ।

बेग : तो अब्बा...

अशरफ़ी : (भड़कते हुए) नहीं, नहीं, नहीं, नहीं... आप नहीं निभा सकते... (वह काफ़ी रंजीदा मालूम होती है) मेरे खेल को बिगाड़िए मत डॉक्टर साहब। मेरी बस। यह मेरी बस है! कुछ और खेलिए। यह आदमी या... यह सात लोगों का घराना। मुझे इसका हिस्सा मत... मुझे नहीं... अब मुझे याद नहीं आ रहा।

बेग : लेकिन तुम्हें इससे ज़्यादा याद है, अशरफ़ी। है कि नहीं? पिछले ही दिन हम शादी तक पहुँच गए थे।

(अशरफ़ी बैठ जाती है, रोने लगती है। वह ग़ुस्से में है और सिसक रही है।)

अशरफ़ी : आप बस में नहीं हैं, आपको समझ में क्यों नहीं आता? आपको जहाँ रहना चाहिए आप सिर्फ़ वहीं नहीं रह सकते क्या? आप मेरी बस को सिर्फ़ बाहर से नहीं देख सकते क्या? ये सब आपकी वजह से हुआ है, सब आपकी वजह से/

(बेग झूठमूठ की बस से दूर हट जाते हैं और अपनी कुर्सी पर वापस चले जाते हैं।)

बेग : (अशरफ़ी को शांत करते हुए) अच्छा, अच्छा, देखो, मैं बाहर हूँ अब। मैं बस में नहीं हूँ। देखो...

(अशरफ़ी मुड़ कर देखती है। अभी भी रोती हुई। अपनी गुड़िया को उठाती है। गुड़िया से कुछ कहती है, डॉक्टर को देखती है, गुड़िया से फ़िर कुछ डॉक्टर के बारे में बात करती है और डॉक्टर बेग से मुँह फेर के बैठ जाती है।)

अशरफ़ी : बस नहीं बढ़ सकती, आगे कर्फ़्यू लगा है।

बेग : हाँ कर्फ़्यू लगा है।

अशरफ़ी : मुझे कर्फ़्यू लगने से पहले घर पहुंचना है।

बेग : हाँ।

(अशरफ़ी वानी की तरफ़ देखती है इस उम्मीद में कि वह समझ रही है जिस बारे में वह बोल रही है। वह फ़िर से डॉक्टर बेग को देखती है।)

अशरफ़ी : मुझे कर्फ़्यू शुरू होने से पहले घर पहुंचना है बेग साहब। मैंने रेडियो पर उनके वक़्तों के बारे में सुना था।

बेग : तुम्हारा मतलब है... अभी? मतलब आज जब तुम यहाँ मेरे साथ हो, डॉक्टर बेग के?

(अशरफ़ी मुस्कुराती है और गुस्ताख़ी से सर हिलाती है।)

हाँ। हाँ बिल्कुल।

अशरफ़ी : (मुस्कुराती है) क्या? आपको क्या लगता है डॉक्टर साहब?

बेग : मुझे लगा तुम बस के बारे में बात कर रही हो अशरफ़ी।

अशरफ़ी : कौन सी बस? ये बस? (वो हँसना शुरू कर देती है) आप पागल हैं डॉक्टर बेग। आप पागल हैं। मुझे मालूम है, आप पागल हैं।

(अशरफ़ी हँसती रहती है। वानी और बेग एक दूसरे को देखते हैं।)

बेग : ठीक है... अशरफ़ी। तुम अब घर जा सकती हो। हम कल फ़िर मिलेंगे, ठीक है?

(अशरफ़ी कोई जवाब नहीं देती। वह अपना हाथ फ़िर से फैलाती है। बेग मुस्कुराते हैं, उसको दूसरी टॉफी दे देते हैं।)

ख़ुदा हाफ़िज़ अशरफ़ी बेग़म।

अशरफ़ी : अल्लाह... (अपनी गुड़िया को देखती है) हाफ़िज़... (मुस्कुराती है और बाहर निकलने लगती है।)

बेग : (पुकारते हुए) बिलाल...

बिलाल : (जल्दी से अंदर आता है) जी... जी डॉक्टर साहब।

(अशरफ़ी बिलाल का हाथ पकड़कर खड़ी रहती है। उसके दूसरे हाथ में मुश्ताक़ का ख़त है।)

बिलाल : शेफ़ू... तुम जाओ और वहाँ बेंच पर बैठो, ठीक है? मैं डॉक्टर साहब से मिलकर आता हूँ...

(अशरफ़ी उसे छोड़ कर नहीं जाती।)

बिलाल : मैं तुम्हें यहाँ से देख सकता हूँ शेफ़ू... और देखो, अगर तुम ऐसे झुकोगी तो तुम भी मुझे देख सकोगी...

(अशरफ़ी उसे अपने दांत दिखाती है।)

बिलाल : बहुत अच्छा शेफ़ू...अब जाओ और/

(अशरफ़ी अपनी जीभ बाहर निकालती है।)

हाँ... हाँ शेफ़ू... यह बिल्कुल साफ़-सुथरी है... तुम एक अच्छी बच्ची हो... अब वहाँ बैठो। मैं आता हूँ... ठीक है?

ईदगाह के जिन्नात

(अशरफ़ी सर हिलाती है और उसे अपनी गुड़िया दिखाती है।)

बिलाल : हाँ... जाओ और हाफ़िज़ के साथ बैठो... ठीक है?

(अशरफ़ी चली जाती है। बिलाल अंदर जाता है और बेग के सामने खड़ा होता है। बेग उसके हाथ में दबे ख़त को एक पल के लिए देखता है। बिलाल बोलने ही वाला होता है कि बेग अपने ब्रीफ़केस से एक अखबार निकालता है और उसे टेबल पर रखता है। बिलाल उसे देखता है आर अपना सर झुका लेता है।)

बेग : हाँ...

(बिलाल कुछ नहीं कहता।)

(उसे अखबार दिखाते हुए) हाँ... क्या तुम्हें कुछ नहीं कहना? तुम्हारे फुटबॉल की आज़माइश कब है?

बिलाल : परसों, बेग साहब।

बेग : (ताज्जुब से) ईद के दिन?

(बिलाल सर हिलाता है। वानी और बेग एक दूसरे को देखते हैं।)

बेग : क्या तुम्हें यही सब करना चाहिए, बिलाल? ये? (अखबार उठाते हैं, पढ़ते हैं) 'कश्मीर का नाज़, कल शाम ईदगाह के पास फुटबॉल की टीम एक जनाज़े के जुलूस में दिखी थी। मुज़ाहिरों के साथ, टीम पत्थरबाज़ी और नारेबाजी के साथ शामिल हो गई थी। और...' (बुदबुदाते हैं) और हाँ ये रहे तुम। कश्मीर का फख़्र। ये। इस पन्ने पर।

क्या इन सब चीज़ों की यही वजह है? क्या इसी वजह से तुम सब कुछ छोड़-छाड़ के आए हो, और अपनी बहन के साथ श्रीनगर में बसे हो?

(बिलाल ख़त को वापस अपनी जेब में रख लेता है।)

बिलाल : (नीचे देखते हुए, अन्दाज़तन) डॉक्टर साहब, मैं...

बेग : बिलाल, अभी तुम इस तरह की बेवक़ूफी नहीं कर सकते। अगर हो सके तो ट्रेनिंग के बाद दूसरे लड़कों के साथ वापस मत आना। मैं तुम्हें कल उस जुलूस में देख कर हक्का-बक्का रह गया।

वानी : (ऊपर देखती है) डॉक्टर साहब... आप थे?

बेग : हाँ... मैं था वहाँ। एक मरीज़ को देख कर लौट रहा था, जब इनमें से किसी एक... इनमें से (बिलाल की तरफ़ इशारा करते हुए) किसी लड़के ने मेरी गाड़ी पर पत्थर फेंका था।

वानी : आपकी गाड़ी? ओह... डॉक्टर साहब... आपको चोट तो नहीं पहुंची?

बेग : (वानी की बात को नज़रंदाज़ करते हुए, बिलाल से) इस वादी को बहादुरों की जरूरत है, बिलाल। मंझे हुए। उस तरह के नहीं जो पहले वादे कर रहे थे और आख़िर में कहीं भी नहीं पहुंचे। (अपना सर हिलाते हैं) तुम मंझे हुए बन सकते हो। तुम अपनी बहन के साथ जा सकते हो और उसे एक अच्छी ज़िन्दगी दे सकते हो। तुम्हें अभी इन सब चक्करों में नहीं उलझना चाहिए, बिलाल। तुम समझ रहे हो कि नहीं?

(बिलाल सर हिलाता है।)

जाओ... इससे पहले कि फ़िर से कर्फ़्यू लग जाए। मुझे तो याद भी नहीं कि अभी कौनसा लगने वाला है!

बिलाल : (रुक कर। बिलाल खत निकालने ही वाला होता है पर रुक जाता है) अल्लाह हाफ़िज़, डॉक्टर साहब।

बेग : अल्लाह हाफ़िज़, बिलाल।

(बिलाल चला जाता है। बेग बैठ जाते हैं। वानी ख़ामोश हैं। उनके बीच संजीदा ख़ामोशी है।)

वानी : बेग साहब... लड़कों ने आपकी गाड़ी पर पत्थर फैंके?

बेग : हाँ, फैंके। पूरे शहर को ये कैसे पता चला, एकदम से?

वानी : टी.वी. पर दिखाया जा रहा था, डॉक्टर बेग। एक न्यूज चौनल ने वादी के उन लोगों पर एक स्टोरी की थी जो हिन्दोस्तानियों के साथ बातचीत करने के लिए चुने गए हैं।

वो जिन्होंने इंकार कर दिया है... और वो जो बोलेंगे। उस सात साल के बच्चे और उसके बारह साल के भाई को गोली लगने की वजह से लोग पहले से ही सड़कों पर उतर आए थे, और अब ये चीज़... ये... सुलह-नामा... फ़ेहरिस्त उसी शाम ऐलान कर दी गई थी जिस शाम उस बच्चे को बेरहमी से मार दिया गया था। इस वाकिये ने काफ़ी लोगों का गुस्सा बढ़ाया है। और शायद इसलिए अपने गुस्से में उन्होंने...

(ख़ामोशी।)

बेग : गुस्सा... कभी-कभी मुझे हिन्दोस्तानियों पर यक़ीन होने लगता है। शायद, हम इस जगह को सम्भाल ही नहीं पाएँगे, अगर ये हमें दे दी गई तो।

(वानी ख़ामोश बैठी रहती है। बेग वानी को देखते हैं।)

ओह...बिल्कुल, मैं भूल जाता हूँ।

वानी : डॉक्टर साहब, उन लड़कों को – (एकदम से रुक कर) उन्हें आपकी गाड़ी पर पत्थर नहीं फैंकने चाहिए थे।

बेग : नहीं, नहीं। क्यों नहीं? तुम्हें भी यही लगता है कि मुझे हिन्दोस्तानियों से बात नहीं करनी चाहिए, है न?

वानी : मैंने ये कभी नहीं कहा।

बेग : वानी, मैं तुम्हें लम्बे वक़्त से इतना तो जानता ही हूँ कि तुम्हारी ख़ामोशी पढ़ सकूं।

कल वजारत[14] से सुनने के बाद सिर्फ़ तुम ही थी जो मेरे कमरे में नहीं आई। इसीलिए वानी, तुम वह आख़िरी शख्स हो जिसे मालूम पड़ा कि मेरी गाड़ी पर इन नए कश्मीर के बहादुरों ने पत्थर फैंके थे। ये कश्मीर के बच्चे।

(ख़ामोशी।)

वानी : बेग साहब, मुझे माफ़ कीजिएगा पर मुझे नहीं लगता कि इन हिन्दोस्तानियों से बात करने का कोई फायदा है।

बेग : तुम यक़ीन से नहीं कह सकती ना वानी? यहाँ बैठे हुए, इस अस्पताल में, तुम यक़ीन से नहीं कह सकती कि हमें बात करनी चाहिए या नहीं?

देखो इस जगह को। पूरी वादी में दिमाग़ी रोगों का वाहिद अस्पताल। पांच डॉक्टरों के साथ... सिर्फ़ पांच। (तंज़िया लहज़े में हँसते हुए) तुम्हें और मुझे यहाँ करामाती कारकुनों[15] की तरह बनना होगा। आज जब मैं अंदर आ रहा था वानी, मैंने रजिस्टर पर वह नंबर देखा... पैंतालीस हज़ार एक सौ अठत्तर... पैंतालीस हज़ार... हमारे कब्ज़ेदार और इन्क़लाबियों[16] के बहादुरी और जोश का कुल जोड़... दरवाज़े के पास हमारे रजिस्टर पर उनका रिपोर्टकार्ड।

इस साल उस दरवाज़े से इतने लोग दाख़िल हो चुके हैं, और अभी तक ईद भी नहीं आई... और हम पांच हैं यहाँ। दो मेरे तालिब-ए-इल्म[17] हैं जिसमें से एक तुम हो, और दो तुम्हारे... यह हमारा मौक़ा है। हम डॉक्टर हैं वानी... हमारा काम

[14] मंत्री परिषद्

[15] कर्मचारी

[16] क्रांतिकारी

[17] छात्र

घाव भरना है। लोगों को इंक़लाब चाहिए। हम इनका इंक़लाब कहाँ रखेंगे? हमारे पास मरीजों के बैठने के लिए इतनी बैंचें भी नहीं हैं।

(ख़ामोशी।)

वानी : कब है डॉक्टर साहब?

बेग : परसों।

वानी : ईद?

बेग : (मुस्कुराते हुए) हाँ, वे ईद पर मिलना चाहते हैं।

वानी : (हँसते हुए) ये हिन्दोस्तानी लोग भी न... (रुक कर) मुझे पता नहीं डॉक्टर बेग कि कौन सी बात ज़्यादा फ़िक्र करने के लायक है... जब वे खुलेआम मुख़ालिफ़त[18] करते हैं या जब वे मेहरबानी दिखाते हैं।

[18] विरोध

चार

(डॉक्टर बेग ईदगाह के बाहर थोड़ी दूर पर खड़े हैं। ज़िन्दगी और मौत के बीच का मुअत्तल[19] वक़्त।

अंदर एक जिन्न ज़ाहिर होता है। वह हरे और सुनहरे रंग में रंगा हुआ है। उसका चेहरा साफ़ नहीं दिखाई पड़ता लेकिन उसकी आवाज़ में एक बदसूरती है।

पीछे से फ़ातिहे[20] की आवाज़ आती है, मगर वह साफ़ नहीं है और धीमी है। वह आवाज़ एक दूसरी आवाज़ की तह में है जहाँ एक बाप एक छोटे बच्चे को उर्दू में एक कहानी सुना रहा है। बच्चा हँसता है और आवाज़ की रविश[21] में हवा, तलवारबाजी, और बारिश – सभी का शोरगुल होता है। आवाज़ों की रविशे इन तीन आवाज़ों की तह में है लेकिन बच्चे की आवाज़ दूसरों के मुक़ाबले सबसे साफ़ है।

डॉक्टर बेग दरवाजे की तरु आहिस्ता-आहिस्ता कदम बढ़ाते हैं। जिन्न उन तक आता है, मानों उनकी रफ्तार से अपनी रफ्तार मिला रहा हो। डॉक्टर बेग बिल्कुल पास जाते हैं और जैसे ही जिन्न का चेहरा जाहिर होता है, वे रुक जाते हैं। जिन्न का पेट दिखाई देता है और जला हुआ मालूम पड़ता है।

जैसे ही डॉक्टर बेग रुकते हैं, जिन्न बेआराम दिखाई पड़ता है। वो डॉक्टर बेग को गौर से देखता रहता है और अपनी बाहों को खोलने की कोशिश करता है। डॉक्टर बेग पीछे हटते हैं।

आवाज़ें चढ़ती चली जाती हैं।)

---

[19] ठहरा हुआ

[20] क़ुरान शरीफ़ से पढे जाने वोल पवित्र मंत्र

[21] गति, चाल-चलन

पांच

(पहला दिन। देर दोपहर का समय।

अशरफ़ी और बिलाल का घर। छोटे से कमरे में एक पुराना टी.वी. रखा हुआ है जिसका पिक्चर ट्यूब दिख रहा है। एक गद्दा। एक क़ालीन। एक रेडियो। दीवार पर घड़ी टंगी हुई है। खिड़की खुली है।

अशरफ़ी बिलाल को सजा रही है। बिलाल एक फुटबॉल मैच देख रहा है।)

बिलाल : (तंग होकर घड़ी को देखता है) तुम गलत कैसे समझ बैठी शेफ़ू।

अशरफ़ी : आप उसे कल सही कर सकते हैं भाईजान।

बिलाल : और अगर वह कल नहीं हुआ तो? मैं कैसे खेलूँगा?

अशरफ़ी : सीधे बैठिए। (उसकी गर्दन घुमाती है।)

बिलाल : (एक काग़ज की पर्ची को जांचता है) कर्फ़्यू का वक़्त बदला नहीं है। तुमने रेडियो पर सब गलत सुना था।

अशरफ़ी : आपको कैसे पता?

बिलाल : मैंने ख़ालिद से पूछा था। फोन पर।

अशरफ़ी : तो फ़िर आपको पहले ख़ालिद भाई से ही पूछ लेना चाहिए था भाईजान, मैं ख़ालिद नहीं हूँ, मुझे अपनी चीज़ें भी तो देखनी होती हैं ना। ठीक है?

बिलाल : (अशरफ़ी को देखता है) शेफ़ू, तुम्हें टी.वी. देखना बंद करना होगा।

(अशरफ़ी उसे नहीं देखती, वह अपना सिंगार करती रहती है।)

जरा देखो किस तरह बात करती हो तुम। डॉक्टर साहब से भी। वादी में कोई उनसे इस तरह बात नहीं करता। कसम से शेफ़ू! अगर अम्मी यहाँ होतीं, तो तुम्हें कस कर दो लगातीं...

अशरफ़ी : अगर अम्मी यहाँ होतीं... (अपनी गुड़िया हाफ़िज़ से बुदबुदाती है) तो वो मुझे मेरी पसंद की हर जगह जाने देतीं... जब भी मैं चाहती... हाफ़िज़ के साथ...

(बिलाल अशरफ़ी को देखता है जैसे-जैसे वो उसको सजाती जाती है।)

बिलाल : तुम्हारा हाफ़िज़।

अशरफ़ी : हाफ़िज़ ने मुझे और भी कई चीज़ें बताई हैं भाईजान... उस डॉक्टर के बारे में।

बिलाल : ओह (हँसता है) सच में... जैसे क्या?

अशरफ़ी : कि वो डॉक्टर पागल हैं... कि वो एक क़ाफ़िर हैं, एक लामज़हब[22], इसीलिए वो कभी ईदगाह के दरवाज़ों के अंदर नहीं जाते। वह वहाँ हर शाम जाते हैं, और बाहर खड़े रहते हैं।

(ख़ामोशी।)

बिलाल : शेफ़ू... तुम्हें ईदगाह के बारे में क्या मालूम हैं?

अशरफ़ी : वही जो सबको मालूम है।

बिलाल : क्या?

अशरफ़ी : कि वो शहीदों का क़ब्रिस्तान है। और अंदर उसमें जिन्नात हैं। ज़िन्दा जिन्नात। और वो सब वहाँ बसर कर रहे हैं, उसी दुनिया में।

बिलाल : तुम और तुम्हारा हाफ़िज़... (वह घड़ी की तरफ़ देखता है) अच्छा मुझे जाना है।

अशरफ़ी : भाईजान।

बिलाल : नहीं। यह सजना-सिंगार... जब मैं टीम से मुलाक़ात के बाद लौटूंगा तब कर लेना, ठीक है। मुश्ताक़ भाई मुझे मार डालेंगे अगर मैं आज नहीं गया तो। ठीक है?

(जैसे ही बिलाल जाने के लिए तैयार होता है अशरफ़ी घबराने लगती है।)

अशरफ़ी : पर भाईजान, आपकी मुलाक़ात कैसे होगी? कर्फ़्यू आठ बजे तक है।

बिलाल : उस तरफ़ कर्फ़्यू नहीं है।

अशरफ़ी : कल। टीम की मुलाक़ात कल रखिए।

---

[22] जो धर्म को नहीं मानता

बिलाल : शेफ़ू, टीम को इंतिख़ाब के लिए मंसूबा तैयार करना है और सबको मिलने की ज़रुरत है, ठीक है? यह मेरे हाथों में नहीं है।

अशरफ़ी : भाईजान... बराए मेहरबानी बाहर कर्फ़्यू में मत जाइए... मत जाइए भाईजान। मैं...

(बिलाल उसको देखता है। सिंगार को मिटाने लगता है।)

भाईजान नहीं, इसे मिटाइए मत... आप मेरे वाहिद नमूने हैं। भाईजान... भाईजान... (चीखती है।)

(अशरफ़ी घबराई हुई है। वह ज़मीन पर बैठ जाती है। बिलाल रुक जाता है। वह उसे देखता है, उसके पास जाता है और उसे पकड़ लेता है।)

बिलाल : शेफ़ू... शेफ़ू... देखो... मैं यहीं हूँ, हक़ीक़त में... मैं हूँ। मेरे चेहरे को तुम अपने हाथों से महसूस कर सकती हो... मैं यहीं हूँ। (अशरफ़ी के हाथों को अपने चेहरे पर रखता है। उसके इस इशारे से वह ठंडी हो जाती है।)

अशरफ़ी : (बिलाल को कसकर पकड़ लेती है।) आप मेरे वाहिद... मेरे वाहिद... नमूने हैं भाईजान।

(बिलाल हँसता है।)

बिलाल : और तुम भी तो मेरी वाहिद ब्यूटीशियन हो, हैं ना?

(अशरफ़ी अभी भी थरथरा रही है।)

अच्छा... अच्छा... शेफ़ू, तुम्हें पता है अगर मैं इस फुटबॉल की आज़माइश में चुन लिया गया तो क्या होगा?

अशरफ़ी : आप चले जाएँगे।

बिलाल : हाँ, और तुम भी मेरे साथ ब्राजील चलोगी। हम बिलकुल, बिलकुल... आज़ाद होंगे। हम लोग अपनी चाहत से कहीं भी जा सकेंगे, जब भी हम चाहेंगे... तुम स्कूल जा सकोगी... रोज़। और मैं वर्ल्ड कप खेलूँगा। (हँसता है) और तुम... तुम एक माहिर ब्यूटीशियन बन जाओगी।

अशरफ़ी : अब्बा? क्या वो भी हमारे साथ आएँगे? वो कहाँ होंगे?

बिलाल : वो... अपनी दुनिया में होंगे।

अशरफ़ी : कौन सी दुनिया?

बिलाल : अब्बा ख़ैरियत से हैं शेफ़ू। अपनी दुनिया में। दूसरी दुनिया में। ठीक है?

(अशरफ़ी सर हिलाती है।)

ईदगाह के जिन्नात

अशरफ़ी : और हाफ़िज़?

बिलाल : हम तुम्हारे हाफ़िज़ को भी ले चलेंगे। वादा।

(अशरफ़ी आस-पास देखती है।)

अशरफ़ी : भाईजान क्या आप देर तक के लिए जा रहे हैं?

बिलाल : मैं जल्द ही वापस आ जाऊंगा।

अशरफ़ी : भाईजान... आ जाएंगे न?

(वह दो तकिये लाती है। एक बड़ा और दूसरा छोटा।)

बिलाल : (हल्के से सर हिलाता है) अब तुम सो जाओगी और तुम्हारे उठने से पहले ही मैं आ जाऊंगा।

(वह लेट जाती है। वह उसके बग़ल में बैठता है और उसे एक दास्तान सुनाने लगता है।)

दास्तान... दास्तान... कौन सी वाली?

अशरफ़ी : (फ़ौरन) वही जिसमे हम्ज़ा/

बिलाल : उड़ने वाले चिरागों को भेजता है?

(अशरफ़ी सर हिलाती है और दोनों हँसते हैं।)

अच्छा...

(वह अशरफ़ी का सर सहलाता है। अशरफ़ी अपनी आँखें बंद कर लेती है।)

बहुत पहले... एक ऐसी जगह जो काफ़ी हद तक इसी तरह थी, सनीचर के साल में, जन्नत के मुल्क में, बादशाह का एक सिपहसालार था...

अशरफ़ी : बादशाह... रसूल... बादशाह रसूल... भाईजान क्या कल किसी लड़के की मौत हुई है?

बिलाल : क्या?

अशरफ़ी : कल एक लड़के की मौत हुई है ना भाईजान... ठीक यहाँ... यहीं नज़दीक में? क्या वो अल्लाह के पास गया भाईजान या फ़िर अब जिन्न बन गया है?

बिलाल : (घबराते हुए) शेफ़ू... तुम किस बारे में बात कर रही हो... तुम्हें किसने बताया कि कल किसी की मौत हुई है?

अशरफ़ी : (अपनी गुड़िया को पकड़े हुए) हाफ़िज़... हाफ़िज़ राफ़िस... राफ़िस हाफ़िज़... बहुत पहले?

बिलाल : सनीचर के साल में... एक ऐसे वक़्त में जो काफ़ी हद तक आज जैसा था वहाँ एक/

अशरफ़ी : उसकी अम्मी (हँसने लगती है) उनको लगता है वो मर गया है भाईजान। वह उसके सर को अपनी गोद में लिए बैठीं हैं।

बिलाल : शेफ़ू... शेफ़ू... मुझे नहीं पता तुम किस बारे में बात कर रही हो...

अशरफ़ी : यह दास्तान में है भाईजान... जब जिन्नात मर जाते हैं तो लोगों को लगता है कि वो मुर्दा हो गए, गुलाबउद्दीन और हम्ज़ा की फ़ौजों को लगता है कि वे मुर्दा हो गए लेकिन... क्या आप कभी किसी जिन्न के जनाज़े में गए हैं?

बिलाल : नहीं।

अशरफ़ी : और क्या कभी जाएँगे?

बिलाल : नहीं... नहीं पता... शेफ़ू, शेफ़ू... सो जाओ। क्या बोल रही हो?

अशरफ़ी : क्या आप जाएँगे?

बिलाल : कभी-कभी तुम दूसरों जैसी बातें करती हो।

अशरफ़ी : आप मुझे दास्तान नहीं सुना रहे भाईजान।

बिलाल : मैं बता रहा हूँ शेफ़ू... सो जाओ। अगर बच्चे अच्छे हों तो दास्तान कम्बल बन जाती है।

और अगर बच्चे ख़राब हों...

अशरफ़ी : तो दास्तान कड़कड़ाती हुई हवा बन जाती है... भाईजान क्या आपको लगता है कि उस लड़के को, उसे मरने पर सर्दगी महसूस हुई होगी? मौत सर्द है या गर्म भाईजान?

बिलाल : शेफ़ू, सो जाओ शेफ़ू...

अशरफ़ी : क्या आप उसके जनाज़े के लिए जाएँगे या आप यहीं रहेंगे भाईजान... कल... आप क्या करेंगे भाईजान... क्या आप जिन्नातों के साथ हैं या आप हम्ज़ा के दुश्मनों के साथ हैं...

बिलाल : और जैसे की हम्ज़ा की आँखें...

अशरफ़ी : फ़ातिमा की आँखों से मिलेंगी।

बिलाल : (तेजी से) फ़ातिमा की आँखें हवा में लटकी हुई, अगर हम्ज़ा की आँखें फ़ातिमा की आँखों से मिलेंगी... उस दिन/

अशरफ़ी : वे कभी नहीं मिलेंगी, वे... क्या आप मुझे मेरे जूते ला कर देंगे, जादूगरों की जादूगरों से जादूगरों की लड़ाई।

(बिलाल उसे कस कर पकड़ता है और उसे गले लगा लेता है। ख़ामोशी।)

बिलाल : सो जाओ शेफ़ू... सो... शशशश... शश... (अशरफ़ी की पेशानी को चूमता है।) ख्वाबों की मलिका तुम्हें अच्छे ख्वाब बक्शे। बिस्मिल्लाहिर्रहमानिर्रहीम... शब्बाखैर।

(वह अशरफ़ी को बिस्तर पर लेटाता है। वह सो चुकी है। वह उसके बग़ल में बैठता है। उसकी एक तरफ़ अशरफ़ी है और दूसरी तरफ़ उसके फुटबॉल के जूते। वह बाहर देखता है पर अशरफ़ी को पकड़े रहता है और अपनी जगह बैठा रहता है।)

छह

(पहला दिन। रात का वक़्त।

ईदगाह के पास सेंट्रल रिज़र्व्ड पुलिस फोर्स (सी.आर.पी.एफ) का तहखाना। ईदगाह का दरवाज़ा दिख रहा है। डॉक्टर बेग और जिन्न के बीच दरवाज़े की ये पूरी तरतीब है जो दिख रही है। इसमें काफ़ी तेज रौशनी नहीं है। दो सिपाही हैं। दूसरा सिपाही (उम्र बीस के आस-पास) एक छोटी घंटी बजा रहा है। दीवार पर लगी हिन्दू देवताओं की तस्वीरों को पूज रहा है। पहला सिपाही (उम्र चालीस के आस-पास) दौड़ते हुए अंदर आता है, उसे ताज्जुब से देखता है। अपनी बन्दूक को एक तरफ़ रखता है, और उसके सर पर चमाट लगाता है। दूसरा सिपाही रुक जाता है और सलामी देता है।)

दूसरा सिपाही : सर!

(पहला सिपाही फ़िर से उसके सर पर मारता है।)

पहला सिपाही : मुझे 'सर' मत बुलाओ, मैं उसी ओहदे पर हूँ जिस पर तुम हो।

दूसरा सिपाही : फ़िर भी सर, आप बड़े हैं।

पहला सिपाही : (उसकी घंटी ले लेता है) ये क्या है?

दूसरा सिपाही : सर, आज मंगलवार है।

पहला सिपाही : तो?

दूसरा सिपाही : हनुमान जी का शुभ दिन।

पहला सिपाही : यहाँ। ईदगाह के पास, जब सब यहाँ रमज़ान में अपना रोज़ा खोल रहे हैं, तुम अपने हनुमान जी को याद कर रहे हो?

दूसरा सिपाही : सर, ये हमारा वतन है, हम.../

(पहला सिपाही फ़िर से उसके सर पर थप्पड़ लगाता है।)

पहला सिपाही : यह हमारा वतन नहीं है। हम यहाँ बैठें हैं, ठीक है ना? और इसका ताल्लुक वैसे भी हनुमान जी से नहीं है। बस तैनात खड़े रहो और हरक़त पर नज़र रखो।

(दूसरा सिपाही तैनात खड़ा हो जाता है, नाख़ुश। तहखाने की खिड़की की तरफ़ जा कर वह चुपके से हनुमान जी से माफ़ी मांगता है।)

पहला सिपाही : वे यहाँ नहीं हैं।

दूसरा सिपाही : स्कूल में?

पहला सिपाही : नहीं।

दूसरा सिपाही : मस्जिद के पीछे?

पहला सिपाही : नहीं... नहीं।

दूसरा सिपाही : वे घर पर होंगे।

पहला सिपाही : सभी? सारे लड़के?

दूसरा सिपाही : जी सर, वे कल का मंसूबा बना कर थक गए होंगे (हँसता है।)

पहला सिपाही : ये पहाड़ी लड़के; ये इतनी जल्दी नहीं थकते।

दूसरा सिपाही : आपको सच में लगता है कि कल वे यहाँ तक आएँगे?

पहला सिपाही : मुझे यक़ीन है। झुण्ड में। वे कल ही आते, लेकिन जुलूस पर लाल चौक में ही गोली चल गई। कल न ही सिर्फ़ वे यहाँ आएँगे, बल्कि वे यहाँ अपने हाथों में पत्थर और ख़ून लेकर आएँगे।

दूसरा सिपाही : साहब, हमारी शिफ़्ट कब बदलेगी?

पहला सिपाही : जब तक यह चीज़ें ख़त्म नहीं हों जाती।

दूसरा सिपाही : पर क्या कल तक हमारे पास बैक-अप होगा?

पहला सिपाही : हो सकता है।

दूसरा सिपाही : अगर वे यहाँ आएँगे तो... मैं... मैं गोली चला दूंगा।

पहला सिपाही : वे हमें जिंदा खा जाएँगे। कोई बेवक़ूफी मत करना।

दूसरा सिपाही : भगवान की कसम/

पहला सिपाही : चुप रहो! चुप रहो और देखो।

दूसरा सिपाही : सर, बुरा मत मानिएगा, पर क्या आप हिन्दू नहीं हैं?

पहला सिपाही : हाँ, हूँ।

दूसरा सिपाही : तो...

पहला सिपाही : क्या?

दूसरा सिपाही : अगर आप हिन्दू हैं, तो आप/

पहला सिपाही : मैं हिन्दू हूँ पर मैं बेवक़ूफ नहीं...

दूसरा सिपाही : एक सच्चा हिन्दू पत्थरों से चोट नहीं खा सकता सर।

(पहला सिपाही दूसरे सिपाही को बेऐतबारी[23] से देखता है।)

पहला सिपाही : अच्छी बात है। तो कल सुबह तहखाने के सामने खड़े होना।

(ख़ामोशी।)

दूसरा सिपाही : सर, आप यहाँ कब से हैं?

पहला सिपाही : श्रीनगर में तीन साल। ये पहरेदार नए हैं वैसे। छह महीने पुराने।

दूसरा सिपाही : क्यों सर... यहाँ? (आस-पास देखता है) यहाँ जंगी कहाँ हैं? बस घर हैं आस-पास... है ना? हो क्या सकता है/

पहला सिपाही : यहाँ दो दिन और रुको और तुम्हें पता चल जाएगा कि क्या हो सकता है।

दूसरा सिपाही : क्या सर... कहना चाहूंगा, आपने थोड़ी परेशानी में डाल दिया है मुझे।

पहला सिपाही : वो दरवाज़ा देख रहे हो?

दूसरा सिपाही : जी... सर।

पहला सिपाही : क्या लिखा है उस पर? पढ़ो?

दूसरा सिपाही : (पढ़ने की कोशिश करता है) उर्दू में लिखा है...

पहला सिपाही : उसके नीचे... उस दरवाजे को देखो... वो अंग्रेजी में लिखा है।

दूसरा सिपाही : (पढ़ता है) 'लेस्ट यू फॉरगेट, वी गेव आवर टुडे फॉर योर टुमारो'... किसने लिखा है ये? यह शहीदों का क़ब्रिस्तान है साहब?

---

[23] अविश्वास

पहला सिपाही : हाँ... बहुत अच्छे। तुम इतने बेवक़ूफ हो नहीं जितना मैं तुम्हें समझ बैठा था।

(दूसरा सिपाही फ़ौरन भगवान की तस्वीर के पास जाता है, घंटी बजाता है, अपने माथे पर एक लाल टीका लगाता है और वापस आ कर खड़ा हो जाता है।)

तुम... उतने अकल्मन्द भी नहीं हो। मिटाओ इसे... क्या तुम बेवक़ूफ हो?

(दूसरा सिपाही पहले सिपाही को ताज्जुब से देखता है कि एक हिन्दू होने के बावजूद वह उसे टिका मिटाने के लिए कह रहा है।)

तुम ईदगाह के बग़ल में तैनात खड़े होना चाहते हो, न जाने कितने ख़ून के प्यासे लड़कों से घिरे... अपने माथे पर इस लाल टीके के साथ? तुम हनुमान जी के शिष्य हो, हनुमान नहीं हो!

दूसरा सिपाही : यह बुरी बला को दूर करेगा, सर। मेरा टीका यूँ तो हम दोनों के लिए काम करेगा, पर मैं राय दूंगा कि आप भी थोड़ा सा लगा लीजिए। विश्वास कीजिए।

ये क़ब्रिस्तान भूतों से भरे रहते हैं सर... मैं बता रहा हूँ आपको... हर तरह के भूत/

पहला सिपाही : चुप रहो... मूर्ख। उन्होंने हमें यहाँ तैनात किया है ताकि कोई मुसीबत न आए। चीज़ें हाथ से बाहर न निकल जाएँ। ताकि अगर वो किसी जनाज़े के जुलूस में उकसाए भी जाएँ या गर्म हो जाएँ, उनके उन सभी नारों के साथ जो उनके ख़ून को उनके माथों तक उलीचते हैं... हमें आबादी को क़ाबू में रखना है। 'आवाम' को। तुम्हें पता है इसका क्या मतलब है? उनको क़ाबू में रखना, उन्हें उकसाने के लिए यहाँ ऐसे अपने माथे पर लाल टीका लगा कर खड़े नहीं रहना। भगवान... मेरी तैनाती मूर्खों के साथ ही क्यों होती है... हमेशा!

(अशरफ़ी ईदगाह के दरवाज़ों के सामने दिखाई पड़ती है। उसका सिर्फ़ तस्वीरी ख़ाका दिखता है। वह दरवाज़े के बाहर बैठ जाती है और कोई जो अंदर है उससे बात करते हुए दिखती है। मालूम होता है कि वो बात कर रही है, बुदबुदा रही है, और हँस रही है।

दूसरा सिपाही उसको देख लेता है। वह एकदम से निशाना तानता है और अपनी बन्दूक को भरता है।)

क्या... तुम क्या कर रहे हो?

दूसरा सिपाही : वह किसी से मिल रही है, साहब... मैं सही था... साहब...

पहला सिपाही : कौन? क्या कोई दिख रहा है तुम्हें?

दूसरा सिपाही : वह हँस रही है, साहब। मुझे यक़ीन है ये, आप नहीं जानते इन लोगों को, साहब, ये...

पहला सिपाही : शशश... शश... क्या हो गया है तुम्हें?

दूसरा सिपाही : मैं इन लोगों को जनता हूँ साहब। साहब आप गोली मारिए इसे।

पहला सिपाही : क्या?

दूसरा सिपाही : जी साहब।

(दूसरा सिपाही एक बंदूक उठाता है और पहले सिपाही को दे देता है।)

पहला सिपाही : तुम... क्या कर/

(पहला सिपाही दूसरे सिपाही को धक्का देता है और वह गिर जाता है।)

दूसरा सिपाही : साहब, मैं भूल जाऊंगा कि आप कौन हैं... आप मेरे ओहदे के ही हैं... ये मत करिए।

(वह बंदूक उठाता है और ख़ुद ही खिड़की के पास जाता है। पहला सिपाही उसे फ़िर से मारता है।)

पहला सिपाही : तुम्हें हो क्या गया है?

दूसरा सिपाही : कर्फ़्यू लगा है, वो ऐसे नहीं/

पहला सिपाही : कोई बात नहीं। तुम उसे इसलिए गोली नहीं मार सकते/

दूसरा सिपाही : मैं इन लोगों को जानता हूँ साहब, मैंने देखा है... इनके बच्चे भी...

(वह फ़िर से गोली चलाने के लिए उठता है। पहला सिपाही उसे और ज़ोर से मारता है और उसकी बंदूक छीन लेता है। दूसरे सिपाही का ख़ून बह रहा है।)

(चीख कर। घबराहट में।) आप क्या कर रहे हैं साहब... वह विस्फोट कर देगी। वह हमारे मुँह के सामने विस्फोट कर देगी और हम सब चिथड़ों में होंगे, कपड़े की तरह, इधर-उधर पड़े... आप समझ नहीं रहे... ये लोग पागल हैं... वह... वह...

(पहला सिपाही उसको गिरेबान से पकड़ लेता है।)

पहला सिपाही : मैं उसके बारे में तो नहीं जानता लेकिन तुम पागल हो। बिलकुल पागल। कल सुबह होते ही पहली चीज़ होगी कि मैं तुम्हें कमांडेंट के हवाले करूंगा।

दूसरा सिपाही : मैं आपकी रिपोर्ट करूंगा। आप यहाँ खड़े हैं और एक अपने ही ओहदे के आदमी से लड़ रहे हैं, एक ऐसी लड़की का बचाव करते हुए जिसने

क़ानून तोड़ा है। आपने हुक्म तोड़े हैं, हम गोली चला सकते हैं। हमें गोली चलानी चाहिए। हम चाहें तो किसी पर भी गोली चला सकते हैं। जिस पर भी हमें शक़ हो। आप पागल हैं, आप सभी पुराने सिपाही पागल हैं... आप इसी काबिल हैं... इस जहन्नुम के... हमारे नहीं...

(पहला सिपाही दूसरे सिपाही की तरफ़ हमला करते हुए बढ़ता है, उसके सर के पीछे ज़ोर से मारता है। दूसरा सिपाही ज़मीन पर गिर पड़ता है। पहला सिपाही अपनी बंदूक भरता है और दूसरे सिपाही की तरफ़ निशाना तानता है।)

(अपनी आँखे बंद कर लेता है। चीखता है) भगवान... हे भगवान... आप क्या कर रहे हैं? क्या आप मुझे मार देंगे... क्यों... पर मैंने किया क्या है?

पहला सिपाही : चुप रहो!!

मैं तुम्हें मार डालूँगा अगर तुमने बेवक़ूफ़ी दिखाई। मैं दीवानगी बर्दाश्त कर सकता हूँ, ठीक है ना? लेकिन बेवक़ूफ़ी नहीं। यहाँ नहीं। मैं लड़कों की टोली से मार-पीट नहीं करूंगा तुम जैसे मूर्ख की वजह से।

(पहला सिपाही तहखाने की खिड़की की तरफ़ जाता है और अशरफ़ी को गौर से देखता रहता है। अशरफ़ी अपनी लकड़ी की गुड़िया लिए तहखाने से बाहर आती है, वह सिपाही का सामना करती है। पहला सिपाही अशरफ़ी को देख कर मुस्कुराता है। अशरफ़ी सिपाही को देख मुस्कुराती है। अशरफ़ी चली जाती है।)

सात

(दूसरा दिन। सुबह का समय।

बक्शी स्टेडियम। पिछले सीन में इस्तेमाल किया गया कोई भी सामान अब मौज़ूद नहीं है। कमरे के बाहर, दूसरी तरफ़, जहाँ मिलिट्री की सारी वर्दियां एक रस्सी पर टंगी देखी जा सकती हैं; फुटबॉल, किट बैग, गोलकीपिंग के दस्तानों का एक जोड़ा और जर्सियों का एक बड़ा अम्बार रखा हुआ है।

ख़ालिद, बिलाल और मुश्ताक़ कमरे में है। मुश्ताक़ एक कोने में बैठा बाहर देख रहा है। एक घोर चुप्पी। ख़ालिद और बिलाल ने अपनी जर्सी नहीं पहन रखी हैं। मुश्ताक़ उठता है, पास पड़ा स्टील का लोटा उठाता है और उसे मिलिट्री कैंप की तरफ़ फैंकता है। वो वापस आता है और बिलाल और ख़ालिद के बगल में खड़ा हो जाता है।)

मुशताक : चलो ट्रेनिंग शुरू करें। आओ।

(ख़ालिद और बिलाल उसे देखते हैं। मुश्ताक़ अपना जूता उतारता है और एक गोल पोस्ट बनाता है।)

बिलाल : कोच साहब?

मुशताक : वो आज नहीं आ सकते। मैंने उनसे आज सुबह बात की थी।

ख़ालिद : क्यों?

मुशताक : वो अपने बेटे को ढूंढ रहे हैं।

चलो। (बिलाल और ख़ालिद से) हम खेलेंगे।

बिलाल : (अन्दाज़तन) सिर्फ़ हम दोनों?

मुशताक : तुम और ख़ालिद ही हमारे असल मौक़े हो जिन्हें हम एक नफासत[24] क्लब बोर्ड में भेज सकते हैं... यहाँ से बाहर... इस स्टेडियम के कैदख़ाने से। तुम मेरे बुलाने पर उन सब मुलाक़ातों के लिए नहीं आते हो बिलाल, पर मैं अब भी यही चाहता हूँ कि तुम अपने खेल को लेकर इंसाफ़ करो। है न?

तुम लड़के डरपोक हो। तुम दोनों यहाँ अपनी क़मीजों के बग़ैर शर्म से बैठे हो और दूसरे अपने सामानों को छीन लिए जाने के डर से छिपे हैं। मेरी टीम वालों ने उन हिन्दोस्तानियों को चीर देना था।

ख़ालिद : (मुश्ताक़ की तरफ़ जाता है) हम खेलेंगे मुश्ताक़ भाई... अपनी और आपकी टीम के लिए।

मुशताक : हाँ तुम्हें ज़रूर खेलना चाहिए और तुम्हें जुलूस में भी ज़रूर आना चाहिए, आज देर दोपहर... उस बारह साल के शहीद के लिए, अल्लाह उसके साथ रहे। यह एक बड़ा एहतिजाज[25] होने वाला है।

ख़ालिद : इसीलिए क्या.../

मुशताक : हाँ। हरामज़ादे हमें दिखाना चाहते हैं कि ओहदे में कौन है।

ख़ालिद : (बिलाल से) ये बहुत बड़े पैमाने पर होगा... तीन लश्कर लाल चौक से लेकर ईदगाह तक की सड़कों को कवर करेंगे। ज़ाहिरी तौर पर, औरतें और जवान लड़कियां भी अपने घरों से बाहर आ रहीं हैं।

मुशताक : कश्मीर ने आज क़सम खाई है कि वह अपने बेटे को वहीं दफ़न करेगा जहाँ वह चाहता है।

(रुक कर। मुश्ताक़ सिपाहियों की तरफ़ देखता है।)

बिलाल : हमारी ट्रेनिंग...

मुशताक : (बिलाल और ख़ालिद की तरफ़ मुड़ता है) तुम ट्रेनिंग करोगे... जितना ही वो तुम्हें रोकने की कोशिश करते हैं उतना ही मैं चाहता हूँ कि तुम ट्रेनिंग करो। यह खेल नहीं है... तुम्हें ये पता है ना? मैं यहाँ खड़ा रहा हूँ, साल दर साल उस दिन को याद करता हुआ जब हिन्दोस्तानियों ने इस स्टेडियम को बंद कर दिया था और हमारे दो उम्दा लड़कों को अपनी निगरानी में रख लिया। रिज़वान और रसूल। सबसे बेहतरीन। हमने उन्हें फ़िर कभी नहीं देखा।

---

[24] स्वच्छता

[25] वाद–विवाद

और तुम्हें पता है कि असल वाकिया क्या है? इसका ताल्लुक आतंकवाद से नहीं है। हमारे टीम के किसी भी लड़के ने न ही पकिस्तान की सरहद को पार किया है और न ही हथियारों की तरबियत[26] ली है। वह एक एहतिजाज था, यहीं बक्शी स्टेडियम में एक खेलनेवालों के झुण्ड का, जो सिर्फ़ यह मांग रहे थे कि मिलिट्री कैंप को स्टेडियम से बाहर रखा जाए। और हिन्दोस्तानियों ने क्या किया? अमन और चौन वाले, गांधीवादी कुत्ते के बच्चे... वे अंदर आए और एशियाई खेल की ट्रेनिंग से कुछ ही दिन पहले हमारे दो बेहतरीन खिलाड़ीयों, रसूल और रिज़वान, को बेरहमी से मार कर ले गए। स्टेडियम को बंद कर दिया और...

आदमी एक वहशी जानवर है, और वो यहाँ... सभी जानवरों से बदतर है। एक ऐसा आदमी जो तीन सौ साल तक किसी और की हुकूमत में था और अब यहाँ किसी और पर हुक्म चलाने आया है। इससे ज़्यादा... मेरी मानों इससे ज़्यादा ख़तरनाक कुछ नहीं है कि वो आदमी जो पहले ग़ुलाम रह चुका हो, अब एक शासक है। और वो रहा वह आदमी, तुम्हें घूरता हुआ... उसकी बन्दूक की नाक पर तुम्हारे सामान के साथ। (रुक कर) और हमारे लड़के, डरपोकों का एक झुण्ड... अपनी जर्सी पहनने के बाद भाग खड़े हुए; वही जर्सी जिसने उन्हें आज वो बनाया है जो वो आज हैं।

बिलाल : वे कहीं नहीं गए हैं मुश्ताक़ भाई... देखिए (वो उन्हें खिड़की के पास ले जाता है और खड़ा हो जाता है) वहाँ... दरवाज़े के पीछे... क्या आप देख सकते हैं लड़कों को? वे अब और किसी को भी अंदर नहीं आने दे रहे।

मुशताक : तो, वो किस चीज़ का इंतज़ार कर रहे हैं?

बिलाल : ट्रेनिंग का...

ख़ालिद : और फ़िर जुलूस में जाने का। (बिलाल को देखता है) वे बाहर इंतज़ार कर रहे हैं क्योंकि अगर ट्रेनिंग नहीं भी शुरू हुई, तो आर्मी की कर्फ़्यू के ख़िलाफ़ जुलूस तो/

बिलाल : पर अभी, ट्रेनिंग ही है जो मायने रखती है।

(ख़ामोशी।)

मुशताक : हम ट्रेनिंग करेंगे। अभी... (अपने बैग में देखता है) ये लो बिलाल... तुम नंबर छह हो।

(वह हरे रंग में डूबा हुआ एक ब्रश बिलाल की तरफ़ फैंकता है।)

---

[26] शिक्षा–दिक्षा

बिलाल : जी, मुश्ताक़ भाई... (बिलाल ख़ुशी से अपने जिस्म पर उस रंग से छह लिख लेता है।)

मुशताक : और ख़ालिद... ये लो सात... बेवक़ूफ... पूरे मैदान में यह वाहिद[27] गोल करने वाला है जो नंबर सात पहनता है।

ख़ालिद : यह मेरा लकी नंबर है मुश्ताक़ भाई।

(मुश्ताक़ ख़ालिद पर सात रंगता हैं।)

मुशताक : बिल्कुल... लकी नंबर... इसीलिए तुम यहाँ स्टेडियम के बीच में एक और खिलाड़ी और एक उखड़ी हुई टीम के कोच के साथ बिना जर्सी के बैठे हुए हो।

बिलाल : मुश्ताक़ भाई... हमारे पास बॉल नहीं है!

मुशताक : तुम्हारे पास तुम्हारा दिमाग़ है... और तुम्हारे पैर... तुम दोनों ने अपनी ज़िन्दगी में इतना फुटबॉल तो खेला ही है कि बॉल को ख़्याल में ला सको अगर वो ले ली गई हो। है कि नहीं?

अपनी आँखें बंद करो।

ख़ालिद... गोल पोस्ट तक जाओ। अगर यह मैदान होता, तो गोल पोस्ट कहाँ पर होता?

(ख़ालिद अपनी आँखें बंद करता है और अन्दाज़तन एक तरफ़ चला जाता है।)

अब अपनी जगह लो। बिलाल... तुम लेफ़्ट फ़्लैंक से भागते हुए आना... और मैं नाम पुकारता जाऊंगा...

ख़ालिद : जी।

मुशताक : पास... बिलाल से बशीर... बशीर से माजिद... माजिद से बिलाल... बैक पास... बिलाल... रन डाउन फ़्लैंक... बशीर को दो, बशीर आगे बढ़ता है...

(ख़ालिद कूदता है और बॉल को पकड़ने की नक़ल करता है।

वे मुस्कुराते हैं। ख़ालिद और बिलाल की आँखें अभी भी बंद हैं।)

एक बार फ़िर... बशीर डाउन राईट भागता है... माजिद को बैक पास देता है... माजिद बिलाल को बॉल देने के लिए जगह बनाता है... बिलाल शूट करता है...

(ख़ालिद बिल्कुल उसी ओर झपट्टा मारता है जहाँ बिलाल शूट करता है।

ख़ालिद अपनी आँखें खोलता है। बिलाल भी अपनी आँखें खोलता है और दोनों हँस पड़ते हैं।)

---

[27] एकमात्र

बहुत अच्छे... अब अपनी आँखें खोल कर खेलो... मैं पुकारूँगा और तुम बस अपने सारे पहलुओं को ट्रेनिंग में दोहराना... चलो अपने सारे पहलुओं की फिर से ट्रेनिंग करें...

(गाना बजता है और लड़के मश्क़ करते हैं।)

मुशताक : बिलाल, मैंने कोच साहब से तुम्हारी और ख़ालिद की आज़माइशों को अलग-अलग दिन रखने की बात की है।

बिलाल : शुक्रिया मुश्ताक़ भाई।

(मुश्ताक़ उसे देखता हुआ सर हिलाता है और मुस्कुराता है।

ख़ालिद उसके पास जाता है जब मुश्ताक़ दूसरे लड़कों से बात करने जाता है।)

ख़ालिद : मुझे उम्मीद है कि तू रुक रहा है, बिलाल।

बिलाल : नहीं ख़ालिद, मैं नहीं रुक रहा। मुझे घर जाना है। शेफ़ू अकेली है।

(ख़ालिद उसे खींच कर थप्पड़ मारता है। बिलाल नीचे गिर जाता है।)

मुशताक : इसे जाने दो ख़ालिद।

ख़ालिद : तुझे फुटबॉल की भी परवाह नहीं है ना? वो तुम से सब छीन चुके हैं और तब भी... तब भी तुझे ग़ुस्सा नहीं आता?

तेरा इजलास[28] मुझसे पहले है। तू फ़िक्र मत कर, मैं जूते जल्दी ले आऊंगा। तू खेल सकता है बिलाल और अपने मुताबिक कुछ बन सकता है... बस मेरे सामने मत आना।

बिलाल : मैं अपने सामान और अपनी टीम को अपनी पूरी ज़िन्दगी ख़याल में नहीं रख सकता। समझ में आया तुझे? क्या यह चाहत इतनी नामाकूल है?

ख़ालिद : नहीं बिलाल... यह काफ़ी माक़ूल है। हमारे लिए थोड़ी और ही ज़्यादा माक़ूल। तुझे नहीं लगता?

जा बिलाल। जा इससे पहले कि मैं तुझसे नफरत करने लगूं। तू मेरा दोस्त है और इंशाअल्लाह एक दिन तू कश्मीरी फुटबॉल का सितारा बन जाएगा। मैं तुझे नीची नजरों से नहीं देखना चाहता, जो मैं... इस पल यक़ीनन देख रहा हूँ। निकल जाओ स्टेडियम से इससे पहले कि मैं तुझसे सच में नफ़रत करने लगूं।

(बिलाल चला जाता है। ख़ालिद और मुश्ताक़ उसे जाते देख खड़े रहते हैं।)

---

[28] शिक्षा-दिक्षा

आठ

(दूसरा दिन। पिछले सीन के एक घंटे बाद। सुबह का समय।

डॉक्टर बेग के दफ्तर में डॉक्टर वानी और डॉक्टर बेग। वानी को चोट लगी है। उसका सफेद कोट ख़ून से सना हुआ है और उसके सर से ख़ून बह रहा है। डॉक्टर **बेग : रू**ई से ख़ून को रोकने की कोशिश कर रहे हैं।)

वानी : कोई बात नहीं, डॉक्टर साहब।

बेग : मुझे यक़ीन नहीं होता।

वानी : कोई बात नहीं, डॉक्टर बेग।

बेग : सीधे बैठो, वानी।

(वे एक पट्टी बांधते हैं और वानी के सामने बैठ जाते हैं। उन्हें धक्का लगा है। बेग वानी को देखते हैं। मुस्कुराते हैं। उसके पास जाते हैं। उसके माथे को प्यार से छूते हैं और टेबल पर बैठे उसको हल्के से पकड़े रहते हैं।)

वानी : यह सब मेरी ग़लती थी।

बेग : नहीं। मुझे सबको घर पर रहने के लिए बोलना चाहिए था। जब तक कि ये हिन्दोस्तानियों के साथ मुलाक़ात ख़त्म नहीं हो जाती। मुझे माफ़ कर दो, वानी। तुम मेरी अपनी... बेटी की तरह हो, अगर मेरी भी एक होती। मुझे/

वानी : यह मेरा फ़र्ज़ है डॉक्टर साहब...

बेग : इस जगह ने मुझे ज़िद्दी बना दिया है। तुम्हारे आगे पूरी ज़िन्दगी है वानी। मेरी तरह मत बनो। ऐसे दिनों में घर पर रहा करो।

वानी : डॉक्टर साहब, मैं घर पर कुछ ज़्यादा ही रह चुकी हूँ।

(डॉक्टर बेग वानी को देखते हैं।)

(मुस्कुराती है) मैं अपने बेटे को भी बाहर ले गई थी, आज (फख़्र से) जुलूस, नाकाबंदी। उसने ख़ूब मज़े किए।

बेग : मैं उम्मीद करता हूँ कि तुम उसे बता नहीं रही...

वानी : नहीं बेग साहब... मैं आपको बता रही हूँ।

बेग : क्या?

वानी : कि मुझे अब यहाँ और नहीं रहना।

बेग : क्या?

वानी : जी बेग साहब... माफ़ कीजिएगा मुझे, पर इस अस्पताल की चारदीवारी के बाहर जो कुछ भी अभी हो रहा है वो... वो इतना वहशीआना[29] है कि मुझे इन महफ़ूज़ दीवारों के अंदर अब अपना किरदार समझ नहीं आता।

बेग : बेवक़ूफी मत करो वानी। तुम यहाँ के सबसे लायक डॉक्टरों में से एक हो। दिमागी रोगों के पांच डॉक्टरों में से एक। तुम कैसी बातें कर रही हो?

वानी : शायद मैं दिमाग़ी अमराज[30] पर अमल करूंगी, पर इसके बाहर। बाहर जहाँ मैं देख सकूंगी कि असल में हो क्या रहा है... और अपने बेटे को दुनिया भी दिखा सकूंगी।

बेग : बहुत ख़ूब... न सिर्फ़ तुम अपना होश खो बैठी हो, बल्कि अब अपने बेटे को जुलूसों और अहतिजाजों में भी लेकर जा रही हो... उसको सभी तरह के कच्चे-पक्के, गलत ख्याल और ग़ैर मालूमाती चीज़ों के बारे में भी बता रही हो/

वानी : (मुस्कुराती है) डॉक्टर साहब, आप हैरान रह जाएँगे। मैंने उसे कुछ नहीं बताया है, लेकिन मेरे आठ साल के बच्चे ने आज गाड़ी की खिड़की से अपना सर बाहर निकाला। लाल चौक के पास। और जैसे ही मैं उसे अंदर खींचने वाली थी, उसने सीधे एक सिपाही की आँखों में देखा और चीख पड़ा, 'आज़ादी'। और मैंने, अपने बेटे को फ़िर अंदर नहीं खींचा। मैंने उसको उसका सर बाहर रखने दिया। उसने उसे ऊंचा रखा, लोगों की आँखों में देखा। उसने हवा को अपने चेहरे पर महसूस किया। अपने आप। अपनी माँ के बग़ैर।

(ख़ामोशी।)

---

[29] भद्दा, बुरा दिखने वाला

[30] कई प्रकार के मर्ज़

बेग : माँ... क्या यही है जिसे तुम बड़ा करना चाहती हो? क्या तुम्हारी सोच इतनी ही है, वानी?

वानी : मैं एक माँ हूँ, बेग साहब। मेरे लिए बच्चा कोई ख़याल नहीं हैं। वह एक हक़ीक़त है।

बेग : तुम्ही उसे यह सब ऊट-पटांग सिखा रही होगी।

वानी : नहीं। शायद उसके पास अपनी ख़ुद की वजह है। ख़ुद की वजह ग़ुस्सा होने की।

बेग : अगर हमारे पास ग़ुस्सा होने की कोई वजह नहीं हैं तो हम पागल हो जाएँगे, क्योंकि वो हमारी अपने आप की एक वाहिद यादाश्त है। बड़ी हो जाओ वानी। इस चीज़ को कहीं-न-कहीं खत्म होना है। हम अपने बच्चों को वही एक चीज़ बार-बार नहीं सिखा सकते। हमें आगे बढ़ना होगा।

वानी : पर मैं उसे कुछ भी नहीं सिखा रही।

बेग : तो फ़िर उसे कैसे पता। उसे ये सब इस उम्र में कैसे पता है? एक बच्चे को सियासत के बारे में क्या पता होता है? एक बच्चे को क्या फ़िक्र है? तुम लोग कश्मीर को बर्बाद कर रहे हो, बर्बाद नहीं, उसका क़त्ल कर रहे हो, अपने ही बच्चों के सामने उनके हीरो बनने के चक्कर में।

वानी : आप सही कह रहे हैं, बेग साहब, मेरे बेटे को सियासत के बारे में कोई मालूमात नहीं है, पर कभी-कभी जब मैं उसको देखती हूँ, मैं सोचती हूँ कि कहीं ये पूरी चीज़ न मालूम होने के बारे में है ही नहीं। यह इंसानी विज्दान[31] है। आज़ाद रहने की। पैदाइश भी डॉक्टर बेग, आज़ाद रहने की एक पेशगी है। एक बच्ची ज़ोरों से रोती है, और चीखती है और डरती है कि वह मर जाएगी, और फ़िर धीरे, बहुत धीरे, वह सांस लेना सीखती है। आज़ाद रहने के लिए। आज़ादी बेग साहब, शायद वजह से भी बड़ी है। वजह, मज़हब, दिमाग़ या दवा से भी बड़ी। शायद ये महज़ साफ़ इंसानी विज्दान है।

और... और... आपका ख़ानदान, डॉक्टर बेग। अल्लाह हमेशा उनके साथ रहे। छोटा मुँह बड़ी बात समझकर माफ़ कीजिएगा, पर अगर हम आज़ाद होते, तो वे सब ज़िंदा होते। शायद।

(ख़ामोशी। डॉक्टर बेग उन्हें ग़ुस्से से देखते हैं।)

बेग : ये कैसे हो सकता है? ये कैसे हो सकता है कि सब को छोड़ तुम जानती हो कि मेरा ख़ानदान ज़िंदा होता या ख़त्म हो जाता, वानी? तुम कहना क्या चाहती हो... नहीं सच में। बात क्या है?

---

[31] सहजता, जानना पहचानना

तुम्हारा बेटा गाड़ी से बाहर अपना सर निकालता है और तुम एक बेवक़ूफ की तरह उसे यह करने देती हो, और मुझे इस चीज़ से क्या सीखना चाहिए?

वानी : डॉक्टर साहब, मेरा ये मतलब नहीं था कहने का...

बेग : नहीं... वानी... तुम्हें क्या लगता है कि मैं तुम्हारी आँखों में ये देख नहीं सकता। तुम्हें लगता है कि मैं ये हर एक शख़्स की आँखों में नहीं देख सकता जो पिछले पंद्रह सालों से मुझे ज़िल्लत और नफ़रत से देखती आ रहीं हैं। मेरा बेटा जुनैद... अपना रास्ता भटक जाता है। सरहदों के पार चला जाता है, किसी उजड़े हुए कैंप में तरबियत लेता है और एक नए नाम के साथ वापस आता है... 'परीन... परीन – मशरिक़[32] का सितारा।' अज़मत[33] से भरपूर एक कातिल। क्या ये मेरी ग़लती है अगर वो एक जंगी बन बैठा?

वानी : डॉक्टर साहब...

बेग : एक आज़ाद सेनानी! ओह मैं भूल गया, एक आज़ाद सेनानी! एक लड़का जिसको अपनी माँ और बाप की कोई फ़िक्र नहीं है... (हाँफते हुए) वो एक आज़ाद सेनानी बन जाता है। जो हमारे बच्चों को आज़ादी का यह पहलू सिखाता है? उनके माँ-बाप को?

मुझे तो इस बात का भी इल्म नहीं था वानी कि उसने किस घड़ी अपना नाम बदलने का फ़ैसला कर लिया, किस घड़ी उसने जाने का और अफ़ग़ानी और सीरियाई मुज़ाहिदीन के कैंप में तरबियत लेने का फ़ैसला कर लिया... और अब लोग मुझे इस तरह देखते हैं जैसे मैंने उसका ख़ून कर दिया हो। उनका हीरो। हर किसी को अपने पड़ोस में एक हीरो चाहिए, घर में नहीं, है ना?

हर रहनुमा... इस उजड़े हुए तहरीक[34] के हर एक अलगावपसंद रहनुमा[35] ने अपने बच्चों को पढ़ने के लिए इंग्लैंड या अमेरिका भेजा है, और यह रही तुम...

लोग... आबादी... कमबख़्त 'आवाम'... कमबख़्त आम आदमी और अब औरतें... बेवक़ूफों का एक गुच्छा, अपने बच्चों को इस ग़लत सोच में मार रहे हैं, बेदिली से क़त्ल का जश्न!

तुम्हारे पास वानी... तुम्हारा बेटा है बगल में... मैंने अपने बच्चे की जली हुई लाश पकड़ी है, मेरे हाथों में जली हुई पिघली प्लास्टिक में... उसके जिस्म के टुकड़े

[32] पूरब

[33] महानता, गौरवान्वित

[34] आंदोलन

[35] विभाजनकारी

मेरे हाथों में चिपके हुए थे... और अभी भी जब मैं अपने दोनों हाथों को मल कर धोने जाता हूँ... मैं बस उसके पित्त को महसूस कर सकता हूँ... मुलायम... हरा पर जला हुआ...

और वो किसी आर्मी या पुलिस के जरिए नहीं मारा गया था। तुम्हें पता है वानी... उसका वो जला हुआ पित्त[36] जो मुझे आज भी याद आता है, वो उसके अपने लड़कों ने ही जलाया था। उसके अपने मुज़ाहिदीन।

इसलिए तुम मुझे ये बताने की जुर्रत भी मत करना कि अगर हम आज़ाद होते तो मेरा खानदान... ज़िंदा होता।

(ख़ामोशी।)

क्या तुमने?

वानी : जी, बेग साहब। मैं ख़ुद को रोक नहीं पाई।

बेग : तुम...

वानी : हाँ। मेरे बेटे ने मेरा बायाँ हाथ पकड़ रखा था, और अपने दाएँ हाथ से एक पत्थर फेंका।

बेग : तुम्हें अंदाजा है कि इसका क्या असर/

वानी : मुझे पता है कि उसके दिमाग पर क्या असर पड़ेगा अगर वो यह सोच कर बड़ा होगा कि उसकी माँ ने कभी अपनी आवाज़ नहीं उठाई। वह आज का बच्चा है डॉक्टर साहब। वो इतिहास को अपने जरिए नहीं गुज़रने देगा।

बेग : खबरदार जो तुमने एक अनपढ़ की तरह बात की वानी। मेरी तालिब-ए-इल्म रहने के बावजूद, एक कमबख़्त गंवार, अनपढ़, संगीन[37], उजड़े हुए क़ाफ़िर, एक लामज़हब जो क़ुरान का एक बेवक़ूफ़ की तरह हवाला देता है, जिसको कुछ नहीं पता, न साइंस और न ही मज़हब के बारे में, ऐसे कमबख़्त गंवार की तरह बात मत करो...

वानी : चलिए अच्छा है... यह देखना कि आप भी तरफ़दारी करते हैं। अल्लाह भी सब के साथ एक जैसा सुलूक़ नहीं करता, जितना कि मैं जानती हूँ।

मुझे यह देख कर अच्छा लग रहा है कि आप हमारे ग़ुस्से को तो काफ़ी नीची नज़र से देखते हैं, पर कुछ बातें हैं जो अभी भी आपको ग़ुस्सा दिलातीं हैं।

(ख़ामोशी।)

---

[36] एक प्रकार का रोग जिससे कड़वी उलटी होती है

[37] हिंसक

बेग साहब... मैं बस यह नहीं चाहती के मेरा बेटा कल को कश्मीर के मुज़ाफात[38] में छिपा हुआ हो, किसी मेडिकल कॉलेज में, जब पूरा शहर आग की लपेट में हो।

बेग : तुम इससे गुज़र चुकी हो। इसीलिए तुम इसे सरसरी तौर पर लेती हो। जब तुम कॉलेज में थी, मेडिकल कॉलेज में बैठी हुई, कश्मीर के मुज़ाफ़ातों में सुकून से, ये मत भूलो कि कई लड़के जिहाद के नाम पर एक दूसरे का क़त्ल कर रहे थे। वे हज़ारों मुसल्लह अफ़्वाज[39] के ज़रिए नहीं बल्कि एक दूसरे के जरिए मारे गए थे। बंदूकों के लिए, पैसों के लिए...

वानी : डॉक्टर साहब, मैं आपकी तालिब-ए-इल्म हूँ। हमेशा रहूंगी। पर अगर मुझे मौका मिला, तो मैं फ़िर से पत्थर फैंकूंगी। मुझे बेहद अच्छा लगा।

बेग : मुझे पता है ये क्या है वानी... हुलसना[40] । इंसान के ज़रिए की जाने वाली एक आम ग़लत आदत। दूसरे लोगों के ग़मों पर हुलसने वाली और आम वारदातों को बनाने वाली आदत।

तुम लोग दो दिनों से उस माँ को अपने बच्चे को दफ़न करने नहीं दे रहे... क्या तुम्हें इसका एहसास है? दो दिनों से वो उसके जिस्म को सड़ता देख रही है... उसकी गलती हुई लाश को सूंघ रही है। पूरे दो दिनों से।

जुनैद को दफ़नाने में मुझे सात लोग लगे। ज़िंदा जलने के तीन दिन बाद, वो मुझे सातवें दिन तैरता हुआ झेलम में मिला था... मेरे बेटे की मेरी आख़िरी यादाश्त एक हुलसते हुए सिपाही की नहीं है... नहीं... वो तुम्हारी और पूरे कश्मीर की है, उन सबकी जो ईदगाह में दफ़न हैं।

मेरी आख़िरी यादाश्त उसके सड़ते हुए जिस्म की है, उसके जिस्म के अंदर के मसामात[41] की महकती हुई गन्दगी, पित्त और पेशाब की। या फ़िर वह उसकी रूह थी जो सात दिनों से इतनी बूदार हो गई थी वानी? उसके जिस्म की हदबंदी और उसके लोगों की सियासत से निकलने को बेचौन।

यही है जो तुम उस बच्चे की माँ को दे रही हो। तुम लोग, आम लोग... आर्मी वालों से कुछ कम शदीद नहीं हो।

तुम जा सकती हो।

(ख़ामोशी।)

---

[38] आस-पास का इलाक़ा

[39] सेना का सुधार करना

[40] बहुत खुश होना

[41] मल

वानी : शुक्रिया डॉक्टर बेग, मैंने आपसे बहुत कुछ सीखा है।

बेग : नहीं वानी... मैं उस एहसास-ए-जुर्म[42] में नहीं जी रहा हूँ। मेरे अंदर कोई दूसरी खामी होगी, वरना यह कैसे मुमकिन है कि मेरे सारे बच्चे एक दिन बिलकुल पहचाने ही न जाएं। (वानी को देखता है) मेरे सारे तालिब-ए-इल्म एकदम सही निकले हैं।

वानी : आपको पता है आपकी परेशानी क्या है बेग साहब। आप एक उम्दा डॉक्टर हैं पर एक ख़राब कहानीकार। आपके पास हर चीज़ के लिए एक ही कहानी है... अस्पताल, जुनैद, परीन, वानी और कश्मीर के लिए। अगर कोई आपको कोई दूसरी कहानी भी सुनाएगा तो आप उसको किसी वजह से तबाह कर सकते हैं। मेरी दिली ख़्वाहिश है कि हमारी वादी में कोई दूसरे डॉक्टर बेग होते। कोई ऐसा जो आपका दिमाग़ पढ़ सकता और आपका ज़ख्म भर सकता। आपको आपकी दास्तान में एक से ज़्यादा इम्कान[43] दिखा सकता। एक ऐसी चीज़ जो आप दूसरों के साथ बहुत अच्छी तरह करते हैं।

(ख़ामोशी। वे एक दूसरे को देखते हैं।)

बेग : (जाने की तैयारी में) मैं तुम्हारा वालिद नहीं हूँ। तुम्हें मेरे साथ ज़िन्दगी भर रहने की ज़रुरत नहीं है, जाओ...

वानी : बेग साहब, शहर शोलों में डूबा हुआ है... आपका नाम फ़ेहरिस्त में है। मुझे लगता है कि आपको अंदर रहना चाहिए।

बेग : फ़िक्र करने के लिए शुक्रिया वानी... पर मुझे सिर्फ़ अशरफ़ी के घर तक पहुंचना है... मुझे यक़ीन है कि इन हालात में वो यहाँ नहीं पहुंच सकेगी।

पंद्रह साल पहले मुझे लगता था कि मैं नादान दिमाग़ों को एक नई शक्ल दे रहा हूँ। साफ़ जाहिर है कि मुझे और छोटी उम्र से शुरू करना चाहिए।

---

[42] जुर्म की अनुभूति

[43] संभावना

नौ

(दूसरा दिन। दोपहर का समय।

अशरफ़ी अपने कमरे में बैठी है। वह अपनी गुड़िया से कुछ भुनभुना रही है। डॉक्टर बेग अंदर आते हैं। वह उसे दूर से ही भुनभुनाते हुए देख लेते हैं।)

बेग : अस्सलाम अलैकुम अशरफ़ी बेग़म।

अशरफ़ी : (अन्दाज़तन) वालेकुम अस्सलाम डॉक्टर साहब।

बेग : बिलाल कहाँ है?

अशरफ़ी : वह क़वायद के लिए गए हैं। कल उनकी ट्रेनिंग हैं और फ़िर हम ब्राज़ील जा रहे हैं।

बेग : (मुस्कुराते हैं) अच्छी बात है। ये तो बहुत अच्छी बात है। क्या उसने तुम्हें बताया है कि वह कब वापस आएगा?

अशरफ़ी : वे खेलने के बाद वापस आएँगे।

बेग : अच्छा... क्या हम भी खेलें?

अशरफ़ी : हम? हम क्या खेल सकते हैं?

बेग : चलो देखते हैं... यहाँ इसमें क्या है? (अशरफ़ी को एक बैग देते हैं।)

(अशरफ़ी बैग में देखती है और कुछ छोटे खिलौने बाहर निकालती है, जैसे जी-आई-जोज। उनमें सिपाही, लोग, बंदूकें, हवाई जहाज़ वगैरह हैं।)

अशरफ़ी : (डॉक्टर को ग़ुस्से से देखती है) क्या मेरी उम्र खिलौनों से खेलने की है?

बेग : नहीं, नहीं, हम खिलौनों के साथ नहीं खेल रहे। हम जिन्नातों का खेल खेलेंगे।

अशरफ़ी : जिन्नातों का?

बेग : हाँ, तुम और मैं हाफ़िज़ की तरह हो सकते हैं।

(अशरफ़ी यह सुन कर खिल उठती है।)

अशरफ़ी : हम हाफ़िज़ (अपनी तरफ़ इशारा करती है) और... (सोचती है) राफिज (डॉक्टर की तरफ़ इशारा करती है) हाफ़िज़ – राफ़िज़... राफ़िज़ – हाफ़िज़...

बेग : ठीक है... हाफ़िज़ (उसकी तरफ़ इशारा करते हैं) और राफिज (अपनी ओर इशारा करते हैं।)

अशरफ़ी : ये... (एक क़ालीन की तरफ़ इशारा करती है जिसे वो ज़मीन पर बिछाती है) कश्मीर है और और वो अमीर हम्ज़ा हैं। बाहर दुनिया को देखते हुए। (वो दूर देखती है।)

बेग : कहाँ?

अशरफ़ी : वहाँ... वो वहाँ... आप उन्हें नहीं देख सकते क्योंकि आप एक क़ाफ़िर हैं।

बेग : मुझे लगा मैं एक जिन्न हूँ... अमीर हम्ज़ा की फ़ौज का एक जिन्न... एक सिपहसालार/

अशरफ़ी : जी, रसूल की फ़ौज का सिपहसालार, बादशाह...

बेग : (जोश से भरकर) ठीक है।

अशरफ़ी : पर हम जिन्नातों का खेल कैसे खेलेंगे?

बेग : हम दोनों बैग से सामान निकालेंगे... और उसे अपनी मर्ज़ी से कुछ भी कहेंगे।

अशरफ़ी : और जब हम उनको कुछ कहते हैं, तो हम उनको वही बना देते हैं?

बेग : हाँ।

अशरफ़ी : हम किसी चीज़ को कुछ बुलाते हैं, और उसके आस-पास एक दुनिया बना लेते हैं... हम अपने बुलाने से एक दुनिया बना लेते हैं?

बेग : हाँ।

अशरफ़ी : बिल्कुल जैसे जिन्नात करते हैं...

(वह जोश से भरी हुई है, उसका बदन जोश से थरथरा रहा है।)

तीन नाटक

बेग : हाँ...

(अशरफ़ी पहली बारी में निकालती है।)

अशरफ़ी : मेरा उड़ने वाला चिराग़।

बेग : जादूगर अमार अय्यार।

(अशरफ़ी हँसती है।)

अशरफ़ी : मेरा धुंधला पड़ता हुआ समन्दर।

बेग : चाँदनी में चाँद।

अशरफ़ी : मेरा धुएं का पुल।

बेग : वो... वो... तुम्हें मुझे कहानी के बारे में और बताना होगा।

अशरफ़ी : मैं आपको आपकी कहानी के बारे में और कैसे बता सकती हूँ राफ़िज़... आपकी कहानी, आप अपनी बढ़ती हुई दास्तान से बनाते हैं।

बेग : मेरी कहानी या जिन्नातों की कहानी?

अशरफ़ी : जिन्नातों के बारे में आपकी कहानी... या फिर जिन्नातों की कहानी आपके बारे में... कौन किसकी कहानी सुना रहा है? (वह हँसती है) मेरी नीली मस्जिद, बीच में एक...

बेग : मेरा...

अशरफ़ी : मेरी जन्नत।

बेग : मेरा...

अशरफ़ी : गिरे हुए जादूगरों के लिए मेरा जादुई आईना।

बेग : मेरा... स्कूटर।

अशरफ़ी : मेरे बाल।

बेग : मेरा ब्रीफ़केस।

अशरफ़ी : मेरे नाख़ून।

बेग : मेरा मुर्गा।

(दोनों हँसते हैं।)

अशरफ़ी : मेरी मुख़्तार ताक़त।

बेग : मेरी बीवी, मेरा बच्चा।

अशरफ़ी : मेरी पूरी रात।

बेग : मेरे आलू के खेत।

अशरफ़ी : जगे रहने के लिए मेरे सूरजमुखी का रहनुमा।

(घर के बाहर जुलूस की आवाज़ें बढ़ने लगती हैं।)

बेग : मेरी घड़ी।

बेग : मेरी ऐनक।

अशरफ़ी : गीली रहने के लिए मेरी पानी की किताब।

बेग : मक्खियों से भरा मेरा घर।

अशरफ़ी : गिद्धों से भरा आसमान।

बेग : अस्पताल तक मेरी बस।

अशरफ़ी : मेरा नूर।

बेग : मेरा तीसरा पोता।

अशरफ़ी : मेरे नाना।

मेरे अब्बा की साइकिल।

बेग : मेरा...

(अशरफ़ी इस खेल में पूरी तरह से शामिल हो चुकी है और जल्दी से एक-एक कर सामान निकालती है।)

अशरफ़ी : मेरे अब्बा की पीठ।

मेरे अब्बा की/

बेग : मेरे अब्बा की?

अशरफ़ी : मेरे/

बेग : मेरे बेटे की घड़ी।

अशरफ़ी : वो घड़ी जो मेरे अब्बा हर सुबह देखा करते थे।

बेग : वो घड़ी जो मेरा बेटा/

अशरफ़ी : मेरे अब्बा की चाय की प्याली में मक्खी।

बेग : मेरे बेटे की पीठ।

अशरफ़ी : मेरे अब्बा की खाने से भरी हुई प्लेट।

बेग : मेरे बेटे का आख़िरी खाना।

अशरफ़ी : मेरे अब्बा की/

बेग : मेरे अब्बा की?

अशरफ़ी : मैं पोंछ देती हूँ।

बेग : मैं मिटा देता हूँ।

अशरफ़ी : मैं उठ जाती हूँ। मैं अपनी किताब देखती हूँ। जगे रहने के लिए मेरे सूरजमुखी का रहनुमा।

बेग : मेरे अब्बा की?

अशरफ़ी : आख़िरी कर्फ़्यू। मेरे अब्बा की बस।

बेग : आख़िरी कर्फ़्यू। तुम्हारे अब्बा की बस।

अशरफ़ी : बाहर जिन्नात, सड़क के दोनों तरफ़...

बेग : बाहर जिन्नात...

अशरफ़ी : और बीच में, मेरे अब्बा...

(ख़ामोशी।)

अब्बाजान।

(अशरफ़ी रुक जाती है।

कमरे में जिन्न आ जाता है जो सिर्फ़ बेग को दिखाई पड़ता है।)

दस

(बेग और जिन्न उसी जगह हैं जहाँ अशरफ़ी।

मुअत्तल वक़्त। ज़िन्दगी और मौत के बीच।)

बेग : तुम... तुम एक भूत हो।

जिन्न : आप... आप एक भूत हैं, अब्बाजान। अंधे, चोट खाए हुए और अब धोखा खाए हुए।

बेग : तुम ही हो वो जिसने जुनैद को धोखा दिया। अपने ख़ुद के लड़कों से धोखा खाए हुए/

जिन्न : आप सही कह रहे हैं अब्बू, मैं ही था वो। मेरे अंदर के जुनैद ने धोखा खाया, पर आप से। परीन ने कभी नहीं!

बेग : अपने लिए झूठ मत बुनो। अपने लिए जिसको चलते ही चले जाना है... कम से कम मौत में तो सच्चे रहो। अगर मेरे लिए न सही, तो कम से कम अपने लिए ही।

जिन्न : आपको मेरी तिजारत[44] नहीं करनी चाहिए थी।

बेग : कोई भी अपने बेटे को वहाँ जाते नहीं देख सकता।

जिन्न : वहाँ काफ़ी लड़के थे। हम सब तैयार थे।

बेग : कौन पिटने को और तेल में डूबने के लिए तैयार होता है, कौन नीचे बिजली के झटकों को लेने के लिए तैयार होता है... (अपनी आँखें बंद कर लेते हैं।)

जिन्न : मैं था अब्बू। हम सब थे।

[44] व्यापार अदला-बदली करना

बेग : मैं तुमसे गुफ़्तगू नहीं कर सकता। तुम मर चुके हो। यह पागलपन है।

जिन्न : बिलकुल... बिलकुल दूसरों की तरह। जिस पल आपकी ग़लती है, हम पागल हैं। जिस पल कुछ आसान नहीं है, तो वो बस दीवानगी है। (रुक कर, आस-पास देखता है) ये लड़के/

बेग : ये लड़के, ग़ुस्से की वजह से लड़ रहे हैं। अपने आप के ग़ुस्से/

जिन्न : नहीं अब्बू। नहीं। वो अपने जिन्नातों के लिए लड़ रहे हैं। हज़ारों और करोड़ों जिन्नातों के लिए, जो आज भी हमारे इर्द-गिर्द हैं...

यह सही या ग़लत की जंग नहीं है। न गाड़ियों और नौकरियों की। न किताबों और कम्बलों की। यह ज़िंदा और मरे हुओं की लड़ाई है। उनके बीच की जो कल के लिए लड़ रहे है और वो जो अपनी ज़िंदगियाँ हमेशा के लिए दे रहे हैं। ये लड़के अब्बू, बार-बार वापस आते रहेंगे।

बेग : उन्होंने तुम्हें प्लास्टिक में लपेटा था, और ज़िंदा जला दिया था। और तुम फ़िर भी/

जिन्न : वे हमारे लड़के भी थे। दर्द हुआ था, पर आपको पता है मेरे आख़िरी लफ़्ज क्या थे?

बेग : हाँ मैंने सुना था। चलाओ गोली मुझ पर, मैं बहुत आगे निकल चुका हूँ। तुम डरे हुए थे। डरना बिल्कुल आम सी बात है। मैं बस अपने बेटे को बचाने की कोशिश कर रहा था/

जिन्न : आपने जुनैद को बचाने की कोशिश की थी, अब्बू। इस चक्कर में आपने परीन को मार दिया।

बेग : परीन... क्या तुम वही हो? मेरे बेटे नहीं... मेरे बेटे जुनैद नहीं।

जिन्न : (फख़्र से) परीन, मशरिक़ का सितारा। आदमियों को बनाने वाला। लड़कों का रहनुमा/

बेग : परीन, बहका हुआ लड़का। एक मुज़ाहिदीन... जिस दिन तुम उनके साथ शामिल हुए थे/

जिन्न : क्यों अब्बू... आपको इसे समझने में इतनी तकलीफ़ क्यों होती है कि एक लड़का था, आपके बेटे की गहराईयों में जो आपके बेटे से बढ़ कर था। जो आपकी तरह बुज़दिल नहीं था? जो उस वक़्त भी खड़ा हो कर लड़ सकता था, उन चीज़ों के लिए जो सही थीं... जो बस... जो... आपको पता है अब्बू कि हम लोग अपनी बंदूकें उठाने पर अपने नाम क्यों बदल लेते हैं?

बेग : ताकि तुम अपने आप को धोखा दे सको...

जिन्न : नहीं अब्बू... ताकि हम यह हमेशा याद रख सकें कि हम अपने अब्बू के बेटों से कहीं ज़्यादा हैं। ताकि इंसाफ के वक़्त हमारे हाथ, हमारे अब्बू के जरिए दिए हुए नामों के वजन तले, काँपें नहीं... हमारे बस एक ही अब्बू हैं... वो... बस वही और वाहिद... बिस्मिल्लाहिर्रहमानिर्रहीम!

बेग : ख़बरदार, ख़बरदार जो तुमने अल्लाह को अपनी ढाल बनाया तो। मैं तुम जैसों को जानता हूँ।

तुम्हें मुझसे क्या चाहिए?

जिन्न : हिन्दोस्तानियों से मत बात कीजिए अब्बू... ज़लील कीजिए उन्हें, बेईज़्ज़त कीजिए उन्हें, उनके चिथड़े उड़ा दीजिए।

बेग : तुम यह सब चीज़ें नहीं कह सकते मुझसे... कोई बेटा अपने अब्बू को लोगों के चिथड़े उड़ा देने को नहीं कह सकता... मैं तुम्हारा अब्बू नहीं हूँ... तुम मेरे कुछ नहीं लगते।

जिन्न : मैं आपका बेटा हूँ।

बेग : जुनैद, मेरा बेटा। परीन... एक... एक संगीन दिमाग़।

जिन्न : हर शाम आप यहाँ आते हैं अब्बू, अपने होंठों पर दुआएं लिए... दुआएं जो आप कभी नहीं कहते... और हर शाम आप बाहर रुकते हैं। सब के अब्बू आ-जा चुके हैं और सिर्फ़ आप ही हैं जो मुझे आज़ाद नहीं करते।

बेग : मैं यहाँ हर शाम यहाँ अपनी दुआएं... तुम्हारे लिए पढ़ने नहीं आता।

जिन्न : तो आप यहाँ हर शाम क्यों आते हैं, अब्बाजान?

बेग : यह देखने के लिए, कि मेरा जुनैद यहाँ है कि नहीं। पर हर शाम मुझे परीन मिलता है।

जिन्न : वो आप थे अब्बू, जिसने मुझे मेरा नाम दिया था। जुनैद... एक सिपाही... एक/

बेग : अमन का सिपाही। जिस दिन उन्होंने तुम्हारा नाम बदला था, उन्होंने तुम्हारी रूह को भी बदल दिया था और तुम्हें यहाँ छोड़ गए थे। यहाँ। बीच में, सिफ़र[45] की तरह, धूल की तरह...

जिन्न : हम सब... हम सभी बीच में हैं।

---

[45] शून्य, खाली

बेग : पागल, तुम पागल हो, अपनी बर्बादी में भी तुम पागल हो... दीवाने...

जिन्न : मुझे ताज्जुब होता है। एक दिमाग़ी डॉक्टर होने के बावजूद, आपको दीवानगी के बारे में कितनी कम मालूमात है अब्बाजान।

(ख़ामोशी।

बेग अपनी आँखें बंद कर लेते हैं।)

बेग : मैं तुमसे बात नहीं कर रहा हो सकता... तुम मर चुके हो...

जिन्न : आप मरे हुए से बात नहीं कर रहे हैं अब्बू... आप एक ज़िंदा आदमी से बात कर रहे हैं... आप हैं जो मर चुके हैं। आप अपनी ख़ुद की ख़्वाहिश से बात कर रहे हैं अब्बू... आप अपने जिन्नातों से बात कर रहे हैं... ख़ालिस जज़्बा, बेधुएँ आग से बने, अल्लाह ने पहले जिन्न को बनाया अब्बू... आप क़ुरान की पहली तख़्लीक[46] से बात कर रहे हैं।

बेग : ख़बरदार जो मुझे क़ुरान सिखाई तो... तुम किसी के जिन्न नहीं हो सकते... अगर तुम जिन्न हो, तुम रूह नहीं हो सकते, अगर तुम रूह हो, तुम जिन्न नहीं हो सकते... मरे हुओं के जिन्न नहीं होते... रूह रूह होती हैं और जिन्न जिन्न होते हैं... और लड़के लड़के होते हैं और बेटे...

जिन्न : आप हर चीज़ को इतनी बारीकी से कैसे मांग सकते हैं अब्बू... इस दीवानगी में, इस बेतरतीबी में, इस बिलोत[47] समन्दर के तश्दूद[48] में, न ही सिर्फ़ हमारी ज़िंदगियां उलझ गई हैं... बल्कि हमारी मौतें भी। हमारी कहानियां, हमारे ख़ुदा और शैतान और फ़रिश्ते... सब इस लामहदूद[49] बिलोते हुए जज्बे में टकरा गए हैं। एक गलत रविश पर चली गई दुनिया से कोई वजह की उम्मीद मत कीजिए अब्बू... काएनात को एक काबिल-ए-फहम[50] कजब[51] बयानी में मत बुलावा दीजिए... यह हक़ीक़त है अब्बू... और हक़ीक़त इतनी आसान नहीं हो सकती।

आप जुनैद को बचाना चाहते थे... पर आपने यह अंदाज़ा नहीं लगाया कि जब आपने परीन को मार दिया था, तब मेरे अंदर कोई जुनैद नहीं बचा था। आपके घर में कोई जुनैद नहीं बचा था।

---

[46] रचना

[47] मथना

[48] सख्ती

[49] जिसकी कोई सीमा न हो

[50] मथना

[51] खोट, झूट

बेग : तब तो मैंने गलती कर दी, एक बहुत बड़ी ग़लती। (रुक कर) अब तो मुझे यह भी नहीं मालूम की तुम किसके जिन्न हो। पर तुम जो कोई भी हो, यह एक ग़लती थी। एक बहुत बड़ी ग़लती। तुम्हें तो किसी फौजी बुलेट से ही मर जाना चाहिए था, अपने ख़ुद के लड़कों के हाथों से जलाए जाने के बजाय। पिघले हुए प्लास्टिक में जलना चाहिए था, तुम्हारी अंतड़ियों को लटकते हुए...

जिन्न : अल्लाह के लिए/

बेग : उसका नाम मत लो अपनी लामज़हब 'क़ाफ़िर' रूह से... कुरान एक पागल कुत्ते को भी जलाने के ख़िलाफ़ है। तुम्हें अल्लाह के बारे में कुछ नहीं पता। और कोई ख़ुदा नहीं है जिसको तुम अपना कह सको। तुमने सही कहा था कि ये किताबों और कम्बलों की जंग नहीं है। यह काफ़िरों की जंग है। क़ाफ़िरों की क़ाफ़िरों से लड़ाई।

(सन्नाटा।

अशरफ़ी अपने घर की ज़मीन पर बैठी दिख रही है। उसकी आँखें बंद है और वह अपनी गुड़िया को हाथ से महसूस करती है। जैसे ही वह अपनी दुआ पढ़ती है, डॉक्टर बेग और जिन्न पीछे हट जाते हैं।ऋ

अशरफ़ी :

सूरज का तार-तार हो कर ढलना
आख़िरी सिकुड़ती किरणें
बर्फ के लड़कों की आख़िरी चीख़
जिस तरह वे हालाक[52] होते हैं,
मेजों और चटाइयों पर।
उनके फेफड़ों का आख़िरी गीत
साँस लेने की ज़रुरत
अपनी आँखों को खोलने की गुहार
आख़िर में सब जीना चाहते हैं
आख़िर में सब एक और साँस की ख़्वाहिश रखते हैं।

[52] चोट पहुँचाना मार देना

ग्यारह

(दूसरा दिन। शाम का समय। ईद की पिछली शाम।

अशरफ़ी और बिलाल श्रीनगर में एक सरकारी अस्पताल के मुर्दाखाने में हैं। मुर्दाखाना अस्पताल की पहली मंजिल पर है। कमरे में अँधेरा है। बिलाल और अशरफ़ी मुर्दाख़ाने के ठीक बाहर हैं। बिलाल अपने मोबाइल के टॉर्च से रौशनी करता है।)

बिलाल : हाँ।

अशरफ़ी : क्या बस यही?

बिलाल : मैं तुम्हें कह रहा हूँ। घर जाओ शेफ़ू।

अशरफ़ी : नहीं भाईजान। आप कर्फ़्यू में अकेले नहीं जा रहे हैं।

(बिलाल आस-पास देखता है।)

बिलाल : शेफ़ू, अंदर लाशें होंगी।

अशरफ़ी : मुझे पता है भाईजान। पर आप भी तो होंगे वहाँ।

बिलाल : शेफ़ू...

अशरफ़ी : हममम...

बिलाल : मुझे डर लग रहा है।

अशरफ़ी : आपको ख़ालिद के लिए अपनी दुआएँ पढ़नी चाहिए...

बिलाल : हाँ।

(बिलाल मुर्दाखाने के दरवाजे को धीरे से खोलता है। वे अंदर जाते हैं और ख़ालिद की लाश को ढूँढने के लिए मुर्दाख़ाने के आस-पास चलने लगते हैं।)

ईदगाह के जिन्नात

अशरफ़ी : (उसे घिन्न आती है) ये...

बिलाल : शशश...

(वो अशरफ़ी को अपना रुमाल देता है। वो अपनी नाक ढक लेती है।)

अशरफ़ी : इसमें से बदबू क्यों आ रही है?

(बिलाल किसी चीज़ से टकराता है।)

बिलाल : बासी हैं।

अशरफ़ी : क्या?

बिलाल : लाशें।

(अशरफ़ी अपनी नाक को रुमाल से और कस कर ढक लेती है। पीछे मुड़ती है और जाने ही वाली होती है। बिलाल उसे पीछे से पकड़ लेता है।)

बिलाल : क्या!

अशरफ़ी : मुझसे सही नहीं जा रही/

बिलाल : तुम्हें आदत पड़ जाएगी। (उसे वापस खींच लेता है, सख़्ती से) मैं यहाँ पहले आ चुका हूँ। मुझे पता है।

(अशरफ़ी उसे शक़ के साथ देखती है। वे लाशों को फ़िर से देखने लगते हैं। नीचे पड़ी लाशों को फांदते हुए। उन चेहरों को फ़ाश करते हुए। बिलाल अपनी तलाश में अशरफ़ी से ज़्यादा दुरुस्त[53] है।)

अशरफ़ी : हमें वापस चलना चाहिए।

बिलाल : नहीं।

अशरफ़ी : क्या पता वो यहाँ हो ही नहीं?

बिलाल : होगा। मुझे पता है।

अशरफ़ी : आपको कैसे पता?

बिलाल : उफ्फ।

अशरफ़ी : क्या?

बिलाल : औरतें। (रुक कर, आस-पास देखता है) सभी।

(अशरफ़ी मुड़ कर फ़ाश चेहरों को देखती है। उसे उल्टी आने वाली होती है। बिलाल उसके चेहरे को ढक देता है।)

---

[53] स्पष्ट

बिलाल : अंदर ले लो उसे।

अशरफ़ी : क्या?

बिलाल : अंदर लो उसे, हम यहाँ कुछ नहीं छोड़ सकते।

(बिलाल उसके चेहरे को मजबूती से पकड़ लेता है।)

बिलाल : (रुमाल को अभी तक पकड़े हुए) मैंने की थी। जब ख़ालिद के भाई को मार दिया गया था तब मैं यहाँ आया था। अंदर लो एक बार, वापस नहीं आएगी।

(बिलाल उसे मज़बूती से पकड़े रखता है जब तक अशरफ़ी अपनी उल्टी निगल नहीं लेती। बिलाल को चौन आता है।)

बिलाल : न पसीना, न थूक, न ख़ून, न उल्टी। कुछ नहीं।

(अशरफ़ी सर हिलाती है।)

बिलाल : आदमी...

अशरफ़ी : ये।

(वह एक लाश को देखती रहती है जिसका चेहरा उसने फाश किया है। बिलाल कुछ औरों का भी चेहरा फ़ाश करता है।)

बिलाल : यहाँ।

(वह पागलों की तरह देखने लगता है। दोनों देखते हैं। बिलाल ग़लती से एक लाश पर पैर रख देता है और नीचे गिर जाता है। उसका फ़ोन ज़मीन पर गिरता है, एक दूसरी लाश पर रौशनी पड़ती है।)

अशरफ़ी : भाईजान... भाईजान...

(वह घबरा कर लाशों पर तेज़ी से भागने लगती है। वह उन्हें गौर से देखती है। वह न कुछ सुन सकती है और न देख सकती है।

एक पल की ख़ामोशी। वे बस लाशों को देखते हैं। बिलाल की आवाज़: शश... शश...)

अशरफ़ी : भाईजान...

(बिलाल अचानक मुड़ता है, फोन को उठा लेता है, और अशरफ़ी के चेहरे की तरु रौशनी दिखाता है।)

बिलाल : शशश...

(अशरफ़ी उसके गले लग जाती है। उसके सीने पर सर रख फूट फूटकर रो पड़ती है।)

इसे जल्दी ख़त्म करते हैं और चलते हैं।

अशरफ़ी : (अपना सर हिलाती हुई) चलिए चलते हैं भाईजान। चलिए...

बिलाल : देखो... (अशरफ़ी को अपना चेहरा महसूस कराता है) मैं हूँ यहाँ।

अशरफ़ी : भाईजान, चलिए...

बिलाल : ख़ालिद मेरा दोस्त है। मुझे करना होगा। नहीं?

अशरफ़ी : बहुत देर हो गई है भाईजान। वो मर चुके हैं।

(बिलाल उसे कस कर पकड़ लेता है।)

बिलाल : (धीरे से) शेफ़ू... मुझे उसके जूते चाहिए।

अशरफ़ी : क्या...

बिलाल : हाँ... मुझे उसके जूतों की ज़रुरत है, है कि नहीं?

अशरफ़ी : हम यहाँ उनके जूतों के लिए आए हैं!

बिलाल : शशश... मुझे उनकी ज़रुरत है शेफ़ू। तुम्हें पता है। किसी और से बढ़कर...

(अशरफ़ी उसे बेऐतबारी से देखती है। बिलाल खोजता रहता है। अशरफ़ी उसके पीछे-पीछे चलती है। सदमे में।)

बिलाल : लड़के।

(बिलाल एक को फ़ाश करता है। दूसरे को फाश करता है।)

बिलाल : माजिद, रफ़ीक, रियाज़... एक, दो, तीन... बाप रे।

अशरफ़ी : क्या?

(बिलाल पुट्ठा लगा कर बैठ जाता है।)

अशरफ़ी : क्या भाईजान?

बिलाल : माजिद, रफीक, रियाज, बशीर... एक, दो, तीन, चार... उन्होंने इन्हें एक सिरे से लगाया और... (रुक कर, ख़ुद को उठाता है) ख़ालिद, सात... (वह गिनता है) पांच, छह... छह? यहीं होगा।

अशरफ़ी : सात...

बिलाल : यही है वो। (रुक कर) मैं छह हूँ।

(बिलाल और अशरफ़ी एक दूसरे को देखते हैं।)

अशरफ़ी : चलिए चलते हैं भाईजान...

(लाश की तरफ़ जाती है। चेहरे को फ़ाश करती है। बिलाल उसको देखता है, चहरे को पकड़ता है।)

अशरफ़ी : वही है...

(बिलाल सर हिलाता है। वह चहरे को ढक देता है। अचानक बाहर से कुछ आवाज़ें आने लगती हैं।)

बिलाल : जाओ... जाओ... दरवाज़े को देखो।

(वह टॉर्च दिखाता है। अशरफ़ी जाती है और खिड़की से नीचे देखती है।)

अशरफ़ी : नीचे... चलिए भाईजान... हमें/

(अचानक से बिलाल की हाँफने की आवाज़ आती है। उसने ख़ालिद की चादर दूसरी तरफ़ से हटा दी है। वह भारी साँसें लेता है और हाँफता रहता है।)

अशरफ़ी : क्या... भाईजान...

बिलाल : इसके... इसके... पैर नहीं है।

अशरफ़ी : क्या?

(वह उसकी तरफ़ दौड़ती है। बिलाल दो और लाशों को फ़ाश करता है।)

बिलाल : बशीर, रियाज़... इनके... पैर... नहीं हैं...

(बिलाल को उल्टी आने लगती है। अशरफ़ी उसके चहरे पर रुमाल दबाती है।)

अशरफ़ी : (घसीटती हुई) चलिए भाईजान... चलिए... छोड़ दीजिए... हम दूसरे/

बिलाल : पैर नहीं हैं, शेफ़ू... पैर नहीं है... इनके पैर नहीं है।

(उसके फ़ोन का टॉर्च बंद हो जाता है। वे हाँफते हुए कमरे से बाहर निकलते हैं। अशरफ़ी के सामने जिन्न हाज़िर होता है। बिलाल मंच पर अशरफ़ी और जिन्न के बीच ही रह कर लाशों को देखता रहता है।)

जिन्न : बेग़म साहिबा... (मुस्कुराता है) आपका भाईजान... हमारा सिपहसालार।

अशरफ़ी : क्या?

जिन्न : वक़्त हो चला है बेग़म साहिबा। हम्ज़ा की वापसी का। आपके प्यारे भाईजान की तरह वापस आने का।

(अशरफ़ी उसे मश्कूक[54] निगाहों से देखती है।)

अशरफ़ी : किसी और को हम्ज़ा बनने दो... किसी और को... मेरे भाईजान नहीं...

जिन्न : मैं कुछ भी नहीं कर रहां हूँ बेग़म साहिबा, यह सब आप बुन रही हैं। यह आपकी कहानी है... मैं तो यहाँ हूँ भी नहीं बेग़म साहिबा। आपका भाई बिलाल, आगे से रहनुमाई कर रहा है, क्योंकि आप वैसा ही चाहती हैं।

अशरफ़ी : नहीं, मैं नहीं चाहती कि बिलाल कहीं जाए। और मैं नहीं चाहती कि तुम वो बनो या वो तुम बने।

जिन्न : ये वह सब है जो आप कह रही हैं बेग़म साहिबा, वह नहीं जो आप अंदर महसूस कर रही हैं। मैं वह सब हूँ जो आप अंदर महसूस कर रही हैं। आपका जिन्न वैसा हाज़िर होता जैसा कि आप सबसे ज़्यादा चाहती हैं... आपका सबसे गहरा राज़, आपकी सबसे पक्की ख़्वाहिश। आपने मुझसे बिलाल बनाया है। आपने बिलाल से मुझे बनाया है।

(जिन्न अपने चहरे पर काला कपड़ा बाँध लेता है। वह जाने वाला है।)

अशरफ़ी : पर क्या पता मेरी अंदरूनी चाहत ही गलत हो हाफ़िज़। शायद मेरी चाहत सबसे बड़ी चाहत न हो। शायद मुझे कुछ सादा चाहिए हो। कुछ और बुनियादी, और आसान। क्या पता ये सब आज़ादी के बारे में न हो, न जंग के बारे में, मेरी अंदरूनी ख़्वाहिश हाफ़िज़, यह हो कि मैं रिसाला[55] को काटूँ और अपने भाईजान को दिखाऊँ, और उनकी यह हो कि वह मेरे बाल बाँध सकें। हमें हमारी अंदरूनी चाहतें नहीं चाहिएं। हमारी गहरी चाहतें हमारी हैं ही नहीं...

(जिन्न, जिसका चेहरा ढका हुआ है, पीछे मुड़ता है और अशरफ़ी को देखता है। वह उसके पास आता है, अपने मुँह से कपड़ा हटाता है और उसकी पेशानी को चूमता है। वह एक पत्थर उठाता है और धुंधला पड़ने लगता है।)

अशरफ़ी : (हवा से बात करती हुई) नहीं हाफ़िज़... नहीं... ऐसा मत करो... मान जाओ हाफ़िज़।

(बिलाल अपने हाथ में एक पत्थर लिए उठता है।)

अशरफ़ी : भाईजान...नहीं भाईजान

(बिलाल और नज़दीक आता है। उसे एक कोने में खींचता है और छुप जाता है।)

बिलाल : शेफ़ू।

[54] जिस पर संदेह हो

[55] पत्रिका

अशरफ़ी : भाईजान।

बिलाल : (चीखते हुए) शेफ़ू... तुम किससे बातें कर रही हो... वहाँ कोई नहीं है... वहाँ कोई नहीं है, हमेशा बात करते रहना बंद करो... बंद करो शेफ़ू।

(अशरफ़ी उसे देखती है जब वह उसका हाथ छोड़ने लगता है। बिलाल नीचे देखता है, कुछ पत्थर उठाता है और छिपाव से बाहर आता है। अशरफ़ी किनारे छिपी रहती है। वह एक के बाद एक, मुर्दाख़ाने की खिड़की पर, ग़ुस्से से पत्थर फैंकने लगता है। सीटियों की आवाज़ सुनाई देने लगती है। अशरफ़ी उसे खींचती है। उनके तरफ़ दौड़ते हुए, सिपाहियों की आवाज़। उनके जूते, बंदूकें और लाठियां। जैसे-जैसे आवाज़ तेज होने लगती है, बिलाल खड़ा हो जाता है और डटकर उनका इंतज़ार करता है। अशरफ़ी उसे अपनी पूरी ताकत से खींचती है। वह सिपाहियों पर एक पत्थर फैंकता है। अशरफ़ी उसे एक कोने में खींच लेती है।)

अशरफ़ी : (चिल्लाती है) चलिए भाईजान... चलिए... भागिए भाईजान... वे हमें ले जाएँगे भाईजान... आप क्या कर रहे हैं भाईजान... ये आप नहीं हैं, यह जिन्न है। यह आप नहीं हैं भाईजान... आप क्या/

बिलाल : भागो शेफ़ू... भागो शेफ़ू और सीधे क्लिनिक चली जाना... जाओ शेफ़ू...

अशरफ़ी : आप क्या/

बिलाल : उन्हें तुम तक नहीं पहुँचना चाहिए... जाओ... जाओ...

(बिलाल अशरफ़ी को धक्का देता है। वह टस से मस नहीं होती। बिलाल उसे कस कर थप्पड़ मरता है। वह सदमे में खड़ी रहती है।)

चली जाओ शेफ़ू। जाओ। मान लो मेरी बात। मैं ज़िन्दगी भर नहीं रह सकता तुम्हारे साथ। मैं थक चुका हूँ तुमसे। तुम पागल हो। समझ में आया तुम्हें? अब चली जाओ यहाँ से।

अशरफ़ी : भाईजान... भाईजान... ये आप नहीं बोल रहे... ये जिन्न है... भाईजान, वो आपको/

(बिलाल अशरफ़ी को उसके बालों के सहारे पकड़ता है और ढकेल देता है। वह गिर जाती है। वे दोनों हाँफते हैं।

ख़ामोशी।)

बिलाल : ये जिन्न नहीं है, शेफ़ू। जिन्न नहीं होते। वे सारे लड़के, जो तुमने ऊपर देखे, वे असली लड़के हैं। टुकड़ों में कटे हुए असली लड़के। ये मैं हूँ...असली में। और मुझे ये करना है... जाओ शेफ़ू... जाओ...

(बिलाल बहुत गुस्से में है। अशरफ़ी डर के मारे धीरे-धीरे पीछे हटने लगती है।

वह अशरफ़ी को उठाने के लिए पास आने की कोशिश करता है, पर वह उससे डर कर जल्दी से उठ कर भाग जाती है। बिलाल एक कोने में खड़ा रहता है, और उसे जाते देखता है। वो फ़िर बाहर आता है और सिपाहियों का सामना करता है जो उसकी तरफ़ दौड़े चले आ रहे हैं। वह चिल्लाता है और उनको मारने के लिए एक के बाद एक पत्थर उठाकर फेंकता है। गोलियों की आवाज़ बढ़ती चली जाती है।

रौशनी की चमक।

घुप्प अँधेरा।)

बारह

(दूसरा दिन। देर शाम का वक़्त।

ईदगाह के बगल में सी.आर.पी.एफ. का तहख़ाना। दूसरा सिपाही एक बिजली के हीटर के पास बैठा है, नूडल्स चलाते हुए। पहला सिपाही अपने वायरलैस पर नेटवर्क पकड़ने की कोशिश में लगा हुआ है।)

दूसरा सिपाही : हमारी अगली रसद[56] कब आ रही है साहब?

पहला सिपाही : शशश...

(वह अपने वायरलैस पर पैगामों को सुनने की कोशिश कर रहा है जो साफ़ नहीं हैं।)

दूसरा सिपाही : इस तरह तो हम भूखे मर जाएँगे साहब। ये क्या है? (पैकेट उठाता है) क्या मैं फ़ौज में इसलिए शामिल हुआ था ताकि नूडल्स खा कर अपनी जान जोखिम में डाल सकूँ? मेरे गाँव में साहब, हमारे पास इतने सारे/

पहला सिपाही : चुप रहो... चुप... मुझे पता है तुम्हारे गाँव में क्या है और क्या नहीं... इसलिए चुप करो। पता नहीं, मैं बिल्कुल भी नेटवर्क नहीं पकड़ पा रहा। तुम?

दूसरा सिपाही : नहीं साहब।

पहला सिपाही : मैंने तुम्हें तुम्हारा वायरलैस इस्तेमाल करते तो कभी नहीं देखा? है कहाँ वो?

दूसरा सिपाही : मेरे बैग में है साहब। महफ़ूज़।

---

[56] राशन

पहला सिपाही : उल्लू के पट्ठे। तुम्हारे बैग में क्या कर रहा है वो? तुम्हें क्या लगता है वो क्या है... तुम्हारी बीवी की तस्वीर, जो तुमने एक तनहा दिन के लिए रख रखी है? निकालो बाहर।

दूसरा सिपाही : (शर्माता हुआ) मेरी शादी नहीं हुई है साहब। इस बार हो जाएगी, जब घर जाउंगा।

पहला सिपाही : ठीक है। बहुत बढ़िया। अब क्या हम तुम्हारे वायरलैस पर नेटवर्क पकड़ने की कोशिश करें? अगर कोई रसद के साथ नहीं आया, तो हम दो ही दिन में मर जाएँगे।

(जुलूस की तेज आवाज़ें सुनाई देती हैं। वह जल्दी से अपनी बंदूके लेते हैं और तैनात खड़े हो जाते हैं। वह किसी को देख नहीं पाते पर जुलूस की आवाज़ें साफ़-साफ़ सुनाई पड़ती हैं।

पहला सिपाही और दूसरा सिपाही तनाव में खड़े रहते हैं।)

पहला सिपाही : गोली मत चलाना। ठीक है?

दूसरा सिपाही : हमें इन कुछ बेवक़ूफ़ों को मार देना चाहिए और इन जनाज़ों पर पाबंदी लगा देनी चाहिए!

पहला सिपाही : (दूसरा सिपाही को हैरानियत से देखता है) वे यहाँ नहीं हैं।

दूसरा सिपाही : तो?

पहला सिपाही : वे दूसरी गली में हैं, घरों के पीछे। अभी घूम कर जा रहे हैं, एक घर से दूसरे घर।

(आवाज़ें आती रहती हैं।)

ओह...

दूसरा सिपाही : क्या साहब?

पहला सिपाही : उन्होंने उस लड़के को अभी तक नहीं दफ़नाया।

दूसरा सिपाही : पर मुझे लगा/

पहला सिपाही : नहीं दफ़नाया है... वे तब तक नहीं करेंगे जब तक वे यहाँ न आ जाएँ।

दूसरा सिपाही : आप गोली चलाइए साहब... चलाइए गोली, तब वो यहाँ नहीं आएँगे।

पहला सिपाही : अगर हम गोली चलाएंगे तो वे फ़ौरन यहाँ आ जाएँगे।

दूसरा सिपाही : उल्लू के पट्ठे... गधे... बेवक़ूफ़ मादरचोद, कुत्ते के बच्चे... हरामज़ादे।

पहला सिपाही : चुप रहो... बिलकुल चुप रहो और/

(अचानक से आवाज़ें बंद हो जाती हैं। जैसे-जैसे आवाज़ें गायब होतीं हैं वे चुपचाप खड़े रहते हैं। जैसे ही आवाज़ें बिलकुल खत्म हो जातीं हैं, पहले सिपाही की जान में जान आती है। दूसरा सिपाही ज़मीन पर कांपते हुए गिर जाता है। पहला सिपाही आकर उसकी बग़ल में खड़ा हो जाता है, और उसे एक गिलास में पानी देता है। दूसरा सिपाही एकाएक उसे ले लेता है और अपने मुँह पर छिड़कता है। उसे पसीना आ रहा है।)

पहला सिपाही : कोई बात नहीं। क्या... क्या हुआ?

(दूसरा सिपाही अभी भी सदमे में है।)

दूसरा सिपाही : राजौरी।

पहला सिपाही : राजौरी! तुम... तुम राजौरी में थे? (हँसता है) ये वही जगह है न जहाँ हर रात एक ऑपरेशन होता है।

दूसरा सिपाही : जी... जी साहब।

पहला सिपाही : तो...

दूसरा सिपाही : ये बच्चे पागल हैं साहब। मैं बता रहा हूँ आपको। मैंने देखा है उन्हें। वे जंगी कम से कम इंसान तो हैं। पर ये सब भूत हैं। इनकी आँखें नहीं हैं। इनके पास कुछ और ही है, जिसके पार कोई नहीं देख सकता... मरने के बाद भी इनकी आँखें बंद नहीं होती साहब। चाहे आप कुछ भी कर लें/

पहला सिपाही : (शक की निगाह से) क्या तुमने इन्हें मरते हुए देखा है?

दूसरा सिपाही : जी... जी साहब... मैंने देखा है।

पहला सिपाही : कहाँ?

दूसरा सिपाही : कुछ को तो मैंने अपने हाथों से ही दफ़नाया है साहब। और उनमें से एक... एक छोटी लड़की थी... शायद सात साल की, उसकी आँखे बंद ही नहीं हो रहीं थी। (रुक कर) उसके मरने के बाद मैंने उसे तीन बार गोली मारी। (रुक कर) दो बार उसकी आँखों की पुतलियों पर... आखिर में... सिर्फ़ उसकी भद्दी... भद्दी टकटकी से छुटकारा पाने के लिए...

(ख़ामोशी। पहला सिपाही दूसरे सिपाही को देखता रहता है। वह जा कर पहले सिपाही की बगल में बैठ जाता है। बस तसल्ली देने के अंदाज में उसकी पीठ पर थपथपी देता है।)

पहला सिपाही : क्या राजौरी ही वह जगह है, जहाँ... ये हुआ था। वो... कमांडेंट जो...

(ख़ामोशी।)

दूसरा सिपाही : जी साहब। (रुक कर) मैंने उसे देखा था। उस रात वो पागल हो गया था। वह सब से इतना ग़ुस्सा था। घर में उसका बेटा मर गया था, और उसे छुट्टी की इजाजत नहीं मिली थी।

उसने गाँव में जा कर तीन बच्चों पर गोलियाँ चलाईं थीं, और फ़िर किसी एक घर में जा कर, उसने... उसने एक माँ के साथ रेप किया था... उसकी बेटी के सामने।

पहला सिपाही : क्या तुम उसके साथ थे?

दूसरा सिपाही : उसके बरैक से चले जाने के बाद नहीं... पर जब तक हमारे सीनियर अफ़सर हम में से कुछ को उसे ढूँढने के लिए गाँव में ले गए, वो उस औरत के बड़े बेटे को मार चुका था और उसकी छोटी बेटी को बिठा रखा था... उसे... दिखाने के लिए...

पहला सिपाही : और क्या तुमने कोशिश/

दूसरा सिपाही : नहीं साहब। वह एक ऑर्डर था। मेरे पिताजी फ़ौज में काम कर चुके हैं, मेरे दादाजी फ़ौज काम कर चुके हैं... उसने मुझे बाहर तैनात रहने को कहा, मैं दरवाजे पर खड़ा रहा।

पहला सिपाही : और वो लड़की?

दूसरा सिपाही : तीन दिन बाद साहब... मैं अपनी चौकी पर खड़ा था और मैंने दो आदमियों और एक छोटी लड़की को कैम्प की तरफ़ जाते देखा... वे कश्मीरी नहीं थे, ये आदमी।

लड़की ने हिजाब पहन रखा था... वे तीनों कैम्प के करीब आए और फ़िर आदमी लौट गए। लड़की बस दरवाज़े की ओर जाती रही... मेरी चौकी की तरफ़... और मुझे लगा कि उसे कुछ चाहिए। पानी या खाना... मैं अपनी पानी की बोतल के साथ आगे बढ़ा... उसके पास गया और अचानक से उसने अपना हिजाब हटा दिया, और मैंने देखा साहब... कि ये वही लड़की थी... उसकी दीवानी आँखें, बेसुध... वह मुझे इस तरह देख रही थी मानों मुझे अपनी आँखों से ही जला डालेगी... और मैं वापस चौकी की तरफ़ दौड़ने लगा। और वो... वो मेरे पीछे भागने लगी... ये छोटी लड़की... साहब... मुझे मेरी चौकी में ही खदेड़ रही थी, बैरक तक... और फ़िर वह रेत के बोरों तक पहुंची और बस... बस... (अपनी आँखे बंद कर लेता है।)

पहला सिपाही : क्या?

दूसरा सिपाही : विस्फोट में बदल गई साहब... ठीक मेरी आँखों के सामने... चिथड़ों में... और उसके सर का एक हिस्सा ठीक मेरे सामने आ कर गिरा। (रुक कर) उस रात मुझे उसे दफ़न करने को कहा गया, और मैंने उसकी आँखें देखीं... वे बंद होने का नाम ही नहीं ले रहीं थीं, मैं उसके भूत को मन्द करने के लिए मिन्नतों पे मिन्नतें कर रहा था पर वो जा ही नहीं रही थी... वो मर चुकी थी लेकिन उसकी आँखें ज़िंदा थीं... वो मुझे घूरे जा रही थी साहब... मैंने उसकी आँखों पर गोली चलाई... पर उसकी आँखें बंद ही नहीं हो रहीं थी... और मैं उसको दफ़ना रहा था, मैं उनकी मस्जिदों से बस आवाज़ें सुनता रहा। उनके ख़ुदा उसके सर को ज़िंदा रख रहे थे... सिर्फ़ उसका सर... ये लोग शैतान हैं... ये...

पहला सिपाही : अब बस हनुमान जी से विनती करो कि या तो वे उस बच्ची को कहीं और दफ़ना दें या तो फोर्स हमें यहाँ से हटा दे।

(ख़ामोशी।)

दूसरा सिपाही : वे इतने पास कैसे आ गए साहब?

पहला सिपाही : पहरेदारी पीछे हट रही है। दो बटालियनों को पहले ही वापस बुला लिया गया है।

(वह कड़ाही के पास जाता है और उसे हिलाने लगता है। दूसरा सिपाही अबतक घबराया हुआ है।)

आओ, तैयार हो गया...

(पहला सिपाही एल्युमिनियम की दो प्लेट लेता है और उनमें नूडल्स निकालता है। दूसरा सिपाही चुपचाप बैठा रहता है। पहला सिपाही दूसरे सिपाही की प्लेट उसके सामने रखता है।)

दूसरा सिपाही : आपको पता है ताज्जुब की बात क्या है साहब?

पहला सिपाही : क्या?

दूसरा सिपाही : मेरे यूनिट वालों ने मुझे एक डॉक्टर के पास भेजा। उसने मुझे उसे सब कुछ बताने पर राज़ी किया। और फ़िर उसने एक रिपोर्ट तैयार की जिसमें लिखा था, कि मैं सब कुछ सोच रहा था। मुझे उसकी आवाज़ बिल्कुल पसंद नहीं थी... उसका लहज़ा... वह मेरा बाप बनने की कोशिश कर रहा था पर मुझे पागल बुला रहा था...

पहला सिपाही : रिपोर्ट में क्या लिखा है?

दूसरा सिपाही : कि मैं कुछ ज़्यादा ही मेहनत कर चुका हूँ और मुझे घर जाने की ज़रुरत है...

ईदगाह के जिन्नात

पहला सिपाही : तो फिर तुम्हें जाना चाहिए।

दूसरा सिपाही : पर मैं यह सोच नहीं रहा था साहब, मैंने देखा था।

(पहला सिपाही हँसता लगता है। पागलों की तरह नहीं पर अपनी हंसी को छुपाता हुआ। दूसरा सिपाही उसे देखता है।)

पहला सिपाही : तुमने देखा था... (हँसता है।)

(दूसरा सिपाही पहले सिपाही की प्लेट पर मारता है और वह ज़मीन पर गिर जाती है।)

दूसरा सिपाही : आप हँस क्या रहे हैं?

पहला सिपाही : तुम पागल हो क्या... क्या कर रहे हो तुम?

(पहला सिपाही खाना उठाने की कोशिश करता है और नूडल्स वापस प्लेट पर रखता है। दूसरा सिपाही उसकी प्लेट को फ़िर से लात मारता है।)

दूसरा सिपाही : नहीं पहले बताइए कि आपको किस कमबख़्त बात पर हँसी आ रही है? ये मजाक है आपके लिए... मेरा सोचना!

पहला सिपाही : देखो मैं समझ रहा हूँ तुम्हें, अब मेरा सब्र मत तोड़ो। खाना बर्बाद मत करो वरना मैं तुम्हें मार डालूँगा।

(दूसरा सिपाही पहले सिपाही की प्लेट को फ़िर से लात मारता है।

पहला सिपाही उठता है और दूसरे सिपाही को ज़ोर से मारता है। दूसरा सिपाही ज़मीन पर गिर जाता है। पहला सिपाही दूसरे सिपाही को फ़िर से अपनी बन्दूक के पीछे के हिस्से से मारता है। वह हिल उठता है और बुरी तरह जख्मी हो जाता है।

दूसरा सिपाही धीरे से उठता है और बैठ जाता है।)

अब खाओ... अगर तुमने खाना बर्बाद किया, तो मैं तुम्हें अपने हाथों से मार डालूँगा। मैं प्रार्थना नहीं करता लेकिन मैं खाना और पानी भी बर्बाद नहीं करता। यह तुम्हें भगवान से मिले हक़ हैं। ये नूडल्स, ये पानी की बोतल, तुम्हारा ऑटोमेटिक और मैं। और अगर तुम्हारे दूसरे भगवान... तुम्हारा वायरलैस... तुम्हें जल्द ही कुछ नहीं बताता... तो तुम्हारे पास एक भगवान कम होंगे... और तब बहुत ही बुरी खबर होगी। अगले कुछ घंटो में हमारे पार मरने के कई गौके होंगे। जरूरी नहीं है कि एक दूसरे को भूखा गार डालगा उनमें से एक हो।

(पहला सिपाही खाना शुरू करता है। दूसरा सिपाही देखता रहता है। वह शांति से शामिल हो जाता है। दोनों ख़ामोशी से खाते हैं।)

तेरह

(दूसरा दिन। रात का वक़्त।

बद्गौम के पुलिस स्टेशन के अंदर एक बेंच, कश्मीर की सरहद पर।

एक कोने में अशरफ़ी बैठी है, दूर देखती और बुदबुदाती हुई। उसकी गुड़िया उसके बाएँ हाथ में है।

डॉक्टर बेग उठते हैं। अंदर देखते हैं। रुकते हैं। जान-बूझ के अंदर जाते हैं।

अंदर एक केदखाना है। एक कोने में जहाँ धीमी सी रौशनी है, वहाँ बिलाल लेटा हुआ है। बिना कपड़ों के। वह अधूरी रौशनी में दिख रहा है। कमरे में किनारे एक बल्ब है जो उसके चेहरे और जिस्म के दूसरे हिस्सों पर रौशनी डालता है। शुरुआत में वह रौशनी में नहीं दिखता। डॉक्टर बेग रुक जाते हैं और उसे देखने की कोशिश करते हैं।)

बेग : (हिचकिचाते हुए) बिलाल...

(बिलाल जवाब नहीं देता। डॉक्टर बेग देखने के लिए नीचे झुकते हैं। वो केदखाने के बगल में अपने घुटनों के बल बैठ जाते हैं।)

बिलाल...

(बिलाल जल्दी से पलटता है और अँधेरे में गुम हो जाता है।)

बिलाल, मैं हूँ... मैं... डॉक्टर बेग...

(बिलाल धीरे से अपने चहरे को रौशनी में लाता है। वह बुरी तरह जख्मी है। उसके होंठ सूजे हुए हैं और उसकी एक आँख बिल्कुल फटी हुई है।)

बिलाल...

बिलाल : डॉक्टर साहब... शेफ़ू आपके पास पहुँच गई थी न?

(बेग सर हिलाते हैं।)

मुझे उसे छोड़ना पड़ा बेग साहब, वरना... वरना वो उसे भी पकड़ लेते... और फ़िर...

बेग : मैं समझ रहा हूँ बिलाल...मैं समझ रहा हूँ। घबराओ मत, वो ठीक है...

(बिलाल खड़ा होना चाहता है और पास आता है पर लड़खड़ाते हुए।)

बिलाल क्या तुम/

बिलाल : उन्होंने मेरे साथ वो सब किया बेग साहब...

बेग : (दहशत में) उन्होंने...

बिलाल : उन्होंने मेरे... मेरे नीचे एक तार लगाया, बेग साहब। और मुझे... झटके दिए मेरे... मुझसे नहीं... देखिए ख़ून निकल रहा है बेग साहब... मुझे डर लग रहा है बेग साहब।

बेग : (अपनी आवाज़ को और न रोकते हुए) बिलाल... बिलाल... मेरे... मेरे बच्चे... तुम/

बिलाल : सबको मार दिया बेग साहब... बशीर, माजिद, रिआज़... ख़ालिद। और उन्होंने उनके पैर काट दिए... ख़ालिद के पैर नहीं थे बेग साहब...

बेग : ओह... क्या अशरुी ने भी देखा था?

(ख़ामोशी।)

बिलाल : जी बेग साहब। मुझे नहीं पता था...

बेग : मैं समझ सकता हूँ बिलाल, मैं समझ सकता हूँ।

बिलाल : क्या आप अभी भी उनसे बात करेंगे बेग साहब?

बेग : मैं तुम्हें बाहर निकलवा लूँगा बिलाल।

बिलाल : तीन लड़के मारे गए हैं यहाँ, ठीक मेरे सामने। वे मुझे नहीं जाने देंगे।

बेग : मैं वजारत में लोगों से बात करूँगा... ठीक है... घबराओ मत, मैं/

बिलाल : बेग साहब... क्या आप अशरफ़ी की हिफ़ाज़त करेंगे?

बेग : हाँ बिलाल। पर मैं तुमको भी बाहर निकलवा लूँगा... मैं वादा करता हूँ...

बिलाल : बेग साहब...

बेग : हाँ बिलाल।

बिलाल : मुझसे बस एक वादा कीजिए, बेग साहब।

बेग : हाँ... बोलो बिलाल...

बिलाल : आप मेरे बदले किसी और को तो नहीं निकलवा लेंगे...

बेग : नहीं। मैं ऐसा नहीं करूँगा... मेरे बच्चे... मैं तुम्हें किसी और के बदले नहीं दूंगा।

बिलाल : मुझे माफ़ कर दीजिएगा बेग साहब, मुझे आपसे पूछना पड़ा। स्टेशन में सब इस बारे में बात कर रहे थे कि कैसे आपने अपने बेटे को किसी दूसरे लड़के के बदले दे दिया जब वह पकड़ा गया।

बेग : क्या तुम्हें दर्द हो रहा है?

बिलाल : मुझे शेफ़ू को देखना है बेग साहब...

बेग : (घबराहट में) हाँ... हाँ बिलकुल... पर तुम घबराना मत, मैं तुम्हें कैसे भी बाहर निकलवा लूँगा... चाहे जो भी हो।

बिलाल : बेग साहब, मुझे पता है। वे मुझे सुबह होने से पहले मार देंगे। (रुक कर) मैंने सुना जो इंस्पेक्टर आप से कह रहा था। मेरा कैदखाना ठीक उसकी मेज के पीछे है। पर आपको ऐसा नहीं/

बेग : मैं उन्हें और किसी के बारे में नहीं बताऊंगा बिलाल। ये हमेशा यही करते हैं। किसी को पकड़ते हैं और फ़िर किसी दूसरे को। मुझे पता है, जिस लड़के के बारे में वे पता कर रहे हैं वह... (अनमने ढंग से) बेगुनाह है।

बिलाल : (सख़्ती से) मैं जानता हूँ बेग साहब। वह कोच साहब का बेटा है। मुझे पता है वो कहाँ है। उन्होंने मुझसे उसके बारे में पूछा था लेकिन मैंने उन्हें कुछ नहीं बताया। इसीलिए उन्होंने आपको अंदर आने दिया।

बेग : तुम... जानते हो उसे! क्या कह रहे हो तुम बिलाल, तुम्हें पता है वो कहाँ है... मुझे यक़ीन नहीं होता कि आजकल तुमने मुज़ाहिदीनों की भी ख़बर रखनी शुरू कर दी! यह शर्म की बात है, अगर तुम्हें ऐसे लोगों... ऐसे... (बेग घबराए हुए और उलझन में मालूम पड़ते हैं।)

बिलाल : (सख़्ती से) वह पिछले हफ्ते पार कर गया था... मुज़्ज़फ़राबाद के एक ट्रेनिंग कैम्प में, पर क्यों और कैसे आपको नहीं पता? आपको उसके बारे में कुछ नहीं पता क्योंकि वो आपके क्लिनिक नहीं गया था बेग साहब। पर क्या ऐसा नहीं हो सकता कि आपके दूसरे मरीजों की तरह वो भी समझने के काबिल हो।

उसको मत दे दीजिएगा। वे उसे ढूंढ नहीं पाएँगे पर उसके भाइयों में से किसी एक को मार देंगे और मुझे रिहा कर देंगे। मुझे रिहा करेंगे और फिर मुझे भी दूसरे दिन मार देंगे। मुझे अपनी आज़ादी किसी दूसरे की ज़िन्दगी के बदले नहीं चाहिए।

(बेग बिलाल को हैरानी से देखतें हैं। वे धीरे से उठते हैं और जाने लगते हैं। वे अपना फ़िरन[57] उतारते हैं और बिलाल की तरफ़ फैंकते हैं। वे ग़ुस्से में है।)

बेग : मैं नहीं चाहता कि अशरफ़ी तुम्हें इस हाल में देखे। उसे जीना है... और बेहतर ख़यालों के साथ। तुम गलत हो बिलाल। तुम फ़िर से ग़लत हो। तुम्हारी बुलंद कुर्बानी (मजाक बनाते हुए) तुम्हारी बहादुरी का करतब अभी भी किसी दूसरे की वजह से है। अगर अपने लिए न सही, उसके लिए तुम/

बिलाल : उसके लिए मुझे अपने आप को पत्थर फैंकने से रोकना चाहिए था? मुझे मुर्दाघर से सीधा-सादा, बेजज़्बाती, बहादुर बन कर वापस आना चाहिए था, एक पत्थर की तरह, जैसे कुछ हुआ ही न हो?

आप अंधे हैं, बेग साहब। बिल्कुल अंधे। आप हमारे दिमागों का इलाज कर रहे हैं... काश मैं आपकी रूह का इलाज कर सकता। अभी भी आप मुझसे ख़फा हैं, क्योंकि मैं एक लड़के के बारे में जानता हूँ जो मुज़्ज़फ़राबाद के एक ट्रेनिंग कैम्प में गया है। एक लड़का जिसके बारे में आप कुछ नहीं जानते। अभी भी, मैं दावे से कह सकता हूँ, कि आपकी सहजता उसके दिमाग़ को ठीक करने की है, न कि उस दिमाग के ख़िलाफ़ खड़े होने की जो उसे बनाता है।

आप हमारे ग़ुस्से का इलाज क्यों कर रहे हैं, बेग साहब... क्यों? मेहरबानी करके, हमारे बच्चों का इलाज कीजिए बेग साहब, पर उनके गुस्से का नहीं!...

(ख़ामोशी, डॉक्टर बेग बिलाल को हैरानी से देखते रहते हैं।)

मुझे माफ़ कीजिएगा बेग साहब, आपसे ऐसे बात की मैंने... आप शेफ़ू का ख्याल रखेंगे न...

बेग : हाँ...तुम्हें पता है कि मैं रखूँगा।

(डॉक्टर बेग मुड़ते हैं और चले जाते हैं।

अशरफ़ी आती है और कैदखाने के सामने अपनी गुड़िया लिए खड़ी हो जाती है। बिलाल अपने कमरे में बल्ब के नीचे बैठ जाता है, डॉक्टर बेग का फ़िरन पहने, मुस्कुराता हुआ।)

अशरफ़ी : भाईजान...

---

[57] कश्मीरियों का एक पहनावा

बिलाल : (कहानी सुनाने के अंदाज़ में) शेफ़ू... तुम्हारे भाईजान की गुफा में खुशआमदीद... हाहाहाहाहाहा!!!

अशरफ़ी : भाईजान... आपके चहरे को क्या हुआ?

बिलाल : हम्ज़ा के शेर लड़ रहे थे/

अशरफ़ी : भाईजान... क्या आपको चोट लगी है?

बिलाल : (अशरफ़ी को कहानी की तरकीब में वापस ले जाता हुआ) बहादुर सिपाहियों के बहादुर घोड़े अपने घुड़सवार फ़ौज से ऊपर उठे और ऊपर आसमान में उड़ते ही चले गए जब तक कि सितारों की बिजली/

(अशरफ़ी देखने के लिए कैदख़ाने के पास आती है और फिर अपना दायाँ हाथ बढ़ाती है।)

अशरफ़ी : क्या आपको चोट लगी है भाईजान?

(बिलाल कहानी रोक देता है और अशरफ़ी के पास आता है। वो बिलाल के चहरे को छूती है। बिलाल दर्द से कराहता है। वह पीछे हट जाती है। बिलाल उसे देखता है और उसके हाथ को फ़िर से पास लाता है।)

अशरफ़ी : क्या उन्होंने आपको मारा भाईजान?

बिलाल : हाँ शेफ़ू। क्या तुम ठीक हो?

अशरफ़ी : हाँ। (रुक कर) आपने क्यों किया भाईजान?

बिलाल : मुझे माफ़ करना शेफ़ू... मुझे बस करना पड़ा।

अशरफ़ी : आपको नहीं करना चाहिए था भाईजान... हम लोग दो दिनों में आज़ाद होते...

बिलाल : हम नहीं होते। आज़ाद होना और यहाँ से निकल जाना, दो अलग बातें हैं शेफ़ू।

(ख़ामोशी।)

शेफ़ू, मुझे माफ़ करना... मैंने... तुम्हें मारा/

अशरफ़ी : अगर आपने नहीं मारा होता तो मैं नहीं गई होती... आपने मुझे बचा लिया। मैं क्लिनिक की तरफ़ दौड़ी और वो डॉक्टर... वो तब भी वहीं थे, वो मुझे घर ले कर गए। (गुड़िया को देखती है) भाईजान... आपको पता है हाफ़िज़ ने मुझे क्या बताया? अभी-अभी, जब मैं इंतज़ार कर रही थी...

बिलाल : क्या बताया हाफ़िज़ ने तुम्हें शेफ़ू?

अशरफ़ी : कि आप चाँद बन जाएंगे।

बिलाल : इस ईद?

अशरफ़ी : हाँ... क्या आप बन जाएँगे?

(बिलाल पास आता है और शेफ़ू की आँखों में देखता है और अब उसका चेहरा महसूस करता है।)

बिलाल : एक आधा-चाँद...

अशरफ़ी : आधा-चाँद... आधा-आदमी...

बिलाल : आधा और आधा।

अशरफ़ी : आधा-आदमी-आधा-जिन्न... आधा और आधा।

बिलाल : आधी-रौशनी और आधा-अँधेरा (हँसता है।)

अशरफ़ी : आधा-बिलाल और आधी-शेफ़ू (वह भी हँसती है।)

बिलाल : आधा-फुटबॉल खिलाड़ी।

अशरफ़ी : और अशरफ़ी नईम के आधे-नमूने (वह हँसती चली जाती है।)

बिलाल : आधा... चाँद का गोला... आसमान में।

अशरफ़ी : मैंने कल रात एक ख्वाब देखा था भाईजान।

बिलाल : हममम...

अशरफ़ी : अब्बा आए थे मुझसे मिलने। वो डॉक्टर, उन्होंने आज मुझे उन्हें दिखाया।

बिलाल : अच्छा? (बिलाल मुस्कुराता है) और फ़िर?

अशरफ़ी : अब्बाजान, आज मेरे पास आए... मरने के बाद पहली बार भाईजान, और आपको पता है उन्होंने क्या कहा?

बिलाल : क्या?

अशरफ़ी : मैं कभी नहीं जाऊंगा शेफ़ू... कभी नहीं। मैं एक सितारा हूँ और तुम्हारा भाई इस ईद पर चाँद बन जाएगा। और हम हमेशा वहीं रहेंगे, और हर ईद पर नज़र आएँगे (मुस्कुराती है।)

बिलाल : हाँ शेफ़ू (हँसता है।)

अशरफ़ी : आप मर जाएँगे भाईजान?

बिलाल : (मुस्कुराते हुए) हाँ शेफ़ू।

अशरफ़ी : आपको पता है जब हम मरते हैं तो क्या होता है?

बिलाल : हम 'जन्नत'... या 'दोज़ख'... में जाते हैं।

अशरफ़ी : नहीं भाईजान... अब्बू ने मुझे उस दिन बताया था कि क्या होता है।

बिलाल : सच में?

अशरफ़ी : उन्होंने कहा, किसी के आखिरी वक़्त में उसको एक ख़्वाब मिलता है। यह वही ख़्वाब है जो हम हमेशा से देखना चाहते थे। 'असल में, हम ख़्वाब देखने वाले लोग हैं', उन्होंने कहा था। हम ख़्वाबों के बीच में रहते हैं न कि जीते हुए ख़्वाब देखते हैं।

बिलाल : शेफ़ू, तुम पीर साहब की तरह बात कर रही हो... एक वली[58] की तरह (हँसता है।)

अशरफ़ी : अब्बू कहते हैं, हमारी पूरी ज़िन्दगी इस ख्वाब के बारे में है। ये जो हम देखना चाहते हैं। जिस भी चीज़ को हम जीते हैं वह हमें उसके करीब ले जाती है... और जब आखिर में हम इस ख़्वाब को देख लेते हैं (ऊपर इशारा करते हुए) तो वो जन्नत होती है। अगर नहीं देख पाते (नीचे देखते हुए) तो वो दोजख होता है... हम जन्नत या दोजख नहीं जाते भाईजान... यह ख्वाब ही सबकुछ है। मौत, ज़िन्दगी के आखिर में एक ख्वाब है, और ज़िन्दगी, मौत के आखिर में एक ख्वाब... बस यही है।

बिलाल : तो अब्बू जन्नत गए या दोजख?

अशरफ़ी : अब्बू... वो इतनी जल्दी मर गए, उन्होंने कहा कि उन्होंने खवाब ही नहीं देखा। वह हमेशा हमारे साथ हैं भाईजान। पर मुझे पता है कि आप अपना ख्वाब देखेंगे... आप सुकून से मरेंगे। और फ़िर... आधे चाँद बन जाएँगे।

(अशरफ़ी बिलाल को पास खींचती है, उसकी आँखों को चूमती है। उसको अपनी गुड़िया दे देती है।)

मेरे हाफ़िज़ को अपने साथ रखिएगा भाईजान...वह दर्द कम कर देगा।

बिलाल : ऐसा लगता है की तुम मुझसे बड़ी हो शेफ़ू (मुस्कुराता है।)

अशरफ़ी : मैं हूँ भाईजान... मैं बहुत बड़ी हूँ। मैं इस ज़मीन जितनी बड़ी हूँ। अगर वे ये ज़मीन लेंगे, मैं चाँद बन जाउंगी, अगर वे चाँद लेंगे, मैं सूरज बन जाउंगी... वे

[58] उत्तराधिकारी, महात्मा

मुझे कभी नहीं पकड़ सकेंगे भाईजान... वे हमें कभी नहीं पकड़ सकेंगे। हम सब जिन्नात हैं... जिन्नात... ईदगाह के जिन्नात।

बिलाल : (फ़िर से कहानी सुनाने वाले अंदाज में) आग, धूल और धुएं से बने।

अशरफ़ी : (उसी दास्तान के लहज़े में) अल्लाह ने आदमियों को बनाने से पहले जिन्नात बनाए।

बिलाल : और उन्हें साफ़ जज़्बे के लिए आज़ाद कर दिया...

अशरफ़ी : साफ़ जज़्बा... बिना वजह, बिना सोच... सब कुछ जो आदमी बनना चाहता है।

(वे हँसते हैं।)

बिलाल : हमारे अब्बा हमें हैरतअन्गेज़ कहानियाँ सुनाते थे न शेफ़ू?

अशरफ़ी : हमारे अब्बा हमें सच बताते थे... बीच का सच...

(ख़ामोशी। अशरफ़ी उठती है।)

डरिए मत भाईजान... आप मरेंगे नहीं, आप बस बदल जाएँगे। आदमी से चाँद में।

बिलाल : मुझे पता है। (मुस्कुराता है) शेफ़ू वे तुम्हें मेरा जिस्म नहीं देंगे... तुम अब मुझे कभी नहीं देखोगी।

अशरफ़ी : इस तरह... (बिलाल को छूती है, मुस्कुराती है) आपने हमेशा कहा है भाईजान... कि ये हैं आप... असली में। (उसकी नक़ल करते हुए) असली में... आप कुछ और हैं। कुछ और बड़े... मुझे इसकी याद नहीं आएगी भाईजान... मैं आपके लिए ईदगाह पर दुआएँ पढ़ूँगी। मैं आपकी दुआएँ आसमान से कहूँगी...

(बिलाल उसे अपने नज़दीक खींचता है और उसके हाथों को चूमता है।)

अल्लाह हाफ़िज़, भाईजान

बिलाल : अल्लाह हाफ़िज़ शेफ़ू... अल्लाह हाफ़िज़।

चौदह

(दूसरा दिन। देर रात का वक़्त।

पहला सिपाही और दूसरा सिपाही सी.आर.पी.एफ के बैरक में हैं। पस-ए-मंज़र में एक छोटी लड़की 'फ़ातिहा' पढ़ रही है। दूसरे सिपाही के सर पर पहले सिपाही के हाथों मारे जाने से जख्म है। पहला सिपाही अपनी कुर्सी पर बैठा अपने वायरलैस पर कुछ सुनने की कोशिश कर रहा है जिससे कुछ टूटी-फूटी आवाज़ें सुनी जा सकती हैं। पहला सिपाही उन्हें सुनता है। वह चिढ़ा हुआ और गुस्से में है।)

दूसरा सिपाही : (बाहर देखते हुए) साहब अगर कमांडेंट साहब आते हैं तो उनसे मेरी शिकायत मत कीजिएगा... मत कीजिएगा साहब।

पहला सिपाही : फ़िक्र मत करो, कोई नहीं आ रहा।

दूसरा सिपाही : कोई नहीं आ रहा? पर साहब हमारे पास खाने को अब कुछ भी नहीं बचा है।

पहला सिपाही : हाँ, लेकिन अगर हम बाहर निकले, तो मार-मार कर हमारा भुरता बना दिया जाएगा।

दूसरा सिपाही : जी...जी साहब। शायद वे कल आएँगे। सुबह...

पहला सिपाही : अपना वॉकी-टॉकी निकालो... अभी।

(दूसरा सिपाही अपनी वॉकी-टॉकी शुरू करता है पर उसे कोई सिग्नल नहीं मिलता। वह बेलगाम हो कर कोशिश करता है। 'हेल्लो हेल्लो' चिल्लाता है।)

दूसरा सिपाही : श्रीमान। श्रीमान। ओवर। श्रीमान।

पहला सिपाही : हम जा रहे हैं।

दूसरा सिपाही : क्या?

पहला सिपाही : हाँ बस। उन्होंने इस तैनाती के बारे में तुमसे क्या कहा था? तुम्हें यहाँ क्यों भेजा गया था?

दूसरा सिपाही : साहब (घबरा कर) ये मेरी तैनाती की सज़ा है साहब। डॉक्टर की रिपोर्ट के बाद, उन्होंने मुझे यहाँ सजा के तौर पर भेजा था, यह कहते हुए की यहाँ कोई 'काम' नहीं है।

पहला सिपाही : काम नहीं है! बिलकुल।

(पहला सिपाही आस-पास देखता है।)

दूसरा सिपाही : क्या साहब? मुझे लग रहा है/

पहला सिपाही : यहीं सारा काम होगा। सब कुछ। तुम्हें दिखाई नहीं देता?

(दूसरा सिपाही भी आस-पास देखने लगता है।)

दूसरा सिपाही : क्या साहब?

पहला सिपाही : हम अकेले हैं। और पूरे रिहायशी[59] इलाके के बीच में सिर्फ़ एक पहरेदारी। और वो भी ठीक ईदगाह के बग़ल में।

दूसरा सिपाही : तो...

पहला सिपाही : वे नहीं आए, क्योंकि वे चाहते हैं कि लड़कों पर गोलियां हम चलाएं। और फ़िर लड़के हम पर पथराव करेंगे, और कल से पहले, ईद से पहले, बातें शुरू होने से पहले सब साफ़ हो जाएगा कि कश्मीरी लड़के भारतीय सिपाहियों को मार रहे हैं।

(दूसरा सिपाही पहरेदारी में घबराया हुआ है। वह बाहर देखता रहता है और अपनी बन्दूक उठा लेता है।)

दूसरा सिपाही : वह हम पर पथराव क्यों करेंगे? हमने उनका क्या बिगाड़ा है?

पहला सिपाही : हमें उनको क्यों मारना चाहिए? उन्होंने हमारे साथ क्या किया है?

दूसरा सिपाही : हम यहाँ ठण्ड में मर रहे हैं, अपने घरों से दूर इनको बचाने के लिए...

(पहला सिपाही अपनी बन्दूक उठा लेता है और दोनों वॉकी-टॉकी पर गोली चला देता है। तेज आवाज़। एक गहरी ख़ामोशी फ़ैल जाती है।

---

[59] जिस इलाके में लोग रहते हैं

दूसरा सिपाही गोली की आवाज़ से बिलकुल घबरा जाता है... वह पहरेदारी के एक कोने में जा कर बैठ जाता है। पहला सिपाही उसे ताज्जुब से देखता है। दूसरा सिपाही एकदम से उठता है और पहले सिपाही को अपनी बन्दूक के पिछले हिस्से से ज़ोर से मारता है। पहला सिपाही नीचे गिर जाता है। दूसरा सिपाही उसकी बन्दूक छीन कर उसे चेहरे और जिस्म पर ज़ोरों से लात मारने लगता है। पहले सिपाही का ख़ून निकलने लगता है और वापस लड़ने की कोशिश करता है लेकिन दूसरा सिपाही उसे गुस्से से मारता रहता है।

डॉक्टर बेग बाहर दिखते हैं। दरवाजे पर... दूसरा सिपाही उन्हें देखता है और भाग कर बाहर जाता है।)

दूसरा सिपाही : नहीं साहब। गोली मत चलाइएगा।

पहला सिपाही : क्या हुआ?

(दूसरा सिपाही उसे फ़िर से बहुत ज़ोर से मारता है। पहला सिपाही ख़ून में सना पड़ा रहता है। पहला सिपाही बाहर खुले में आता है, डॉक्टर बेग को देख चिल्लाता है। डॉक्टर बेग ईदगाह के दरवाजे के बाहर, अंदर देखते हुए, बिना घबराए खड़े रहते हैं।)

दूसरा सिपाही : ओए... एय...

(डॉक्टर बेग पीछे मुड़ते हैं और दूसरे सिपाही की आँखों मे देखते हैं।

ख़ामोशी।

दूसरा सिपाही अपनी बन्दूक डॉक्टर बेग पर तान देता है।)

ओय... हाथ... हाथ!

(डॉक्टर बेग उलझे हुए दिखते हैं।)

हाथ... सर के पीछे। चल।

(डॉक्टर बेग अपने हाथ सर के पीछे नहीं रखते। वह बिना हिले बैठे रहते हैं।)

ओई... एई... हाथ... हाथ... (अपनी बन्दूक में गोलियां भरता है।)

(दूसरा सिपाही डॉक्टर बेग तक चल कर जाता है और उन्हें ज़ोर से धक्का देता है। डॉक्टर बेग नीचे गिर जाते हैं।

पहला सिपाही बाहर आता है, और खड़े होने की कोशिश करता है।)

बेग : क्या हो गया है तुम्हें?

दूसरा सिपाही : तुझे सुनाई नहीं देता क्या? क्या मार दूं तुझे? हरामज़ादे, साले... यहाँ कैसे पहुंचा?

(डॉक्टर बेग पहले सिपाही को देखते हैं जैसे-जैसे वह पास आने की कोशिश करता है। वह ख़ून से लथपथ है।)

बेग : तुम क्या/

(दूसरा सिपाही अपनी बन्दूक डॉक्टर बेग के सर पर तान देता है।)

बेग : अगर तुम मार सकते, तो तुम... बहुत पहले मार चुके होते।

(दूसरा सिपाही डॉक्टर बेग को कस कर थप्पड़ मारता है।

डॉक्टर बेग भौंचक्के खड़े रहते हैं।)

दूसरा सिपाही : मुझसे ज़्यादा बनने की कोशिश मत करना ठीक है न। मैं यहाँ तेरी पहरेदारी के लिए हूँ, उल्लू के पटठे.. अब बस बता मुझे कि यहाँ कैसे पहुंचा तू?

बेग : मैं यहाँ चल कर आया... जैसे तुम। इस वक़्त कोई कर्फ़्यू नहीं है और मैं कोई बच्चा नहीं हूँ जो एहतियाती[60] कदमों पर बाहर न आने दिया जाऊं!

पहला सिपाही : ओय... तू है कौन (बेग से) अरे... डॉक्टर साहब। माफ़ कीजिएगा डॉक्टर साहब। (दूसरे सिपाही से) सुनो, यहाँ सब इन्हें जानते हैं। ये यहाँ हर शाम आते हैं, इनका परिवार/

दूसरा सिपाही : (अपनी बन्दूक पहले सिपाही की तरफ़ फिर से तानते हुए) चुप रह...

(डॉक्टर बेग उठते हैं और दूसरे सिपाही की तरफ़ बढ़ने लगते हैं।)

तू कहाँ आ रहा है? पीछे हट... हट/

बेग : सुनो... बेटा, कोई बात नहीं। बस अपनी बन्दूक नीचे रखो।

दूसरा सिपाही : मेरे पास मत आ... मैं बता रहा हूँ, मैं गोली चला दूंगा।

पहला सिपाही : अरे नहीं!

दूसरा सिपाही : क्या?

पहला सिपाही : उल्लू के पटठे, अब हमें इन्हें मारना पड़ेगा। अगर तुम इन्हें बाहर जाने दोगे, तो ये यहाँ हो रही चीज़ों के बारे में सबको बता देंगे। और वक़्त न लेते हुए/

---

[60] ध्यान रखते हुए

बेग : घबराओ मत, मेरे पास किसी को बताने के लिए कुछ नहीं है।

दूसरा सिपाही : ओह... तो अब तुझे अपनी जान के लिए डर लग रहा है, हरामज़ादे!

बेग : मुझे तुम्हारी जान के लिए डर लग रहा है बेटा। मैं तुम्हारे लोगों से कल बात करने वाला हूँ।

(दूसरा सिपाही उसे खींच कर एक चांटा मारता है। उसके गिरेबान से डॉक्टर बेग को पकड़ता है और उसे ईदगाह के दरवाजे के ठीक सामने घुटनों के बल टिका देता है।)

दूसरा सिपाही : बैठ यहाँ। चुपचाप बैठा रह। मुझसे अब बर्दाश्त नहीं होता। जब तुम उल्लू के पटठे हमें होशियारी दिखाते हो। तुझे क्या लगता है, हमें इसमें बहुत मज़ा आ रहा है? ज़िन्दगी जीने का मेरा ये मकसद है? हरामज़ादे, तू हमारे लोगों से बात करेगा। हम उनसे बात करेंगे। बात करेंगे अगर तू/

बेग : चलाओ गोली। चलाओ।

(दूसरा सिपाही अपनी बन्दूक तानता है। फ़िर से।)

बेग : हाँ, चलाओ...

(दूसरा सिपाही काफ़ी कोशिश करता है। उसका चेहरा लाल हो जाता है। उसकी आँखों में पानी आने लगता है। पसीना आने लगता है। वह अपनी राइफल को पकड़ कर ज़मीन पर बैठ जाता है। पहला सिपाही उसे ताज्जुब से देखता है।)

मुझे पता है। तुम नहीं कर सकते। तुम डरते हो, गोलियों की आवाज़ से।

(पहला सिपाही दूसरे सिपाही पर हँसता है।)

पहला सिपाही : इसे गोलियों की आवाज़ से डर लगता है, सच में... लगता है (हँसता है) तभी तो... तैनाती की सजा।

बेग : ये सिपाहियों के बीच एक आम बदनजमी[61] है। ख़ासकर तुम जैसों के। कोई बात नहीं।

पहला सिपाही : अच्छी बात है। अब तो हम पक्का मरने वाले हैं। मेरे पास बन्दूक नहीं है और तुम्हें गोलियों की आवाज़ से डर लगता है। बहुत सही (हँसने लगता है।)

---

[61] ख़राब इंतज़ाम

दूसरा सिपाही पहले सिपाही तक चल कर जाता है और उसे फ़िर से मारता है। बहुत तेज। तीन-चार बार अपनी बन्दूक के पिछले हिस्से से। पहला सिपाही चीखता है और बुरी तरह जख्मी हो कर गिर जाता है।)

बेग : ये तुम क्या कर रहे हो? (चिल्लाते हुए) तुम ये क्यों...! (भारी साँसे लेते हुए) जाने दो उसे... सुनो... मैं तुम्हें यहाँ से निकलवा सकता हूँ। अगर तुम मेरे साथ चलते हो, तो ईदगाह के आस-पास कोई तुम्हें छुएगा भी नहीं। तुम लोग महफूज रहोगे।

पहला सिपाही : (लड़खड़ाते हुए) हमें इनको मारना होगा। डॉक्टर साहब, मुझे माफ़ कीजिएगा, मेरी आपसे कोई दुश्मनी नहीं है, पर हम आपका यक़ीन नहीं कर सकते।

बेग : हम, ये हम कौन हैं? तुम और मैं यहाँ बन्दूक की नोंक पर हैं। वो नहीं।

दूसरा सिपाही : चुप करो। दोनों के दोनों, चुप करो!

बेग : तुम एक बहुत बड़ी गलती कर रहे हो बेटा...

(दूसरा सिपाही एक बार फ़िर डॉक्टर बेग की तरफ़ हमला करते हुए बढ़ता है। उन्हें मारने ही वाला होता है।)

दूसरा सिपाही : सुन, मुझे बार-बार मारने पर मजबूर मत कर। ठीक है ना। मैं तेरा बेटा नहीं हूँ। मुझे ये सब मत बुला।

बेग : मैं तुम्हारी मदद करने की कोशिश कर रहा हूँ... तुम परेशान हो... तुम्हें थोड़े आराम की ज़रुरत है... कुछ तनहा वक़्त... सुनो...

(दूसरा सिपाही डॉक्टर बेग को गिरेबान से पकड़ लेता है।)

दूसरा सिपाही : सुन, उल्लू के पटठे, ये चाल मत चल मेरे साथ। मैं तुझ जैसों को अच्छी तरह जानता हूँ। महान बनने की कोशिश मत कर। ऐसी जगहों पर मैं महात्माओं की नहीं सुनता। मैं गोलियों की आवाज़ से डरता होऊंगा, पर मैं तुझे चाकू मार सकता हूँ, तेरा गला घोंट सकता हूँ या जिंदा जला सकता हूँ। मैं हूँ जो यहाँ महान बन रहा हूँ। इसलिए मेरी ओर से अच्छा महसूस करना बंद कर।

(मस्जिद से ज़ोरों की तक़रीर की आवाज़ आती है।)

(डॉक्टर बेग से) ये क्या कह रहे हैं?

बेग : ये कह रहे हैं कि बच्चे को ईद वाले दिन दफ़नाया जाएगा और अभी तक इमाम ने चाँद दिखने का ऐलान नहीं किया है।

दूसरा सिपाही : पर चाँद तो होगा ही।

बेग : हाँ। पर अगर इमाम उसे नहीं देख पाते, तो हमें ईद के लिए एक और रात इंतज़ार करना होगा।

दूसरा सिपाही : (पहले सिपाही से) अगर ईद न हुई, तो ये लोग उस लाश को लिए एक और दिन तक चक्कर लगाते रहेंगे? इनकी बात-चीत भी नहीं होगी और कोई आएगा भी नहीं।

बेग : शायद नहीं।

(दूसरा सिपाही ज़मीन पर कुम्हलाया हुआ सा बैठ जाता है। वह नहीं सोच पाता कि अब क्या करना है। वह बेलगाम उठता है और रास्ता ढूँढने के लिए आस-पास घूमता है।)

बेग : तुम हिन्दोस्तानियों को ईद पर मिलना है।

दूसरा सिपाही : हिन्दोस्तानी से क्या मतलब है तेरा साले कुत्ते? तू क्या है?

(डॉक्टर बेग ख़ामोश रहते हैं।)

तू हिन्दोस्तानी नहीं है? तो फ़िर मैं क्यों तेरा बचाव कर रहा हूँ... तेरे बच्चों का... तेरी माँ का। मैं क्यों तुझे बचा रहा हूँ?

बेग : मैं हिन्दोस्तानी नहीं हूँ। और तुम मेरी माँ को नहीं बचा रहे।

(दूसरा सिपाही उठ कर डॉक्टर बेग तक जाता है और उन्हें कस कर मारता है। वह एक छोटी सी किताब निकालता है, उसे एक हाथ में पकड़ता है और दूसरे हाथ में एक चाकू।)

दूसरा सिपाही : ठीक है... इधर आ। (उसे ज़मीन की तरफ़ धक्का देता है। बेग का चेहरा मिट्टी से सना हुआ है) इसे पढ़ सकता है? इसे?

बेग : नहीं।

दूसरा सिपाही : तू नहीं पढ़ सकता क्योंकि यह मराठी में है। हिंदी में नहीं। मैं एक मराठी हूँ। पर मैं एक हिन्दोस्तानी भी हूँ। ठीक है ना? हरामजादे! अपनी जानकारियों को देख-परख ले एक बार।

बेग : मैं एक कश्मीरी हूँ। पर मैं हिन्दोस्तानी नहीं हूँ। अगर मैं एक मराठी होता, तब होता।

(दूसरा सिपाही उसे फ़िर से खींच के थप्पड़ मरता है। डॉक्टर बेग ज़मीन पर गिर जाते हैं।)

दूसरा सिपाही : ये पागल है। और ये मुझे बावला बुलाता है। देखो इसे।

पहला सिपाही : अब ये लड़ाई मत शुरू करो। या तो इन्हें मार दो या फ़िर जाने दो। पर इन सब में मत/

दूसरा सिपाही : तू। शायद पहले मुझे तुझे मरना चाहिए। मुझे शक था। शुरुआत से ही। शायद तू भी इनमें से एक है। शायद तू हिन्दू नहीं है। शायद...

(वह चाकू निकाल लेता है और पहले सिपाही की तरफ़ जाता है। वह उसकी पेट पर चाकू की नोक लगाता है।

अपने दूसरे हाथ से दूसरा सिपाही पहले सिपाही की पैंट की जिप खोलता है। उसके अंडरवियर को नीचे खींचता है।

दोनों सिपाही पसीने से तर हैं। डॉक्टर बेग पहरे के एक कोने में पड़े हुए हैं। सभी लोग तेज साँसे ले रहे हैं। पहला सिपाही सदमे में है।)

बेग : तुम बेइन्तेहा घटिया इंसान हो। बिलकुल घटिया।

(दूसरा सिपाही डॉक्टर बेग को गुस्से से देखता है।)

तुम नहीं समझ सकते, ये जंग ख़ुदा को ले कर है ही नहीं। इसका कुछ भी लेना-देना/

(दूसरा सिपाही उठकर डॉक्टर बेग को फ़िर से पकड़ता है। उनको ईदगाह के दरवाजे तक घसीटते हुए ले जाता है। अपनी जेब से एक छोटी सी पूजा की घंटी निकालता है और बेग की गर्दन पर चाकू तान देता है। बंदूकों को वह ज़मीन पर रख देता है।

मस्जिद से तकरीरों[62] की आवाजें अब दूर से आ रहीं हैं पर उनकी आवाज़ ऊपर उठ रही हैं।)

दूसरा सिपाही : अपने हाथ जोड़। चल साले! अपने हाथ जोड़। हाँ, बंधे हुए हैं तब भी। हाथ जोड़ अपने, आँखे बंद कर और मेरे पीछे-पीछे बोल... शुरू कर... जोड़ अपने हाथ।

(डॉक्टर बेग हिचकिचाते हैं।)

नहीं... क्यों ये जंग तो ख़ुदाओं के बीच में नहीं है न... तो... दिक्कत क्या है?

बेग : तुम इसे ख़ुदा के बीच ला रहे हो लेकिन, यह है नहीं। मैं तुम्हें अपने ख़ुदा को पूजने के लिए तो जबरदस्ती नहीं कर रहा.../

[62] व्याख्यान, भाषण

दूसरा सिपाही : (अपनी चाकू उसकी गर्दन पर रखता है) क्या कहा था मैंने तुझसे? मुझसे ये सब बकवास मत कर। तू मुझे अपने ख़ुदा को पूजने के लिए नहीं कह रहा? क्या तू मुझे यहाँ रहने देगा, गर मैं अपने वाले को पूजूं? क्या तू करने देगा?

मेरे चाकू की नोक पर अभी भी तेरी गर्दन है, और अगर नहीं होती, तो क्या पता तेरे चाकू की नोक पर मेरी गर्दन होती। और पता है तुझे, जब भी कोई किसी का गला काटता है... दोनों ही, आख़िर में अपने-अपने भगवान को याद करते हैं। वही सबके आखिरी शब्द होते हैं।

बेग : दोनों बस चीखते हैं। सब लोग आख़िर में बस चीखते हैं। अपने ख़ुदा का नाम, तुम्हारा या मेरा, यह बस एक छुटकारा पाने वाली बात है।

(दूसरा सिपाही डॉक्टर बेग को बालों के सहारे पकड़ता है और उन्हें ज़मीन पर ढकेलता है। वह उन्हें तस्वीर के सामने घुटने टिकवाता है।)

दूसरा सिपाही : ठीक है, रिझा मुझे। तेरे इमाम ने चाँद तो नहीं देखा है, इसलिए तेरे भगवान तो तेरे लिए निकल कर नहीं आ रहे आज रात।

इसलिए अब तू मेरे वाले से प्रार्थना कर। मेरा वाला तो हमेशा रहता है। चाँद हो या ना हो। चल।

(दूसरा सिपाही चाकू को डॉक्टर बेग की गर्दन पर दबाता है। उसमें से ख़ून बहने लगता है।

दूसरा सिपाही घंटी को बजाना शुरू करता है। वह मन्त्र पढ़ने लगता है जब सभी मस्जिदें साथ में, शाम की अजान देती हैं। आवाज़ें बेहद तेज हैं। दूसरा सिपाही अपनी आँखें बंद कर लेता है। अपने चाकू को दबाता है और घंटी को और ज़ोरों से और जल्दी से बजाने लगता है। अज़ान की आवाज़ बढ़ने लगती है।

डॉक्टर बेग मन्त्र नहीं दोहराते। उनके गर्दन से ख़ून निकलने लगता है। दूसरा सिपाही डॉक्टर बेग को गुस्से से देखता रहता है। फिर वह गिर जाता है, और डॉक्टर बेग के बगल में बैठ कर रोने लगता है। वह ज़ोरों से बिलखता है और एक लम्बी चीख़ निकालता है। डॉक्टर बेग एकदम से पास आ जाते हैं, और उसे गले लगा लेते हैं।

वे चुपचाप बैठ जाते हैं।

ख़ामोशी।

दूसरा सिपाही अपनी आँखें खोलता है। वह ईदगाह से अशरफ़ी को आते देखता है। वह चुप और भौंचक्का है। अशरफ़ी ने हिजाब पहन रखा है।)

बेग : (दूसरी तरफ़ देखते हुए, उसे पकड़े हुए) तुम ठीक हो जाओगे... तुम ठीक हो जाओगे... मेरे बेटे... तुम ठीक हो जाओगे। (वे अपनी आँखे बंद कर लेते हैं) तुम्हें किसी को मारने की ज़रुरत नहीं है बेटा... याद है वह कहानी जो तुम्हारे अब्बू ने तुम्हें सुनाई थी... आसमान में एक रात फ़ातिमा की आँखें होंगी... हमेशा और हमेशा के लिए... और उसके बाद चाँद निकलेगा...

(अशरफ़ी ईदगाह से दूसरे सिपाही की तरफ़ बढ़ती रहती है।)

और जब तक वहाँ फ़ातिमा की आँखें रहेंगी... वह तुम्हें देखती रहेंगी... हमेशा-हमेशा के लिए... और... (वे दूसरे सिपाही को पकड़े रहते हैं।)

(दूसरा सिपाही डॉक्टर बेग को ढकेलता है, अपनी बन्दूक को उठाता है और उन्हें गोली मार देता है।

ख़ामोशी।

अशरफ़ी बेफ़िक्र है। वह अपना बुर्का हटाती है। उसकी आँखें दिखती हैं। वह सीधा सिपाही की आँखों में देखती है।)

दूसरा सिपाही : जा... जा यहाँ से वरना मैं तुझे मार दूंगा। मैं कसम खा कर कहता हूँ। तू... (डॉक्टर बेग की लाश से) बोल इसे... बोल इसे कि जाए वरना...

(दूसरा सिपाही यह एहसास होने पर घबरा जाता है कि वह एक लाश से बात कर रहा है।

अशरफ़ी बेरुखी से दूसरे सिपाही को घूरती है।)

अपने आँखें बंद कर... मैं बता रहा हूँ... तू बस अपनी आँखें बंद कर वरना...

(वह अपनी बन्दूक उसकी तरफ़ तानता है।

अशरफ़ी नीचे झुकती है, एक पत्थर उठाती है।)

अशरफ़ी : मार दो मुझे... और मैं फ़िर से वापस आऊँगी... और फ़िर से... और फ़िर से... (धीमे से लगातार एक राग की तरह) और फ़िर से और फ़िर से और फ़िर से... मार दो मुझे...और मैं फ़िर से वापस आऊँगी... फ़िर से और फ़िर से...

(दूसरा सिपाही बन्दूक को अशरफ़ी की तरफ़ तानता है। मस्जिद से फज्र की अजान तेज गूंजती है। जैसे-जैसे अजान होती है, अशरफ़ी उसे घूरती रहती है और दबी आवाज़ में कहती रहती है 'और फ़िर से... और फ़िर से...' जैसे कोई राग गा रही हो। दूसरा सिपाही बन्दूक की नोक को अपने मुँह में रखता है। एक तेज गोली की आवाज़।

सन्नाटा।)

मुख्तसिर नज़्म

(ज़िन्दगी और मौत के बीच का मुअत्तल वक़्त।

पहला सिपाही और अशरफ़ी दरवाजे के आर-पार हैं। डॉक्टर बेग अब ईदगाह के अंदर हैं। जिन्न डॉक्टर बेग जैसे कपड़ों में ही है। पर रंगे हुए। डॉक्टर बेग और जिन्न के बीच में एक बड़ी लाल क़ालीन है।)

जिन्न : अब्बाजान...

बेग : तुम नहीं... अभी नहीं।

जिन्न : वक़्त हो चला है।

बेग : अभी नहीं...

जिन्न : हाँ।

बेग : परीन। तुम्हारे साथ नहीं।

जिन्न : अब्बाजान...

बेग : मुझे ये मत बुलाओ, परीन। मेरे लिए तुम क़ाफ़िर हो।

जिन्न : आप कितने अंधे हो सकते हैं? कम से कम अब, आख़िर में, बिलकुल आख़िर में तो मुझसे नफरत करना बंद कीजिए। मैं यहाँ हूँ, जैसे कि मुझे होना चाहिए था। शायद मैं आपके लिए अपनी दुआएँ कह सकता हूँ, जैसे कि आपने मेरे लिए कभी नहीं कहीं। शायद तब, अब्बाजान, हम जिन्न नहीं रहेंगे। शायद तब, हम सही में आज़ाद होंगे। न भूत, न जिन्न, न ही रूह - इस दीवानगी में फंसे... पर आज़ाद...

बेग : (किसी तरह अपना सर जिन्न की तरफ़ घुमाते हैं) तुम्हें पता है कि तुम यहाँ क्यों हो बेटा? तुम अब भी एक जिन्न क्यों हो...

जिन्न : क्योंकि मैंने यह चुना।

बेग : तुमने यह नहीं चुना बेटा। कोई भी यह बीच-के-बीच को नहीं चुन सकता।

जिन्न : आपने चुना अब्बू। आप जिन्न हैं।

बेग : कयामत के दिन अगर अल्लाह मुझसे पूछता है कि मैं सही हूँ या ग़लत... मैं बदले में उससे पूछूंगा... तूने अपनी किताब में हमारे बारे में कुछ क्यों नहीं कहा? हम, बीच-की आवाम... हम क्या चुने, हम कहाँ जाएँ? क्या मैं क़ाफ़िर हूँ... या नहीं... अपने मज़हब को मैं कहाँ से शुरू करूँ अल्लाह ताला... अपने बच्चों के ज़ख़्मों को भरने से या उनकी जंग लड़ने से? ओ रहम दिलवाले... क्या होता अगर तेरी किताब कयामत के दिन एक आम सदा जमाने के लिए होती, क्या पता मैं तैयार हूँ लेकिन तू ही मेरे जहान के लिए कोई बाब ढूंढ नहीं पाता।

जुनैद... मेरे बच्चे... मैं बस चाहता हूँ कि तुम यह जान लो... क्योंकि... यह मेरे आख़िरी लफ़्ज़ हैं... तुम्हारे अब्बू तुमसे बेइंतेहा प्यार करते हैं।

(वे 'फातिहा' पढ़ने लगते हैं, जुनैद धीरे-धीरे पीछे हटता चला जाता है।

ख़ामोशी।

इख़्तिताम।)

मुक्तिधाम

चरित्र

अग्निवेश
युयुत्सु
अहिल्या
नन्द
गुरु माँ
श्रीहरी
सुग्रीव
हनुमान
अंगद
घासीदास
नन्द दास
निकुंथ

प्रस्तावना

(अहिल्या और अग्निवेश एक चादर के नीचे लेटे हैं। वे एक दूसरे को देख रहे हैं। श्लोक-ध्वनि सुनाई पड़ती है।
श्रीहरी नीचे देख रहा है, एक छत से।)

एक

(देर रात का समय है। श्रीहरी और अग्निवेश छत पर हैं। दूर से कुछ बौद्धि मंत्रोचारण और लोगों की आवाज़ें आ रही हैं। अग्निवेश आकाश का मानचित्र देख रहे हैं।)

अग्निवेश : नीचे क्या देख रहे हो?

श्रीहरी : आचार्य? जी नहीं... कुछ नहीं (ऊपर देखता है।)

अग्निवेश : यह देखो... यह यहाँ सूर्य ग्रहण का लग्न... और उसके पास ही ६

श्रीहरी : यह सुन रहे हैं आचार्य?

अग्निवेश : हाँ।

श्रीहरी : नगर के मुख्य द्वार के ठीक बाहर यह सब चल रहा है।

अग्निवेश : कितने हैं?

श्रीहरी : मैंने दूर से देखा था। नि:संदेह तीस-पैंतीस... अधिक भी हो सकते है।

अग्निवेश : अच्छा है, धर्म परिवर्तन नगर के द्वार के बाहर ही होना चाहिए... चूड़े, चमार, महार, जो करें बाहर करें।

यह मानचित्र देख रहे हो... आज से एक अद्‌भुत नक्षत्र है...

श्रीहरी : जी कैसे?

अग्निवेश : यह देखो। यह सूर्य, यह चन्द्र। और इस पथ पर चलते हुए, एक दिशा यह गई... और एक यह। और दोनों दो बार दिशा बदल चुके हैं एक संध्या में...

श्रीहरी : आप ही को पता है आप क्या कह रहे हैं आचार्य। मेरा गणित तो वैसे भी/

अग्निवेश : गणित... (हँसता है) गणित आँकड़ा नहीं, युक्ति है।

श्रीहरी : जिसको गणित ने स्वीकार किया वह कुछ भी कह सकता है आचार्य (हँसता है।)

अग्निवेश : अच्छा चलो देखते हैं।

श्रीहरी : अरे नहीं... इतनी रात्रि में नहीं आचार्य। मैं केवल आपको/

अग्निवेश : दो विद्वान एक छत पर हैं। एक के मन में सोच है कि द्वितीय के मन में क्या चिंता है... द्वितीय पुरुष इस विडम्बना में हैं कि कहीं प्रथम उसके मन को पढ़ने की चेष्टा तो नहीं कर रहा... अगर यह चलता रहा तो अंत में क्या यह दोनों विद्वान कहलाने के योग्य रहेंगे?

पूछो?

(श्रीहरी बाहर देखता है।)

श्रीहरी : क्षमा करें आचार्य, परन्तु यह ध्वनि, यह बौद्धि मन्त्र, यह धर्म परिवर्तन, मुझे अत्यधिक विचलित कर देता है।

देखिए, और लोग आ गए हैं। पूरा का पूरा... बीरपुर का गाँव नीचे आ जाएगा थोड़ी देर में। आचार्य नाथ अभी भी मुक्तिधाम में हैं, और इनको इतनी भी लाज नहीं कि नीचे अपने गाँव में यह सब करें... ठीक बीरपुर के नगर के द्वार पर/

अग्निवेश : पूछो, मन में जो चल रहा है वह पूछो।

श्रीहरी : आपको नहीं लगता आचार्य कि कुछ करना चाहिए हमें?

अग्निवेश : कल तर्क है, उसके पश्चात आचार्य नाथ युयुत्सु और मुझमें एक को मठाधीश चुनेंगे। इतना हो जाए। मैं मठाधीश बना तो बौद्धियों की छुट्टी। बहुत हो चुका बुद्धं शरणम (हँसता है।)

श्रीहरी : युयुत्सु राज पुरोहित के पुत्र हैं। और विद्वान् भी। आपसे अधिक नहीं... पर जाति ब्राह्मण। आपकी अनिश्चित है। कल बताएँगे आचार्य नाथ समूचे गाँव को... तर्क के समय।

(अग्निवेश कुछ नहीं बोलता।)

मुझे कोई संदेह नहीं कि आप भी जाति के ब्राह्मण ही हैं, नहीं तो आचार्य नाथ आपको शिक्षा ही क्यों देते, और मनोनीत भी क्यों करते मठाधीश के लिए... परन्तु... बीरपुर में भय है कि युयुत्सु मठाधीश बने तो हमारे धर्म, मठ, संस्कारों का क्या होगा।

मुक्तिधाम

युयुत्सु आते ही संघ को हटा देंगे। फिर सनातन धर्म की रक्षा कौन करेगा इन बौद्धियों से और बौद्धि राजा से?

अग्निवेश : बीरपुर के लोगों ने ऐसी कोई चिंता तो व्यक्त नहीं की है?

श्रीहरी : क्षमा करें आचार्य। आप नक्षत्र के महापंडित हैं। युग, काल, इतिहास, गणित, धर्म, तर्क सब आपके हाथ में हैं। परन्तु बीरपुर के लोगों के साथ मैं जीवन व्यतीत करता हूँ। बीरपुर के लोगों को केवल एक संकेत की आवश्यकता है... कि आप उनके साथ हैं।

अग्निवेश : निर्णय नाथ का है श्रीहरी, बीरपुर के लोगों का नहीं।

श्रीहरी : एक प्रश्न पूछ सकता हूँ आचार्य... गणित का?

दो व्यक्ति हैं। एक की मृत्यु होने को है, चालीस साल तक मठाधीश रहने के पश्चात। और इनके अंतिम दिनों में भी द्वार पर सनातनियों को बौद्ध बनाया जा रहा है।

दूसरे के पास एक दिशा है... इस धर्म की सुरक्षा की। एक संघ है, जो सशक्त है। जिसने वर्षों से इस क्षण की प्रतीक्षा की है।

उस नगर के लोग, भीतर ही भीतर, किस अपेक्षा में होंगे? पहले जैसा ही कोई आए या किसी नवीन युग का प्रारंभ हो, जिसमें उन्हें अपने पुरुषार्थ की हत्या न करनी पड़े?

अग्निवेश : निर्णय फिर भी आचार्य नाथ का ही है।

श्रीहरी : अगर निर्णय उन पर ही है, तो आचार्य युयुत्सु शान्ति पथ के प्रचारक हैं। और शान्ति ने बीरपुर का क्या किया है, यह तो आप द्वार पर देख ही रहे हैं।

(अग्निवेश कुछ नहीं बोलता।)

एक संकेत आचार्य... अगर यह स्पष्ट हो गया कि बीरपुर के लोग आपको ही मठाधीश मानते हैं, तो आचार्य नाथ केवल अपने मन की नहीं करेंगे, मुझे अनुमान है।

अग्निवेश : (हँसता है) बड़े हो गए हो।

श्रीहरी : आपका आशीर्वाद है आचार्य।

(अग्निवेश दोबारा मानचित्र देखने लगता है। श्रीहरी उनकी ओर देखता है।)

अग्निवेश : तुम्हारे पिता को मृत्यु-दंड मिला था... नहीं?

श्रीहरी : जी।

अग्निवेश : बौद्ध मंदिर तोड़ने गए थे वे?

श्रीहरी : जी... (विलम्ब) परन्तु दस वर्ष पूर्व हम/

अग्निवेश : और तुम्हें ऐसा लगता है कि आचार्य नाथ ने अपने ही लोगों को बौद्धि राजा के निर्णय पर छोड़कर अन्याय किया... नहीं?

(श्रीहरी चुप रहता है।)

उस समय वे ऐसा नहीं करते तो क्या बौद्धि राजा इस मठ को यहाँ रहने देते? इन दस वर्षों में हमने जो कार्य किया है उससे हमारा संघ आज हमारी कुछ रक्षा कर सकता है... दूसरे सनातन राज्यों की सेना के आने तक कम से कम युद्ध तो कर सकता है। द्वार बंद कर सकता है। क्या यह दस वर्ष पूर्व हो सकता था?

(विलम्ब।)

श्रीहरी : क्या आप मुझे अपने पुत्र जैसा मानते हैं?

(अग्निवेश उसकी ओर देखता है।)

क्षमा करें...

(अग्निवेश मानचित्र देखता है।)

अग्निवेश : यह मानचित्र आकाश नहीं है श्रीहरी परन्तु हमें पूरा आकाश दिखता नहीं...

श्रीहरी : जी।

अग्निवेश : मैं तुम्हारे पिता का स्थान कभी नहीं ले सकता... परन्तु यदि तुम मुझे उनका मानचित्र भी मानो, तो यह मेरा सौभाग्य होगा।

(श्रीहरी मुस्कुराता है।)

श्रीहरी : आचार्य अग्निवेश हमारी चेतना... मनुस्मृति हमारा मार्गदर्शक... यह नारा है।

अग्निवेश : मित्रता, प्रेम, वात्सल्य सब संयोग की बातें हैं श्रीहरी। केवल गुरु शिष्य का सम्बन्ध ही आध्यात्मिक है। बाकी सब क्षणिक।

(विलम्ब।)

तुम जाओ। आचार्य युयुत्सु प्रतीक्षा कर रहे होंगे... मैं आता हूँ।

श्रीहरी : मैं रुकता हूँ आचार्य।

अग्निवेश : मुझे जाप करना है।

श्रीहरी : जी।

(विलम्ब।)

आज्ञा?

अग्निवेश : द्वार की ओर से मत जाना।

श्रीहरी : जी?

अग्निवेश : दो चूड़े हैं जो अपने धर्म को त्याग कर बौद्ध बन रहे हैं। एक हाथ में अभी तक चमारशाला का चाकू है और एक में अहिंसा का कलश। पूरी तरह बौद्ध बनने में कुछ क्षण अभी भी बाकी हैं... ऐसे में उनके पास से एक ब्राह्मण जाता है, तो वे किस हाथ का प्रयोग करेंगे? गणित (हँसता है।)

श्रीहरी : जी... प्रणाम।

दो

(अहिल्या और अग्निवेश। अहिल्या के कमरे में।)

अहिल्या : आचार्य आपका जैसे ही हो जाता है, आप मनुस्मृति का वाक् करने लगते हैं (हँसती है।)

अग्निवेश : रक्त?

अहिल्या : मनुष्य का है, भेड़िये का नहीं। इतने उत्सुक क्यों हो रहे हैं? आपने जैसे कभी रक्त नहीं देखा। (अपना कन्धा दिखाती है) काट खाया है पूरा स्तन। अब कन्धा भी खाएंगे? (हँसती है।)

अग्निवेश : देवी अहिल्या... तुम?

अहिल्या : (हँसती हुई) देवी अहिल्या... ! देवी अहिल्या ! जी... जी... कहिए स्वामी जी... अब मैं देवी। अभी कुछ क्षण पहले तो कह रहे थे 'मैं एक कुलहीन जानवर। और तुम मेरा भोजन।' (ज़ोर ज़ोर से हँसती है।)

अग्निवेश : काम में कहे हुए शब्द बहुत गहरे होते हैं देवी अहिल्या। उन्हें काम के पश्चात नहीं कहते।

अहिल्या : कितनी देर में फिर?

अग्निवेश : अरे अभी-अभी तो... आप दैत्य हैं क्या?

अहिल्या : दैत्यों का बड़ा अनुभव है आपको स्वामीजी? (हँसती है) चलिए चलिए... अधिक समय मत लीजिए। कल कहीं नाथ बनकर आपने मेरे साथ सम्भोग पर रोक थाम लगा दी तो, मैं तो माँ-माँ कहलाते ही मर जाऊँगी।

अग्निवेश : अरे नहीं नहीं... इतने पुण्य का हम क्या करेंगे। (खिड़की से बाहर देखता है।) आचार्य नाथ अभी तक जाग रहे हैं?

अहिल्या : (दूसरी ओर देखते हुए) दीप जल रहे हैं?

अग्निवेश : हाँ... देखिए?

अहिल्या : मैं नहीं देख सकती उस दिशा में... (विलम्ब। अग्निवेश उसकी ओर देखता है) उन्होंने समाधि लेने से पूर्व मुझे यह आदेश दिया है कि... मैं/

(अग्निवेश ज़ोर-ज़ोर से हँसता है।)

अग्निवेश : परन्तु यह कह कर गए कि अहिल्या, मेरे मुक्तिधाम में समाधि लेने के पश्चात मेरे छात्रों के साथ काम अवश्य/

अहिल्या : आप तो ऐसे कह रहे हैं जैसे उनके मुक्तिधाम गमन से पहले हमारा कोई सम्बन्ध ही नहीं था। और जैसे हर शिष्य के साथ मेरा यही सम्बन्ध है। आपके लिए काम जीव-विज्ञान है, मेरे लिए जीवात्मा।

अग्निवेश : मेरे लिए भी जीव आत्मा ही है, परन्तु आप इतनी भव्य हैं... कि पाप-सा लगता है (हँसता है।)

बस अब शेष बार। इसके पश्चात कभी नहीं। प्रतिज्ञा।

अहिल्या : अँधेरे में प्रतिज्ञा लीजिए, तोड़ने में सुविधा होगी।

अग्निवेश : इतनी-सी आयु में इतना व्यंग कैसे आया है आप में?

अहिल्या : मेरा लाड और मेरे हाथ का भोजन ग्रहण करते समय तो देवी-देवी करते हैं। धोती निकालते ही आयु का आभास होता है क्या स्वामी जी?

अग्निवेश : अभी बताते हैं आपको आयु का आभास... आइए इधर।

अहिल्या : अरे... देखिए ऐसा कुछ मत करिए जिससे चिल्लाना पड़े।

अग्निवेश : चिल्लाइए। मेरी बला से।

अहिल्या : जितनी बहादुरी बिना धोती के... धोती पहनते ही मर्यादा पुरुषोत्तम!

अग्निवेश : अरे, तो मैंने कहा था आपसे बाल-विवाह करने को?

अहिल्या : नाथ नन्द के बड़े उपकार हैं हम पर।

अग्निवेश : और मेरे भी उन पर... मैं नहीं होता तो आपकी तृष्णा को मिटाते-मिटाते ही मुक्ति मिल जाती उन्हें... आपके शरीर पर बह जाता सनातन धर्म।

अहिल्या : आप... क्या-क्या कह देते हैं। हटिए हटिए...

अग्निवेश : ना... ना... वर्षों से आप प्रेमिका हैं हमारी... कुछ भी कहूँ। अब नहीं हटता, ना।

(अग्निवेश दोबारा अहिल्या को चूमने लगता है।)

अहिल्या : चुप क्यों हो गए सभा में?

(अचानक अग्निवेश रुक जाता है। वह उठकर बैठता है। विलम्ब।)

अग्निवेश : उसने कुछ अनुचित तो नहीं कहा मेरे परिचय में? बल्कि वह तो मेरी प्रशंसा में/

अहिल्या : तर्क से एक दिन पूर्व कोई किसी और की प्रशंसा नहीं करता आचार्य अग्निवेश। युयुत्सु कोई कम चालाक नहीं है। अगर उसके परिचय में यह कहने की आवश्यकता नहीं हुई कि वह ब्राह्मण है, तो आपके परिचय में यह कहने की आवश्यकता क्या हुई कि आपकी जाति कल तर्क के पूर्व नाथ नन्द बताएँगे?

(विलम्ब।)

अग्निवेश : क्योंकि वे बताएँगे।

अहिल्या : आपको बताएँगे। पूरे बीरपुर में डंका थोड़े ही बजाएँगे। और आपकी ऐसी कौन-सी जाति होगी जो बताने योग्य न हो? नाथ नन्द ने मठाधीश के लिए मनोनीत किया है आपको।

अग्निवेश : उसका यहाँ होना स्वाभाविक है अहिल्या, मेरा नहीं।

अहिल्या : नाथ नन्द के स्वप्न के आदेश से आप यहाँ लाए गए थे। मेरे लिए तो स्वाभाविक यही है।

अग्निवेश : युयुत्सु के पिता बौद्धि राज में एक मात्र वैष्णव राज पुरोहित थे। मेरे लिए/

अहिल्या : बौद्धियों के राज में राम की भक्ति आप को न जाने कहाँ से स्वाभाविक लगती है।

अग्निवेश : आप मेरा अपमान कर रही हैं?

(अहिल्या अग्निवेश को लेटाकर उस पर चढ़ बैठती है।)

अहिल्या : (हँसते हुए) नहीं नहीं आचार्य अग्निवेश। बीरपुर के मठ के होने वाले नाथ... बिल्कुल नहीं। मैं ऐसा विचार भी अपने मन में नहीं ला सकती।

(अहिल्या अग्निवेश के शरीर को चूमती है। अग्निवेश अपना शरीर पूरी तरह ढीला छोड़ देता है। अगली कुछ पंक्तियों में अग्निवेश अहिल्या की साड़ी उतारने लगता है।)

अहिल्या : मेरी कोई संतान नहीं। नाथ की मृत्यु के बाद... अगर आप नाथ बने तो आप मुझे ब्याह सकते हैं।

(विलम्ब। अग्निवेश अहिल्या की ओर देखता है।)

क्या कहते हैं?

अग्निवेश : आप जानती हैं आप क्या कह रही हैं?

अहिल्या : जी। मैं नहीं कह रही केवल... मठ के नियमों में है। शास्त्रों में लिखा है।

अग्निवेश : आप चाहती हैं?

अहिल्या : आप नहीं चाहते?

अग्निवेश : मेरे लिए इससे अधिक सुख कुछ नहीं होगा अहिल्या, कि कोई मेरा हो...

अहिल्या : परन्तु आप यह भविष्य एक तर्क पर टिका देना चाहते हैं?

अग्निवेश : यही नियम है अहिल्या।

अहिल्या : और जो आज सभा में हुआ वह अनियम नहीं था?

अग्निवेश : अर्थात?

अहिल्या : अर्थात, युयुत्सु जानता है कि बीरपुर के निवासी आपकी ओर हैं। और बातों ही बातों में, भरी सभा में, सब के समक्ष उन्होंने आपके ऊपर एक संदेह सबके मन में डाल दिया।

अग्निवेश : आप क्या कह रही हैं?

अहिल्या : और वे राजपुरोहित के पुत्र भी हैं। और आप सदैव उन पर विश्वास करने वाले महापंडित। अगर आप चाहते हैं कि/

अग्निवेश : मैं चाहता हूँ अहिल्या। अगर आप मेरी हो सकें नाथ बनने के पश्चात, फिर तो और भी अधिक चाहता हूँ। आपके प्रतिरूप है ही कौन मेरा!

अहिल्या : फिर इस नगर को सूचना दीजिए आचार्य कि आचार्य अग्निवेश उनके साथ हैं। उन्हें शांत रहने का अभ्यास हो गया है... परन्तु भीतर सबके आंधी आई हुई है। यह बौद्ध मन्त्र प्रत्येक रात्रि उस द्वार के समक्ष ऐसे ही नहीं हो रहे। वे संकेत दे रहे हैं। आप भी दीजिए...

अग्निवेश : यह बुद्धिजीवियों का आन्दोलन है। मैं नहीं चाहता कि कोई मूर्खता कर जाऊँ। अभी नाथ मुक्तिधाम में हैं और उनके अंतिम क्षणों में/

अहिल्या : मुक्ति? क्या है मुक्ति? आचार्य अग्निवेश, जब मनुष्य ईश्वर के साथ एक हो जाए... जब उसका रूप ईश्वर का रूप हो, उसकी ऊर्जा ईश्वर की ऊर्जा

हो, उसकी शून्यता ईश्वर की शून्यता हो, कहते हैं मुक्ति तब होती है। जाते-जाते यदि नाथ अपने ही धर्म के भूत से हटकर उसके वर्तमान को समझ जाएं, तो उनकी मुक्ति में सहायता ही होगी, कोई बाधा नहीं।

अग्निवेश : मैं चाहता हूँ अहिल्या, कि मुझे तुम्हारे साथ एक पूरा जीवन मिले

(दोनों आलिंगन में बैठते हैं।)

अहिल्या : फिर कोई छिपाव नहीं।

अग्निवेश : ना।

अहिल्या : और फिर...

अग्निवेश : दीप जलाकर भी संकोच नहीं करूंगा (हँसता है।)

अहिल्या : और फिर...

अग्निवेश : आपके शरीर में घर बसाऊंगा।

अहिल्या : केवल शरीर?

अग्निवेश : शरीर से आपके स्वप्न तक, सब अपने पास रखूँगा। जब मन करेगा, उसमें बालक-सी डुबकियाँ लगाऊँगा...

अहिल्या : आप जब बालक से होते हैं तो बहुत अच्छे प्रेमी बन जाते हैं।

अग्निवेश : आपके शरीर की सुगंध मुझे जाप करते समय भी आती है।

अहिल्या : आप भोर को चले जाते हैं, तो इस आँगन में पंछी नहीं लौटते।

अग्निवेश : आप समीप होती हैं तो ब्रह्मांड में किसी भी और प्राणी का मुझे ज्ञान नहीं होता।

अहिल्या : आप किसी वर्ण के नहीं... आप केवल प्रेम कर सकते हैं।

अग्निवेश : मैं...

(अहिल्या अग्निवेश का मुँह ढक देती है।)

अग्निवेश : मैं/

अहिल्या : चुप... (उसकी आखों को चूमती है।) श्शश्श...

(दोनों चुपचाप लेटे रहते हैं।)

अग्निवेश : आप चुप रहती हैं तो लगता है ब्रह्मांड बन रहा है अभी...

(अहिल्या मुस्कुराती है।)

अहिल्या : कल कुछ भी हो, सीधा यहाँ आइएगा।

अग्निवेश : मैं और कहाँ जा सकता हूँ अहिल्या?

(अहिल्या उसे चूमती है।)

अहिल्या : मनुस्मृति चूमने के बारे में क्या कहता है आचार्य? (अग्निवेश को छेड़ते हुए।)

अग्निवेश : (अग्निवेश उठकर धोती पहनने लगता है) कहता है... खूब चूमो।

अहिल्या : जा रहे हैं?

अग्निवेश : जी... अपने बाल-काल के शत्रु के पास।

(विलम्ब। अहिल्या उसे गुस्से से देखती है।)

अहिल्या : धोती छोड़ जाइए... लपेट कर सो जाऊँगी।

(अग्निवेश मुस्कुराता है। दीप बुझाकर चला जाता है।)

तीन

(युयुत्सु और अग्निवेश एक टीले पर चढ़ रहे हैं। वे बच्चे हैं। युयुत्सु अग्निवेश की पीठ पर बैठा है।)

युयुत्सु : संभाल कर...

अग्निवेश : गिरा दूँगा यहीं से।

युयुत्सु : एक तो तेरे कारण मुझे दंड मिला है। नहीं तो मेरी मति मारी गई है क्या जो तेरी पीठ पर चढ़ूँ?

अग्निवेश : दोष मैंने अपने सर ना लिया होता तो मैं तेरी पीठ पर होता। नालायक...

युयुत्सु : कितनी बार मैंने कहा कि गंजिका छुपाकर रख। पर नहीं... तेरे लिए घर से कुछ लाना ही नहीं चाहिए।

अग्निवेश : मैंने कहा था लाने को?

युयुत्सु : एक तो तू अवकाश में कहीं जाता नहीं है। यहाँ अकेले मठ में पड़ा रहता है। फिर मैं कुछ लाऊँ भी तो मैं ही फंसूँ? खैर मना, आचार्य नाथ ने निकाल नहीं दिया।

अग्निवेश : अरे मेरे घर पर कोई है नहीं तो कहाँ जाऊँ? और तूने घर जाकर बहुत कुछ उखाड़ लिया है... बाप से पिटकर पोटली भर गंजिका ले आया है।

युयुत्सु : संभाल कर... संभाल कर... आचार्य नाथ नीचे से देख रहे हैं।

अग्निवेश : ऊपर जाते ही गिरा दूंगा।

युयुत्सु : भस्म कर देंगे नाथ नन्द नीचे से। आग के लपेटे में आ जाएगा।

अग्निवेश : आ गया तो अंतिम गंजिका जला लूँगा।

युयुत्सु : दो महापंडित एक दिन में समाप्त। एक टीले से गिरकर, दूसरा भस्म होकर (हँसता है।)

अग्निवेश : मुझे नहीं बनना महापंडित... उस टीले पर एक गुफा है। मैं वहाँ छुप जाऊँगा।

युयुत्सु : गंजिका बच्चों के लिए ठीक नहीं।

अग्निवेश : तो लाया क्यों था!

युयुत्सु : ऐसा लोग कहते हैं... शास्त्रों में थोड़े ही लिखा है (हँसता है।)

अग्निवेश : आज बचा लिया मैंने तुझे... नहीं तो शास्त्रों में गंजिका पर एक अध्याय जुड़ जाता।

युयुत्सु : मैं नाथ नन्द बना किसी दिन... तो गंजिका बाँटूंगा।

अग्निवेश : तू नाथ नन्द बना तो मैं स्वयं ही भस्म हो जाऊँगा।

(दोनों ऊपर पहुँचते हैं। अब वे वर्तमान में आ गए हैं। अग्निवेश नेपथ्य में चला जाता है। टीले पर, एक पत्थर के पीछे, युयुत्सु बैठकर चिलम बनाने लगता है और आकाश का मानचित्र देखता है। टीले के अन्दर से पत्थर तोड़ने की आवाज़ आती है। सामने आग जल रही है।

उनके पीछे हैं श्रीहरी, और घासीदास, एक नट जाति का आदमी जो अब सामान ढोता है पर कला प्रदर्शन नहीं करता। ये जब गुफा से दूर होते हैं तो ऊँची आवाज़ में बात करते हैं। गुफा के नज़दीक आकर इनकी आवाज़ धीमी हो जाती है।)

घासीदास : आचार्य हाथ से नहीं दूंगा, पर यह गंजिका जलाकर देखें...

श्रीहरी : कहाँ से उठा कर लाया है?

घासीदास : घर से दूर आचार्य... मिथ्या कहूँ तो मेरी जीभ कटे।

श्रीहरी : स्वामीजी ने सुना नहीं।

घासीदास : उस ओर मुड़कर कहूँ तो गंजिका प्रदूषित हो जाए छोटे आचार्य। इस तरफ कहूँ तो मैं हवा। ऊपर कहूँ तो ईश्वर पाप दे। नीचे कहूँ तो अपने ही लोगों को अब क्या कहूँ...

श्रीहरी : जाति के नट हो। नौटंकी ही करोगे हर बात में?

घासीदास : जी वह क्या है कि/

श्रीहरी : रुको रुको... बहुत सुन लिया। वाचाल... मैं पूछता हूँ, यह भेजा किसने है?

घासीदास : नीचे गाँव के बचे-खुचे ब्राह्मणों ने... कहा आचार्य को दे आना। छाँव न पड़े इस पर। तो चंद्र के उल्टी तरफ़ पैर और सीधी तरफ़ हाथ करके आ गया। कमर टेढ़ी हो गई है। रीढ़ सांप सी।

श्रीहरी : फिर।

घासीदास : क्षमा।

युयुत्सु : क्या बोल रहा है?

श्रीहरी : आचार्य, कुछ और गंजिका लाया है।

युयुत्सु : उसे कह दो कि हमारे पास गंजिका है।

घासीदास : आप तो नीची जाति के लिए मठ के द्वार खोलने को तत्पर हैं आचार्य। यह तो केवल एक भेंट है।

(विलम्ब।)

ठीक है फिर। मैं चला ही जाता हूँ और कह देता हूँ कि नीची जाति की गंजिका आचार्य/

युयुत्सु : (श्रीहरी को इशारा करते हुए) आओ घासीदास... समीप आओ।

घासीदास : प्रणाम आचार्य।

युयुत्सु : प्रणाम, अब बताओ... केवल गंजिका देने ही आए हो या कोई और बात है?

श्रीहरी : (गुफा की ओर इशारा करते हुए) इस बौद्ध से कला सीखने आए हो?

घासीदास : कला? नहीं नहीं महाराज। कदापि नहीं। कदाचित नहीं/

युयुत्सु : ठीक से बोलो... भय मत करो...

(घासीदास मुस्कुराता है।)

घासीदास : मैं बावला हूँ क्या महाराज, जो एक और कला सीखूं। एक कला में जन्म लेकर पछता रहा हूँ। अब वह भी छोड़ चुका हूँ। केवल यही देने आया हूँ, विश्वास करें।

युयुत्सु : भीतर देखो तो कितने हैं?

घासीदास : जी महाराज।

(घासीदास गुफा के भीतर झाँक कर देखता है।)

श्रीहरी : भीतर? यह देखेगा आचार्य? उनकी कला प्रदूषित न हो जाएगी?

मुक्तिधाम

युयुत्सु : वे नहीं मानते।

श्रीहरी : राम... राम...

घासीदास : आचार्य एक ही है। अकेला।

युयुत्सु : (श्रीहरी से) जिसकी किसी से नहीं बनती वो बौद्ध बन जाता है (हँसता है।)

श्रीहरी : ठीक से देखो? कोई अस्त्र-शस्त्र?

घासीदास : एक कीला हथौड़ा हाथ में है। एक नीली स्त्री का चित्र बना रहा है।

श्रीहरी : नीली स्त्री?

युयुत्सु : नीली हरी, नीला आकाश, नीला मधुमय मन का नीलकंठ...

श्रीहरी : पर नीली स्त्री क्या है, आचार्य?

(युयुत्सु श्रीहरी को इशारा करता है। श्रीहरी गुफा की और दौड़ कर जाता है। घासीदास दूसरी ओर हो जाता है। श्रीहरी अन्दर झांकता है।)

श्रीहरी : (अभिमान से) भीगू... भीगू है न यह? देखो।

(घासीदास देखता है।)

घासीदास : जी हाँ महाराज, भीगू है। जिस भोर आचार्य नाथ मुक्तिधाम गए, भीगू भी बौद्ध बन गया।

युयुत्सु : बौद्ध बन गया। किस प्रकार?

घासीदास : वैसे ही आचार्य जिस प्रकार पूरा गाँव बना।

युयुत्सु : करते क्या हैं, बौद्ध बनने के लिए?

घासीदास : थोड़ा जल माथे पर छिड़कते हैं। एक ही मंत्र है जो सब जाप करते हैं, और हो गया!

युयुत्सु : बुद्ध ने तो यह भी नहीं कहा था। आप बौद्ध हैं, अगर आपकी चिंता बौद्ध है...

श्रीहरी : मनुष्य है ही निष्ठाहीन। कोई भी कार्य सरल कर दो... बस! भक्तों की कमी न होगी।

घासीदास : क्षमा करें महाराज... सरल कहाँ है? रात को आकर पत्थर तोड़ रहा है... अकेला।

(सब हँसते हैं।)

श्रीहरी : यह भी जाति का नट ही है न?

घासीदास : था महाराज... अब कहाँ? आपको तो पता ही है, बौद्ध धर्म में जाति नहीं मानते।

श्रीहरी : यह प्रत्येक विषय में मानने, ना मानने की ना जाने क्या बात है?

युयुत्सु : गंजिका पर्याप्त है... श्रीहरी, तुम भी?

(विलम्ब।)

श्रीहरी : जी आचार्य, आपकी अनुमति हो तो?

युयुत्सु : हाँ... क्यों नहीं? अब तुम बालक नहीं रहे। (घासीदास से) यह भीगू नट से पत्थर का कारीगर कैसे बना?

घासीदास : कारीगर तो कारीगर है महाराज... मठ ने नट बुलाने बंद कर दिए, तो वैसे ही कार्य समाप्त हो गया। अब बौद्ध बन के दोबारा कला करने का अवसर मिला है। और इस बार किसी और के लिए नहीं, केवल अपनी मनोशान्ति के लिए।

युयुत्सु : इतना ही है तो तुम बौद्ध क्यों नहीं बन जाते? किसी ने थामा है क्या तुम्हें... सनातन धर्म तो किसी को रोक थाम कर नहीं रखता।

घासीदास : अब इस उम्र में हम क्या बौद्ध बनेंगे आचार्य? बौद्ध कहते हैं, कोई ईश्वर नहीं। समूचा जीवन ईश्वर के भय में व्यतीत किया है। अब मृत्यु से पहले... कहाँ हो पाएगा मुझसे?

(अग्निवेश का प्रवेश।)

अग्निवेश : बौद्ध... नास्तिक हैं... न द्वैत, न अद्वैत, न विशिष्ठ अद्वैत, न सिव अद्वैत, न मीमांसिक, न पूर्व पक्षित। न अघोरी, न चार्वाक, कुछ नहीं... बौद्ध... केवल नास्तिक। नास्तिक को भाषा दे दो, वह बौद्ध बन जाए। तुम बुद्धिमान हो नट जो इस बुढ़ापे में यह पाप नहीं कर रहे।

श्रीहरी : प्रणाम आचार्य।

(युयुत्सु उठकर अग्निवेश के गले लगता है।)

युयुत्सु : आओ मित्र। गंजिका पीएं...

अग्निवेश : मैं यहाँ गंजिका पीने नहीं आया हूँ।

युयुत्सु : (मुस्कुराते हुए) हम तो यहाँ आपकी प्रतीक्षा इसी कारण कर रहे हैं। आप ही ना जाने क्या कर रहे थे?

(विलम्ब।)

अग्निवेश : जो भी कर रहा था... यहाँ टीले पर बैठकर, वहां उस मुक्तिधाम के ठीक सामने, चूड़ों, चमारों, नटों के साथ किल्लोल नहीं कर रहा था।

युयुत्सु : आचार्य आप क्यों उत्तेजित हो रहे हैं? स्थान ग्रहण करें... मन भर के गंजिका पी लेते हैं। कल के पश्चात जो भी नाथ बना उसके लिए तो इस जीवन में गंजिका समाप्त (युयुत्सु और श्रीहरी हँसते हैं।)

अग्निवेश : कितनी सरलता से, आज, सभा में आपने मेरा स्थान गिरा दिया!

युयुत्सु : कैसे आचार्य? मैं तो आपका मित्र हूँ... मैं आपकी प्रशंसा कर रहा था।

अग्निवेश : मुझे मत शिक्षा दीजिए आचार्य युयुत्सु... आप मेरे बाल काल के मित्र हैं, मैं आपको भली-भाँति जानता हूँ। आपके कहने और करने में सदैव अंतर रहा है।

युयुत्सु : आपका क्रोध तो बौद्धियों पर है। हम सब जानते हैं कि अगर आप मठाधीश बनें तो आपका संघ बौद्धियों का क्या हाल करेगा... परन्तु अपने ही मित्रों पर इतना क्रोध?

अग्निवेश : मित्र हम सदैव थे युयुत्सु। मैंने तो कभी तुम्हारी जाति या ज्ञान... या तुम्हारे विषय में जो बात अनिश्चित है उसे लेकर कभी कुछ नहीं कहा?

युयुत्सु : यह आपके शब्द हैं या आजकल माताओं से प्राप्त चेतना?
(विलम्ब।

अग्निवेश युयुत्सु को ज़ोर से एक थप्पड़ मारता है। युयुत्सु नीचे गिरने वाला होता है कि श्रीहरी उन्हें गिरने से बचा लेता है। घासीदास, जो एकदम सामने खड़ा था, रास्ते से हट जाता है।

विलम्ब।)

युयुत्सु : घासीदास, तुम यहाँ से जाओ।

घासीदास : जी... जी आचार्य... अभी...

अग्निवेश : रुको।

(विलम्ब।)

युयुत्सु : यह हम मित्रों की बात है। घासीदास, चले जाओ।

अग्निवेश : मैंने कहा रुको।

घासीदास : आचार्य...

अग्निवेश : क्या चाहते थे? आचार्य युयुत्सु टीले से गिर कर ढेर हो जाएँ?

घासीदास : नहीं... नहीं आचार्य...

अग्निवेश : तो हट क्यों गए?

घासीदास : मैं कैसे हाथ लगता आचार्य?

अग्निवेश : अपने हाथ से गंजिका ला सकते हैं। सनातन धर्म के आचार्यों को अचेत कर सकते हैं। पर उन्हें दुर्घटना से नहीं बचा सकते?

घासीदास : दुर्घटना? आचार्य, आपने ही तो?

युयुत्सु : आचार्य अग्निवेश... आप इसे जाने दें... यह केवल/

अग्निवेश : दंड मिलेगा तुम्हें।

घासीदास : क्या दंड महाराज... मैंने क्या किया?

अग्निवेश : एक ब्राह्मण की मृत्यु हो जाती तुम्हारे कारण...

युयुत्सु : क्या कर रहे हो... अग्निवेश?

अग्निवेश : क्यों? तुम तो निश्चित ब्राम्हण हो... क्या तुम्हारा जीवन मूल्यवान नहीं?

घासीदास : महाराज मैं क्यों... मैंने क्या...

अग्निवेश : एक ही प्रायश्चित है घासीदास।

घासीदास : जी आचार्य... जी... कुछ भी... मेरे प्राण केवल...

अग्निवेश : श्रीहरी... हटो।

(श्रीहरी अपने स्थान से हट जाता है।)

अग्निवेश : इस गुफा का द्वार बंद कर दो घासीदास।

युयुत्सु : यह नहीं कर सकते अग्निवेश।

अग्निवेश : क्यों?

युयुत्सु : मैं ऐसा नहीं होने दूंगा। यह हिंसा है...

अग्निवेश : और यह... एक नट के लिए आप अपने ही मठ के आचार्य का विरोध करेंगे... यह है बीरपुर का भविष्य?

युयुत्सु : आप जो कर रहे हैं, वह मठ के आचार्य के योग्य नहीं। इस पर तर्क कर सकते हैं...

अग्निवेश : तर्क... हर विषय पर तर्क करेंगे आप?

श्रीहरी... हटो। घासीदास, पत्थर बंद कर दो। नहीं तो तुम जानते ही हो, कल के बाद तुम्हारा क्या होगा।

युयुत्सु : कुछ नहीं होगा घासीदास... मत करो।

अग्निवेश : ठीक है। निर्णय तुम्हारा है घासीदास। तुम्हें जैसा भविष्य दिखे उस अनुसार करो।

(अग्निवेश बैठ जाता है और गांजा जलाता है। सब घासीदास को देख रहे हैं। वह खड़ा-खड़ा रोने लगता है। हाथ जोड़ता है। अग्निवेश दूसरी ओर देखकर गांजा पीता है।

घासीदास मुड़कर गुफा का पत्थर बंद करने लगता है लेकिन अकेला नहीं कर पाता।

अग्निवेश उसके साथ हाथ लगाता है। श्रीहरी भी सहयोग देता है। युयुत्सु खड़ा रहता है।)

अग्निवेश : एक बौद्ध की सुरक्षा के लिए अपने ही लोगों का साथ नहीं दोगे युयुत्सु?

(युयुत्सु चुपचाप देखता है। फिर वह भी हाथ लगाता है। अन्दर से छटपटाने की आवाज़ आती है। पत्थर तोड़ने की आवाज़ बंद हो जाती है।

सब चुपचाप बैठकर गांजा पीते हैं। हाँफते हुए।)

चार

(अगली सुबह। मुक्तिधाम के टीले पर।

नीचे बीरपुर के गाँव में संध्या के तर्क की तैयारियां चल रही हैं। आचार्य नाथ मुक्तिधाम के अन्दर बैठे नीचे देख रहे हैं।

अहिल्या द्वार पर एक जल का घड़ा लेकर खड़ी है। वह आचार्य को देख रही है।

अन्दर, आचार्य नाथ के पास तीन बूढ़े वानरों के वेश में बैठे हैं – अंगद, सुग्रीव, और हनुमान। तीनों निरंतर ऊपर की ओर देखकर राम-राम जप रहे हैं।

नीचे बीरपुर में शोर होता है। वानर बाहर आते हैं।)

सुग्रीव : प्रणाम देवी।

अहिल्या : प्रणाम... आज क्या?

हनुमान : आचार्य राम नाम का पाठ करा रहे हैं।

अहिल्या : ऐसे क्यों घूम रहे हो?

सुग्रीव : मैं सुग्रीव, यह अंगद, यह हनुमान।

अहिल्या : नटों को चाकरी देने का यह अनूठा उपाय है।

हनुमान : ऐसे चले जा रहा है देवी। नट-नौटंकी पर तो मठ की पाबन्दी लग गई है। उधर राम कथा करें तो बोधि महाराज का क्रोध। अब यही सब रह गया है...

अहिल्या : पूँछ कहाँ है तुम्हारी?

अंगद : दो ही पूँछें थीं हमारे पास देवी। तो अंगद पर किंचित कटौती की है।

अहिल्या : मोक्ष में भी कृपणता?

सुग्रीव : अब देवी जितना बन पाया उतना किया... अब कोई मोक्ष की अलग पूँजी तो है नहीं, कि गुल्लक से निकाल ली।

अहिल्या : (मुस्कुराते हुए) राम दिखे?

अंगद : प्रत्येक सप्ताह दर्शन देते हैं राम, दो बार।

अहिल्या : अच्छा!

हनुमान : हाँ, असली वाले।

अहिल्या : कहाँ...

हनुमान : यहीं... मुक्तिधाम में। आते हैं... और ले जाते हैं।

अहिल्या : किसे।

सुग्रीव : पुण्यजीवियों को।

अहिल्या : तुमने देखा है?

सुग्रीव : अवश्य... निःसंदेह!

अहिल्या : मुझे तो ज्ञान था कि यह कार्य श्री राम यमराज को सौंप चुके हैं?

(विलम्ब।)

हनुमान : जी ठीक सुना है आपने।

अहिल्या : अतेव?

हनुमान : अतेव?

अहिल्या : मैं पूछ रही हूँ... कि/

अंगद : हाँ हाँ... मैं मैं बताता हूँ।

सुग्रीव : हाँ हाँ तुम बताओ।

हनुमान : यह बताएगा। युवा है... अच्छा बताता है।

अंगद : श्री राम सब में हैं?

(अहिल्या अंगद को देखती हैं संदेह से।)

हनुमान और **सुग्रीव :** हाँ। हाँ... हैं सबमें... हैं... सबमें...

अंगद : तो यमराज में भी हैं?

हनुमान और **सुग्रीव :** हाँ... हाँ... बिलकुल। श्री राम यमराज में भी हैं।

अंगद : अतः... (हँसते हुए।)

हनुमान : जो जा रहा है उसमे भी हैं?

अंगद और सुग्रीव : हाँ... हाँ... अवश्य।

हनुमान : जहाँ... जा रहा है। वहाँ भी हैं... और जहाँ से जा रहा है... वहाँ भी हैं?

अहिल्या : बहुत अच्छे... बादाम खाओ...

हनुमान : धन्यवाद देवी (बादाम लेते हुए) श्री राम अंत में... अपने आप को ही लेने... स्वयं आ रहे हैं... अपने ही नीड़ से अपने ही नीड़ तक।

सुग्रीव और अंगद : जी हाँ... जी हाँ...

नन्द : (भीतर से आवाज़) अहिल्या।

(अहिल्या हड़बड़ाकर अन्दर जाने लगती है।)

अहिल्या : जी... जी... प्रणाम आचार्य।

(अहिल्या अन्दर प्रवेश करती है। वह आगे बढ़ने ही वाली होती है कि आचार्य हाथ दिखाकर उसे रोक देते हैं।)

नन्द : सुग्रीव।

सुग्रीव : जी... जी... महाराज।

नन्द : भीतर आओ।

सुग्रीव : जी... जी... महाराज।

(तीनों एक दूसरे की ओर देखते हैं।)

नन्द : हनुमान और अंगद। भोजन के पश्चात दोबारा आना।

हनुमान और अंगद : जी... जी महाराज।

नन्द : (सुग्रीव से) राम भजो।

सुग्रीव : जी आचार्य।

(सुग्रीव एक कोने में राम नाम का जाप करने लगता है। अहिल्या द्वार के भीतर आकर रुक जाती है। आचार्य नन्द नीचे देख रहे हैं।)

अहिल्या : जल?

नन्द : पर्याप्त है... (अपना लौटा दिखाते हैं।)

अहिल्या : भोजन?

नन्द : पर्याप्त है...

(अहिल्या चुपचाप खड़ी रहती है। सुग्रीव पहले से अधिक घबराकर राम-राम भजता है।)

यह शोर कैसा है अहिल्या?

(विलम्ब)

जो मैं सुन रहा हूँ, वह सत्य है क्या? आपको कुछ ज्ञान है इसका?

अहिल्या : एक बौद्ध कारीगर की मृत्यु हुई है।

नन्द : या हत्या?

(अहिल्या कुछ नहीं बोलती।)

आप जानती हैं किसने किया है?

अहिल्या : नहीं।

नन्द : और लोग नगर में घूम-घूम कर नगाड़े बजा रहे हैं? मति मारी गयी है सबकी? अभी बोधि राजा आएँगे। इस समय... इस तरह का... अग्निवेश कहाँ है?

अहिल्या : जी?

नन्द : आपको तो ज्ञान होगा?

अहिल्या : जी नहीं।

नन्द : यह उनके संघ का कार्य तो नहीं है?

अहिल्या : संघ... समाज सेवा करती है आचार्य। पिछले वर्ष बाढ़ में पूरे नगर में उन्होंने कितने लोगों के प्राण बचाए थे। और उससे पहले/

नन्द : ब्राह्मणों के ही बचाए थे न?

(विलम्ब।)

अब यह बात बहुत अधिक दूर जा सकती है अहिल्या। और मेरा मन कहता है कि आप कुछ जानती हैं इस विषय में...

अहिल्या : आप विश्राम कीजिए। अब आप इन चिंताओं से मुक्त हैं। आपका कार्य केवल अगले नाथ का/

नन्द : नीचे मठ में था तो कितने कार्य थे। धार्मिक, सामाजिक, लौकिक, परन्तु अब केवल राम ध्यान और राम कथा... परन्तु राम ध्यान से जीवन के लोभों से दूर

नहीं हो पा रहा हूँ... आश्चर्यपूर्ण ढंग से उनके और समीप ही जा रहा हूँ... और अब यह... यह हिंसा!

राम मुझे स्वीकार करेंगे?

अहिल्या : आचार्य... आप विश्राम करें। आप (अहिल्या नन्द को शैय्या पर बिठाने के लिए उनके बहुत पास चली जाती है)/

नन्द : एक लोभ का ध्यान मैंने किया है यहाँ... और वह है प्रेम? विशुद्ध, विशाल, विराट, प्रत्येक प्रहर विमोचित करता प्रेम।

सुग्रीव... तुम क्या समझते हो? प्रेम धर्म है या अधर्म? मोक्ष है या मोह?

सुग्रीव : मैं... मैं क्या जानूँ महाराज। मैं तो वानर हूँ।

नन्द : (अहिल्या को) इसने अपने ही भाई बाली की हत्या कर, उसकी अर्धांगिनी तारा से विवाह किया था। तारा को यह माँ भी मानता था और उससे प्रेम भी करता था... उसका/

अहिल्या : बाली को मृत्यु के बाद मोक्ष मिला था या नहीं आचार्य?

नन्द : क्षमा?

अहिल्या : आचार्य... बाली की मृत्यु के बाद क्या उन्हें मोक्ष मिला था?

नन्द : जी हाँ... बाली विष्णु के अवतार थे... उन्हें मोक्ष/

अहिल्या : (व्यंग से) इसीलिए राम कथा इतनी लोकप्रिय है। सबको सब कुछ मिलता है... बाली को मोक्ष मिला... सुग्रीव को तारा... तारा को प्रेम... जय श्री राम (आँख बंद कर प्रणाम करती है।)

सुग्रीव : मैं जाऊँ महाराज?

नन्द : नहीं नहीं... वानर। तुम क्यों जाओगे? यात्रा तो मेरी है।

अहिल्या : जल ग्रहण करें महाराज। थोड़ी ही देर में आपके छात्र आपसे अंतिम पाठ लेने और तर्क के लिए आएंगे... अगले नन्द को सूखे गले पाठ कदापि न दीजिएगा।

नन्द : हाँ और उनकी जाति भी बतानी है मुझे।

(नन्द अहिल्या से जल लेते हैं। विलम्ब।)

अहिल्या : आपकी खाट खिड़की के पास लगा लीजिए। बैठ कर नीचे की व्यवस्था देख पाएंगे।

नन्द : नीचे देखते ही... मुझे केवल यह नया कोलाहल सुनाई देता है। यह जय-जयकार... इस नगर को एक ही रात्रि में... एक हत्या के पश्चात हो क्या गया? क्या ये ऐसे ही थे, और मैं ही नहीं समझ पाया?

अहिल्या : आप महापंडित हैं स्वामी।

नन्द : राम क्षत्रिय, बुद्ध क्षत्रिय... पंडितों, ब्राह्मणों का तो कहीं कोई स्थान नहीं।

अहिल्या : आप अपने-इतने वर्षों के विश्वास पर संदेह करेंगे, तो बीरपुर का क्या होगा?

नन्द : मैं समझता था कि अंत में मनुष्य संदेहमुक्त समाधि लेता है। प्रेम, पीड़ा, क्रोध... इन सब पर विजयी होकर। परन्तु अंत में केवल संदेह रह गया है अहिल्या। प्रेम और संदेह? शून्यता तो कहीं नहीं है!

(वे आँखें बंद कर लेते हैं। अहिल्या आचार्य की खाट सामने करती है।)

धर्म का प्रेम, मोक्ष का प्रेम, शरीर... हे ईश्वर शरीर का प्रेम... (वे अहिल्या को छूते हैं, फिर अचानक छोड़ देते हैं। सुग्रीव के साथ राम-राम भजते हैं। अहिल्या सुग्रीव के सामने अप्रस्तुत खड़ी रहती है।)

मेरा शोध कहता है कि प्रेम एक मूल वस्तु नहीं है। पति-पत्नी का प्रेम तो कदापि नहीं। प्रेम वह भला जिसमें संभावना हो... जिसमें भिन्न-भिन्न प्रेम पल सकें। जिसमें हर प्रकार के प्रेम की नींव हो।

माँ सीता के प्रेम में श्री राम ने धनुष तोड़ा, रि उनसे सहोदर-सा प्रेम करते हुए लक्ष्मण के साथ वन गमन किया, फिर पिता-सा प्रेम किया, फिर मित्र सा, फिर योद्धा के प्रजा के प्रति प्रेम जैसा प्रेम... उस प्रेम की भीत पर युद्ध किया, और अंत में उसी सीता माँ से अग्नि परीक्षा भी करवाई... विवाह कई प्रेमों का सम्मलेन है, पिछले कुछ दिनों में मुझे यह बोध हुआ।

अहिल्या : क्षमा करें आचार्य तो कुछ कहूँ?

नन्द : अवश्य... अपने विचार रखिए।

अहिल्या : भगवान श्री राम के प्रेम में माँ सीता को विलोम भी तो लग सकता है।

सुग्रीव : आचार्य मैं जाऊँ?

(आचार्य उसे हाथ दिखाकर बिठा देते हैं।)

अहिल्या : पहले वह स्वयंवर में पुरस्कार बनी, फिर तिरस्कार से निकाली गई, श्री राम के भ्राता के साथ जंगल में जाकर रही, रावण जैसा असुर उन्हें लक्ष्मण की मूर्खता के लिए उठा ले गया, और अंत में चौदह वर्षों की प्रतीक्षा के बाद

जब श्री राम मिले तो उन्हें अग्नि परीक्षा देनी पड़ी। इसमें कौन-सी सम्भावना है महाराज? क्या यह केवल अन्याय नहीं?

(विलम्ब।)

लेट जाइए, खाट तैयार है।

(आचार्य खाट पर लेटते हैं।)

नन्द : विधि... विधि समान भी तो नहीं हो सकती? स्त्री पुरुष का अंतर, जात-जात का अंतर... समुद्र और मरुभूमि के अंतर-सा अनंत भी तो हो सकता है?

अहिल्या : परन्तु समुद्र के जल में क्या अंतर है महाराज? या मरुभूमि के दो रेत के दानों में? प्रश्न केवल यह है कि क्या हम मरुभूमि के दो दाने हैं, या मरुभूमि और समुद्र से भिन्न... और अगर भिन्न हैं भी, तो मरुभूमि और समुद्र में एक अधिक और दूसरा कम तो नहीं? मनुस्मृति से पूर्व, कभी तो इस धर्म में भी सब समान रहे होंगे स्वामी?

नन्द : विषय प्रेम का है और आप समानता पर तर्क कर रही हैं। समानता हो तो क्या प्रेम अटल होता है देवी? क्या मुझमें और आप में कभी समानता नहीं रही?

(विलम्ब।)

अहिल्या : आप राम-कथा की बात कर रहे हैं आचार्य या हमारी?

नन्द : आप जैसा समझें...

अहिल्या : प्रेम अटल नहीं है आचार्य। प्रेम अटल, सजल, चंचल, पाप, पुण्य, लोभ, अलौकिक, तामसिक, सात्विक कुछ नहीं है... प्रेम ना संभावना है ना पत्थर का घेरा। और जो भी है प्रेम निष्ठावान नहीं है।

किसी को प्रेम है तो वह क्या करे?

नन्द : मैं ऐसा नहीं सोचता।

अहिल्या : आप ज्ञानी हैं।

नन्द : मैंने तुमसे विवाह किया... और प्रेम का कभी सोचा भी नहीं।

अहिल्या : आपके बहुत उपकार हैं मुझ पर स्वामी। एक अनाथ परिवार की इतनी कम आयु की लड़की से विवाह करना, उसे जीवनदान देना है। आपके उपकार की कोई मात्रा नहीं।

प्रेम आप ईश्वर से करते हैं आचार्य, और अब मृत्यु से पहले मेरे प्रेम का शिखर नाप रहे हैं। शायद इसी कारण श्री राम भी समय ले रहे हैं।

नन्द : मैं अगर ईश्वर से प्रेम नहीं करता, तो क्या तुम वह करती जो तुम कर रही हो?

(सुग्रीव चौंककर आँखें खोलता है, और दोबारा राम-राम भजने लगता है।)

अहिल्या : श्री राम चौदह साल बाद माँ सीता से मिले तो उन्हें युद्ध क्षेत्र में बुला लिया। सबकी उपस्थिति में श्री राम ने माँ सीता को मिलना चाहा, यह कहने के लिए कि सीता, मैं यह युद्ध तुम्हारे लिए नहीं, अपने लिए लड़ रहा था। समाज को यह बताने के लिए कि आर्य वंश की मर्यादा को कोई उठा नहीं ले जा सकता। तुम किसी के साथ भी जा सकती हो। भरत, लक्ष्मण और यदि चाहो तो हनुमान के... मेरा इसमें कुछ नहीं। माँ सीता को यह बोध हुआ कि मैं छोड़ कर गई थी अपने प्रेमी राम को, लौटकर मिली तो केवल राजा राम ही रहे। अब यह केवल क्षत्रिय हैं, और कुछ नहीं।

नन्द : यह केवल वाल्मीकि की बात कर रही हैं आप। रामायण के कई भिन्न रूप हैं... कई प्रकार के/

अहिल्या : क्षमा करें आचार्य। ब्राह्मण जो दोहराएगा, वही रूप रह जाएगा।

(विलम्ब।)

रामायण के कई रूप हैं, यह अब आप मुक्तिधाम में कह रहे हैं। आपके मठ के छात्र एक ही रूप को अपनी चोटी-सा अडिग मानकर चलते हैं। मनुष्य जिस दिन इतना सक्षम हो जाएगा कि अपने ईश्वर की निंदा सुन सके, उसे ईश्वर की आवश्यकता ही नहीं होगी।

नन्द : यह मेरे प्रश्न का उत्तर नहीं। आप जानती हैं देवी अहिल्या मैं क्या प्रश्न कर रहा हूँ।

अहिल्या : आज मठाधीश का तर्क होगा और कल तक आपको निर्णय भी देना है। और इधर नीचे आपकी प्रजा अपनी सोच व्यक्त कर रही है... इतने गंभीर समय में आप यह सब सोच रहे हैं?

नन्द : प्रेम कोई कम गंभीर विषय नहीं है अहिल्या। यह सब प्रेम के अभाव का फल है।

अहिल्या : राम सदैव हर नई प्राप्ति में किंचित देर कर देते हैं... नहीं?

(विलम्ब। नन्द खाट पर बैठते हैं।)

नन्द : अहिल्या...

अहिल्या : जी आचार्य।

नन्द : क्या मुझे सम्पूर्ण सत्य जानने का अधिकार नहीं?

अहिल्या : किस विषय में आप/

नन्द : मुक्तिधाम में सत्य का छिपाव भी असत्य ही माना जाता है। असत्य के कई रूप होते हैं अहिल्या, परन्तु सत्य का केवल एक।

अहिल्या : आप क्या जानना चाहते हैं आचार्य?

नन्द : अगर यह प्रश्न मैं शब्दों में कर दूँ... इस ब्रह्मांड में विवाह का अस्तित्व कम नहीं हो जाएगा?

ज्ञान से वंचित मुझे मुक्ति नहीं मिलेगी। और प्रश्न मैंने पूछ लिया तो... तो ना जाने कौन से काल का प्रारम्भ हो जाएगा... एक ऐसा युग जिसमें सब उचित है। क्या हम उस युग में जी पाएंगे?

क्या इतना भी अधिकार नहीं है मुझे अहिल्या कि मेरे इतने वर्षों की अर्धांगिनी से मैं एक साधारण सत्य की अपेक्षा रखूं? इतना भी अस्तित्व नहीं बीरपुर के नाथ नन्द का?

(विलम्ब।)

अहिल्या : अगर मेरे उत्तर से आपको मोक्ष मिले तो बहुत अच्छे...

सुग्रीव, तुम्हें तारा से प्रेम क्यों था?

सुग्रीव : मैं... देवी मैं क्या जानूं। मैं तो नट हूँ।

नन्द : कहो सुग्रीव।

सुग्रीव : आचार्य मैं? मेरी अर्धांगिनी घर पर है। मेरे बच्चे सो रहे होंगे। उनके भोजन के लिए काम कर रहा हूँ। मुझे कोई ऐसी चिंता नहीं है महाराज। मैं तो अपने घरवालों को कैसे खिलाऊंगा, इसी में उलझा हूँ महाराज। मैं कहाँ से ऐसे जटिल प्रश्नों के/

नन्द : (ऊँची आवाज़ में) सुग्रीव को तारा से प्रेम था या नहीं।

सुग्रीव : जी जी... आचार्य।

नन्द : उत्तर... मुझे उत्तर चाहिए। प्रेम का। यह मिलते ही... मुझे मोक्ष मिलेगा।

सुग्रीव : मिलेगा... आचार्य... निश्चित... (डरा हुआ वह अहिल्या को देखता है।)

अहिल्या : सुग्रीव तुम्हें बाली की अर्धांगिनी से प्रेम क्यों था?

सुग्रीव : क्या जानूं देवी... देखने में बहुत अच्छी थी। क्षमा करें, शारीरिक इच्छा थी शायद।

अहिल्या : और तुम्हारी अपनी अर्धांगिनी के साथ?

सुग्रीव : वहां भी रही होगी देवी। मैं तो वानर था, जहां इच्छा हुई...

अहिल्या : वहां जा सकते थे... मनुष्यों की तरह। मृत्यु से पहले तर्क नहीं करते। है ना?

नन्द : धन्य! धन्य! क्या बात है... मनुष्य समाज के सारे फल ग्रहण करें... और जब मन दुर्बल हो तो वानरों की दुहाई...

अहिल्या : सत्य कटु है आचार्य... सुन पाएंगे?

नन्द : मुझसे प्रश्न हो रहा है अब... कि मैं सुन पाऊंगा या नहीं?

अहिल्या : तारा, बाली की विधवा... बाली की मृत्यु के पश्चात... तुरंत... सुग्रीव की हो गई। वह तो स्वयं सुग्रीव से प्रेम करती थी। प्रत्येक स्त्री पुरुष का प्रेम माता और पुत्र के ही प्रेम का प्रतीक है।

नन्द : (आँखें बंद करके) राम... राम... राम...

सुग्रीव : राम राम राम...

अहिल्या : एक से अनेक प्रेम करिए, अनेक से एक, या अनेक से अनेक... सब उचित हैं स्वामी। केवल एक ही प्रेम है जो अनुचित है... एक से एक। इसी कारण श्री राम माँ सीता को अंत में खो बैठे।

नन्द : बुद्ध अपनी अर्धांगिनी और बच्चे को आधी रात में छोड़कर निकल गए... उन्हें मोक्ष प्राप्त हुआ।

अहिल्या : जी, उनकी अर्धांगिनी को भी... बस उन्होंने प्रचार नहीं किया।

(विलम्ब।)

अब मैं आज्ञा चाहूंगी... जल रख दिया है मैंने। खिड़की के पास हैं आप, सुनिए अपनी प्रजा का कोलाहल। इतने वर्ष तो उन्होंने आपकी भक्ति में निकाल दिए। अब उनके मुँह से राम का नाम सुनिए।

नन्द : आप नीचे... छात्रों के पास जा रही हैं?

अहिल्या : आपके सारे छात्र... माँ के हाथ का खाए बगैर पाठ नहीं कर पाते... आज तर्क है, और आपके सारे छात्र उत्सुक। आप चाहें तो सब कुछ छोड़कर मोक्ष लेने आ सकते हैं महाराज... मुक्तिधाम में अब तक स्त्रियों की मुक्ति नहीं...

प्रणाम।

(अहिल्या आचार्य के चरण छूती है। आचार्य आशीर्वाद देते हैं। अहिल्या चली जाती है।)

पांच

(नीचे, गाँव में दलितों के बोधि मंदिर के भीतर। बुद्ध की मूर्ति के आगे नन्द दास खड़े हैं। नन्द दास पहले नट थे, अब भिक्षु बन चुके हैं। वे बीरपुर के गाँव के धार्मिक अध्यक्ष माने जाते हैं। उनके साथ है निकुंथ, एक युवा। वह बुद्ध के सामने आँखें बंद किए बैठा है। निकुंथ के सामने कई अस्त्र हैं, तलवारें, लाठियाँ इत्यादि। उसके पीछे खड़ा है घासीदास। द्वार पर गुरु माँ और युयुत्सु खड़े हैं।
नन्द दास ध्यान समाप्त कर आँखें खोलते हैं।)

नन्द दास : भीतर आइए गुरु माँ... यहाँ सब भीतर आ सकते हैं।
(युयुत्सु और गुरु माँ संकोच करते हुए भीतर आते हैं।)

नन्द दास : निःसंकोच आइए... (घासीदास से) शव ले आए हैं, ऊपर से?

घासीदास : जी... जी भिक्षु।

(विलम्ब। नन्द दास चुपचाप युयुत्सु और गुरु माँ को देखते हैं।)

नन्द दास : बैठिए।

गुरु माँ : (बैठते हुए) आज आप ऊपर आइएगा... आपको आमंत्रित करने/

नन्द दास : यह भी ईश्वर का घर है वैसे। यहाँ भी सत्य बोलने का नियम है।
(निकुंथ से) अस्त्र कम लग रहे हैं...

निकुंथ : नहीं भिक्षु। हर घर पर एक तलवार और एक लठ का प्रबंध है। और मंदिर की रक्षा के लिए जो वीर और वीरांगनाएँ हैं, वे सब अस्त्र धारण कर चुके हैं।

नन्द दास : दूत?

निकुंथ : जा रहा है। भोजन करते ही निकल जाएगा।

युयुत्सु : यह हमारी आपस की बात है। इसमें दूत भेजना...

नन्द दास : क्या आपस की बात है? एक निहत्थे कारीगर की हत्या कर देना? बिना किसी कारण किसी की हत्या आपके लिए आपस की बात हो सकती है आचार्य, हमारे लिए नहीं है।

गुरु माँ : हो सकता है, कहीं कुछ भूल हो गयी हो। आप स्वयं ही विचार करिए, ऐसे महत्वपूर्ण दिन, कोई किसी भी प्रकार की बाधा या हिंसा क्यों चाहेगा?

नन्द दास : राजनीति साधारण प्रजा की स्मरण शक्ति पर चलती है गुरु माँ। महत्वपूर्ण दिनों में ही हिंसा की जाती है, ताकि सबको याद रहे। नहीं तो कलयुग में एक मनुष्य की मृत्यु का महत्त्व ही क्या है?

आपके यहाँ आज बहस और कल निर्णय के बाद, बहुत परिवर्तन होने वाला है। आपके पुत्र अगली पीढ़ी को कुछ कह रहे होंगे। पिछली बार तो मंदिर तोड़ न पाए... इस बार/

गुरु माँ : मुझे आपके धर्म में मोक्ष नहीं... राजनीति दिख रही है। यह मत भूलिए कि हो सकता है आज राजा बौद्ध हैं परन्तु वर्षों से/

नन्द दास : गुरु माँ... भिक्षु बन के आज मैं आपकी आँखों में देख पा रहा हूँ... और आप जानती हैं मुझे क्या दिख रहा है?

(विलम्ब।)

सूर्य ग्रहण... आज सूर्य ग्रहण है ना?

(विलम्ब।)

घासीदास : आज शव नहीं जला सकते गुरु माँ। गाँव में ही रखना होगा।

युयुत्सु : जो भी दोषी है, उसकी और से मैं क्षमा चाहता हूँ।

निकुंथ : हम जानते हैं कौन दोषी है।

घासीदास : नहीं... नहीं जानते... ऐसे कैसे जानते हैं? हाँ अनुमान है... पर जानते कैसे हैं?

नन्द दास : सूर्य ग्रहण अति अशुभ माना जाता है आपके धर्म में। हमारे धर्म में स्वाभाविक है।

गुरु माँ : आपका धर्म मेरा धर्म तो ऐसे कह रहे हैं भिक्षु जैसे आप कभी इस धर्म के थे ही नहीं।

(विलम्ब।)

नन्द दास : यह लठ कभी लाकड़ थी, और कभी वृक्ष।

गुरु माँ : आप किंचित भूल रहे हैं कि आप/

नन्द दास : मैं भूल रहा हूँ... कि मैं पहले नट था। मेरी छाँव तक आपके घर पर पड़ती तो मुझे धूल और गोबर खाना पड़ता। और मैं आपकी ओर देखना तो दूर, आपकी ओर मुड़कर सांस तक नहीं ले पता था। यही ना...

आप जानती हैं, आपके पुत्र नगर भर में क्यों जय-जयकार कर रहे हैं? क्योंकि वे वर्षों से चाहते थे एक बौद्ध मारना। अपने आप को सक्षम दिखाने के लिए... और कर नहीं पा रहे थे, क्योंकि नाथ नन्द थे। आज दो दिन हुए वे मुक्तिधाम गए, और देखिए... यह कोई घटना नहीं है। यह आपके धर्म की स्थापना की नींव है।

गुरु माँ : मैं यहाँ आपके घर बैठी हूँ... मैं... बीरपुर के मठ की गुरु माँ... इधर आकर गाँव में आपसे वार्तालाप कर रही हूँ। यह/

नन्द दास : गुरु माँ को जल दो निकुंथ... बहुत दूर से आईं हैं।

(विलम्ब। निकुंथ घड़े से जल लेता है और गुरु माँ को देता है।)

गुरुमाँ : मुझे पिपासा नहीं है।

नन्द दास : आपको आचार्य?

युयुत्सु : मुझे भी...

नन्द दास : (व्यंग से) निकुंथ, हर घर में देखना पर्याप्त मात्रा में जल भी हो। लठ और तलवार तो हैं ही। परन्तु अतिथियों को पहले जल देना तो हमारी पुरानी सभ्यता है।

(विलम्ब।)

गुरु माँ : आप अपना दूत न भेजें...

नन्द दास : भय?

गुरु माँ : अपना नहीं... समूचे गाँव का।

नन्द दास : इस हत्या का क्या?

गुरु माँ : अगर हत्या है, तो आचार्य... उसे दंड देंगे।

नन्द दास : कौन से आचार्य?

गुरु माँ : आचार्य नाथ अभी मुक्तिधाम में हैं और/

नन्द दास : और मुक्ति से न्याय का कोई सम्बन्ध नहीं... है ना?

युयुत्सु : जो आचार्य बनेगा, वह न्याय देगा... एक रात की प्रतीक्षा है।

नन्द दास : और जो आचार्य बना अगर वह स्वयं ही दोषी हो... गुरु माँ, मान लीजिए अगर ऐसा हो, कि इस हत्या में दोनों नाथ पद के मनोनीत आचार्यों का हाथ हो?

गुरु माँ : यह असंभव है...

युयुत्सु : (तुरंत) मैं आचार्य बना तो जाति केवल वर्ण में रहेगा... कार्य क्षेत्र में। मैं तो मुक्तिधाम के द्वार भी हर जाति के लिए खोलना चाहता हूँ। सनातन धर्म में जाति केवल वर्ण के लिए थी। आज वही/

नन्द दास : मैं आपसे इतिहास या संवेदना नहीं, न्याय माँग रहा हूँ।

निकुंथ : और अगर आप न्याय न भी दें, तो ठीक है। हम सशक्त हैं...

गुरु माँ : इतने से बालक हो... पांच लाठियों और सात तलवारों के सामने क्या खड़े हो, गुरुजनों से ऐसे बात करते हैं? (भिक्षु से) यह सिखाया है आपने?

नन्द दास : आपने... तो समूचे आचार्य शाला का अपने हाथों से पालन-पोषण किया है माँ। आपके पुत्र गुफा का पत्थर बंद करके निहत्थे लोगों की हत्या करते हैं... यह सिखाया है आपने?

गुरु माँ : पत्थर अपने-आप भी लग सकता है। पहाड़ है। चटान है। गिर सकता है पत्थर।

नन्द दास : (हँसते हुए) पहाड़ बहुत विशाल है माता... बौद्ध धर्म, सनातन धर्म... इन सबसे कहीं पुराना और कहीं विशाल... पहाड़ विपदा से भरे हो सकते हैं, परन्तु पहाड़ ऐतिहासिक क्रोध नहीं रखते। चट्टान केवल शूद्रों पर नहीं गिरा करती देवी।

युयुत्सु : मैं आपकी पीड़ा समझता हूँ। परन्तु यह दूत भेजने से बोधि राजा हमारे अपने सामंजस्य को नहीं समझ पाएंगे।

नन्द दास : मैं भी नहीं समझ पाया हूँ आज तक।

गुरु माँ : आपके घर में भी कई दृष्टिकोण हैं भिक्षु, और हैं नहीं तो हो जाएंगे... आप यह मत भूलिए कि सनातन धर्म सबसे उदार धर्मों में से है। किसी भी और धर्म से आप निकल कर इस प्रकार वाक् नहीं कर पाते जैसे कर रहे हैं। हमने सदैव औरों को स्थान दिया है/

नन्द दास : आप कौन होते हैं स्थान देने वाले? यह इतिहास आपको किसने सिखाया है? सनातन धर्म में आपकी अघोरियों से नहीं बनती, अघोरियों की मीमांसकों से, मीमांसकों की स्वैतों से... मठ के मठ तहस नहस नहीं किए हैं?

मंदिर तोड़कर मंदिर नहीं बनवाए? कितने मंदिर, कितने मठ सनातन धर्मियों ने तोड़े हैं आपको ज्ञान नहीं है? आपके मिट्टी के ईश्वर को हम नकार चुके हैं गुरु माँ... आप उस ईश्वर के गुण ६

गुरु माँ : आप अभी भी धर्म की बात नहीं कर रहे भिक्षु...

नन्द दास : आप किस धर्म की बात कर रही हैं गुरु माँ?

गुरु माँ : उस धर्म की भिक्षु, जिसके चलते आज आप एक ऐसे ईश्वर की कल्पना कर पा रहे हैं, जो केवल काल, ऊर्जा और कर्म है। जो गणित है, जो सुर है, श्वास के बीच रहने वाले एक अभाव में है... जिस आध्यात्म की शुद्धता की बात आप करते हैं, वह सनातन धर्म की मिटी के ईश्वरों की ही देन है।

नन्द दास : तो क्या न्याय का स्थान नहीं?

गुरु माँ : है... है क्यों नहीं! आज एक समस्या है। गंभीर समस्या... मैं मना तो नहीं कर रही भिक्षु। मैंने यह तो नहीं कहा आपसे कि न्याय नहीं होना चाहिए। मैं भी बीरपुर के मठ की गुरु माँ हूँ। मैंने सैंकड़ों धर्म बनते बिगड़ते देखे हैं। विश्वास रखिए मुझ पर... और इस दूत को मत भेजिए।

धर्म के लिए राजा के साथ से अधिक हानिकारक और कुछ नहीं। एक दिन यही आपको ले डूबेगा।

(गुरु माँ जाने लगती हैं।)

नन्द दास : गुरु माँ!

(गुरु माँ रुक कर मुड़ती हैं।)

नन्द दास : ईश्वर क्या है?

गुरु माँ : ईश्वर... ईश्वर वह ज्ञान है जो मनुष्य को शरीर से शून्यता की ओर ले जाए। जो [illegible]ल से किल का पथ दिखाए। ईश्वर वह ज्ञान है भिक्षु, जो हमें हर प्रकार के मंदिर से मुक्त करे...

मंदिर में ईश्वर नहीं है भिक्षु, न मेरे न आपके।

नन्द दास : इतना महान धर्म है आपका गुरु माँ। इसमें इतनी असमानता क्यों? अगर ईश्वर ज्ञान हैं, तो इस महान धर्म में जाति का क्या स्थान है?

गुरु माँ : ईश्वर की सबसे बड़ी विडम्बना क्या है, जानते हैं भिक्षु? कि वह अपनी रचना को कम स्मरण शक्ति दे या अधिक? (गुरु माँ निकुंथ के हाथ से अस्त्र ले लेती हैं।) अगर मनुष्य की स्मरण शक्ति अधिक हो, तो वह मनुष्य

का जीवन ही नहीं जी पाएगा। अगर उसे अपने हर रूप, हर काल का ज्ञान रहे तो वह इतना भयभीत हो जाएगा कि माँ के गर्भ से निकल ही नहीं पाएगा। और क्योंकि उसकी स्मरण शक्ति कम है, वह यह भी भूल चुका है कि वास्तव में वह स्वयं ही ईश्वर है।

जिस दिन मनुष्य अपनी स्मरण शक्ति पर नियंत्रण पा लेगा... उस दिन वह जात, धर्म, मंदिर, बुद्ध, राम, केशव, इंद्र, ब्रह्म से मुक्त होकर... वास्तव में ईश्वर के साथ एक हो जाएगा।

(गुरु माँ निकुंथ को अस्त्र लौटाती हैं।)

इस अस्त्र का तुम जो भी करो बालक, सोच कर करना। एक लम्बे काल तक यह कर्म तुम्हें बनाएगा, और दुर्भाग्यवश तुम्हें आज के दिन की, बीरपुर की, मठाधीश के नियुक्तों की और इस हत्या या मृत्यु की... कोई स्मृति नहीं होगी। ईश्वर तुम्हें शांति दे।

नन्द दास : आपको भी गुरु माँ। गाँव और नगर के बीच एक बड़ा द्वार है गुरु माँ। वह जब तक खुला है, आप और मैं वार्तालाप कर सकते हैं। देखिएगा, आपके पुत्र अपनी वीरता में, उसे बंद न कर दे।

गुरु माँ : अगर उन्होंने किया भी... तो अपनी रक्षा के लिए करेंगे।

नन्द दास : (हँसता है) हम भिक्षु हैं, संघी नहीं। द्वार बंद हो गया तो हम भी नहीं बचा पाएंगे आपको। बुद्ध आपको शान्ति दे।

(गुरु माँ प्रणाम करती हैं और चली जाती हैं। विलम्ब।)

घासीदास : इस देह का क्या करेंगे भिक्षु?

नन्द दास : आज सूर्य ग्रहण है। कुछ नहीं कर सकते... कल प्रात: इसे मुक्तिधाम में ही मुक्ति मिलेगी। सनातनों के हाथों मारा गया है। उन्हीं के द्वार से जाएगा।

छह

(हनुमान, सुग्रीव और अंगद के भेष में कलाकार दो खम्भों के बीच एक परचम लगा रहे हैं। सुग्रीव एक तरफ़ चढ़ा हुआ है और अंगद दूसरी तरफ़। हनुमान नीचे खड़ा देख रहा है।)

हनुमान : डुबोओगे तुम लोग। क्या कर रहे हो? सीधा करो... सीधा।

अंगद : घुमाएँ क्या... घुमा लें?

यह सामने भीड़ केसी है? कोई आ रहा है क्या?

सुग्रीव : कोई भी आए... तुझे क्या? लगा दे जल्दी... मुझे पूरा विश्वास है, ऐसे ही तो था।

हनुमान : सूर्य... सूर्य की ओर होगा कि नहीं... और यह घोड़े का मुँह उत्तर की ओर, और वह बाज... मूर्ख! बाज का पश्चिम से पूर्व की ओर... भीड़ क्यों है इतनी?

सुग्रीव : आप ना मरवाएंगे... बाज कभी पश्चिम से पूर्व की ओर उड़ता है क्या?

अंगद : क्यों... क्यों पिताजी? बाज पश्चिम से पूर्व की और क्यों नहीं उड़ता है?

सुग्रीव : हर बात पर प्रश्न मत करो बुड़बकों की तरह समझे! जो पता नहीं है उसके बारे में केवल सन्देश लो। बाज सदैव पूर्व से पश्चिम की ओर ही उड़ता है।

अंगद : तो फिर लौटता कैसे है जी? एक बार निकल गया तो निकल गया क्या?

हनुमान : मारेंगे एक चमाट... दोनों बाप-बेटे की पंडिताई की ऐसी की तैसी... साले हम कह रहे हैं उल्टा है, तो उल्टा है।

(विलम्ब।)

अंगद : कुछ बड़ा चल रहा है बता रहे हैं। यह केवल तर्क की बात हो ही नहीं सकती। लोगों को तर्क में इतनी रूचि कब से होने लगी जी?

हनुमान : उधर मत देख। ऊँची जाति का राजनैतिक सम्मलेन है। लोग भड़कने ही आए हैं... किसी भी बात पर भड़क जाएंगे, और किसी को भी पीट देंगे।

सुग्रीव : वह देखो!

(अग्निवेश और श्रीहरी मंच पर आते हैं, टीका लगाकर अपने संघ को संबोधित करते हैं।)

अग्निवेश : आज वह दिन आ गया है... जब हमारे सामने...

सुग्रीव : लो जी... शुरू...

(अग्निवेश और श्रीहरी बोलते हैं पर उनकी आवाज़ नहीं आती।)

अंगद : किस बारे में बातचीत हो रही है?

हनुमान : भाषण है... भाषण। वह भी धार्मिक। हमें सुनाई नहीं देगा।

अंगद : क्यों?

हनुमान : क्योंकि यह सिर्फ़ उनकी जाति के लिए है... जो मैं कह रहा हूँ करो दोनों। लगा लो परचम।

सुग्रीव : अरे रहने दीजिए आप। पिछले अमावस में पंडितों ने कहा कि पूरे बीरपुर में घड़े लगाओ तो क्या हुआ था?

हनुमान : पुरानी बातों को मत उठाओ... जाने दो... तब मैं/

सुग्रीव : हाँ। घड़े लगवा दिए सीधे, लगाने थे उल्टे... तीन माह तक तालाब का जल देखने तक को नहीं मिला था। कोसों दूर से माँग-माँग -कर/

अंगद : मैं नहीं लगा रहा... मैं नहीं... (नीचे आने लगता है।)

हनुमान : ए... ऊपर चढ़। चढ़ ऊपर। बड़ा आया मैं नहीं लगाऊँगा... जागीरदार है क्या बे... चढ़!

अंगद : मरवाएंगे... आप ना... बूढ़े हो गए हैं... अरे देखिए। स्वामी जी गुस्से में हैं लगता है।

सुग्रीव : धार्मिक भाषण गुस्से में ही दिया जाता है बेटा... देख अब एक आँखें दिखाएगा और दूसरा मंद-मंद मुस्काएगा...

(श्रीहरी आँखें बड़ी करके बोलता है, अग्निवेश मुस्कुराता है।)

अंगद : हाँ ! पर क्यों?

हनुमान : इससे लोगों के मन में उत्तेजना और सहानुभूति एक साथ जन्म लेती है।

सुग्रीव : क्रोध और आत्मशांति का अनूठा मिश्रण होता है।

हनुमान : जैसे ही दो बिलकुल विपरीत भाव किसी के मन में एक साथ आए... समझ लो धार्मिक सम्मलेन का सेनानी है।

अंगद : पर बात तो गहरी कर रहे होंगे...

हनुमान : कोई भी चार शब्द ले और घुमाता रह, बात गहरी हो जाएगी। इसमें क्या है? केवल सुर गंभीर लगा।

(अगली पंक्तियाँ सुग्रीव और हनुमान भारी आवाज़ में लेते हैं।)

सुग्रीव : ईश्वर का बिम्ब समय है।

हनुमान : जो परे चला जाए समय से वह ईश्वर का बिम्ब है।

सुग्रीव : समय ईश्वर के बिम्ब से निकलता आध्यात्म का कालचक्र है।

हनुमान : समय वही ईश्वर का है जो बिम्ब की भाँति समय में विलीन है।

सुग्रीव : बस किसी को कुछ ठीक से समझ नहीं आना चाहिए।

अंगद : पर गंभीर स्वर में बोल रहे हैं तो उत्तेजना क्यों है?

हनुमान : एक नीचे सुर में बोले, और दूसरा ऊँचे सुर में...

सुग्रीव : नीचे आध्यात्म के शब्द और ऊँचे सामाजिक...

हनुमान : (नीची आवाज़ में) समय के पार ईश्वर का बिम्ब है।

सुग्रीव : (ऊँची आवाज़ में) नीची जाति और बौद्धियों ने आपके साथ सामाजिक अन्याय किया है!

हनुमान : (नीची आवाज़ में) ईश्वर के परे बिम्ब की नींव का सत्य है।

सुग्रीव : (ऊँची आवाज़ में) बोधियों के सामाजिक अन्याय को नीची जातियों ने हवा दी है।

(लोगों की उत्तेजना की आवाज़ आती है।)

हनुमान : ले हो गया...

सुग्रीव : क्या कह रहा है उससे कोई अंतर नहीं पड़ता... बस घुमाता रह और दो स्वरों में बोल। एक ऊँची एक नीची...

हनुमान : बीच में बोलेगा तो मरेगा। परचम लगाएगा औरों के।

(लोगो की जय-जयकार के बीच अग्निवेश और श्रीहरी माथे पर टीका लगाकर मंच से निकल जाते हैं।

विलम्ब।)

अंगद : बौद्ध बन जाएंगे।

सुग्रीव : क्या... क्या बोला?

अंगद : बन जाएंगे बौद्ध।

सुग्रीव : साले... तुम्हारी पीढ़ी की ऐसी की तैसी। हम लोग पागल हैं क्या बे जो लगे हुए हैं इतने वर्षों से। औरों के चप्पल बनाने और मैल स्वच्छ करने... बौद्ध बन जाएंगे। बौद्ध तुम्हारे लिए माला लेकर खड़े हैं क्या?

हनुमान : और थोड़ा ऊँचा बोलो। कल चमारों की शाला में हमारी ही चमड़ी चढ़ेगी बुड़बक।

सुग्रीव : चल चल... तू काम पर ध्यान दे... यह ठीक है?

हनुमान : अब सूअर उल्टा हो गया है?

अंगद : इसीलिए कहता हूँ बौद्ध बन जाएंगे। जातकों में स्पष्टतः एक पंक्ति में चित्र बनाते हैं... हाथी के बाद मनुष्य। मनुष्य के बाद बन्दर। हजार साल बाद भी लोग कह पाएंगे मुद्दा क्या है।

हनुमान : यह लड़का मरवाएगा। मूर्ख! उल्टा सूअर देखा है कभी?

अंगद : वैसे तो बोलने वाला बाज और उड़ने वाला घोड़ा भी कभी नहीं देखा। इसीलिए कह रहे हैं... बौद्ध बन जाएंगे... यह सब अनर्गल नहीं है उनमें।

सुग्रीव : अरे बात बात पर वही बात... बौद्ध नहीं हुआ, किसी सस्ते नाटक का पात्र हो गया है। बन जाएंगे बन जाएंगे... इतना कुछ मिल गया है चुनाव के लिए... बावले हो गए हो?

हनुमान : युवाओं को चुनाव मिलने ही नहीं चाहिए... आयु-अनुभव है नहीं, चुनने का अधिकार और दे दिया है।

अंगद : हाँ सिर्फ़ बूढ़ों को चुनाव का अधिकार मिले, नहीं? चुनो और मर जाओ... और बाकी जिएं तुम्हारी मूर्खता... अब युवाओं का समय है, भूलिए मत। नया मठाधीश आएगा। सब बदल देगा।

हनुमान : तो सनातन धर्मी ही रहो ना। क्यों बात-बात पर 'बौद्ध बन जाऊँगा, बौद्ध बन जाऊँगा' कर रहे हो?

सबके परचम लग गए, हमारा नहीं लगा। हड्डियाँ चुनवा देंगे मठ की दीवारों में...

सुग्रीव : उल्टा कर लीजिए। मुझे लगता है बाकी सबका उल्टा है।

अंगद : बौद्धियों के परचमों में केवल एक ओर चित्र बने हैं... एक तो हमारा यह धर्म है भी इतना जटिल। हर बात पर/

सुग्रीव : नया-नया धर्म है... थोड़ा समय दो, उनका भी यही होना है।

अंगद : अभी तो नहीं हो रहा है ना?

सुग्रीव : अभी तो बौद्ध राजा चढ़ाई में लगे हैं। बौद्ध बनोगे तो तुरंत युद्ध में भेज देंगे।

अंगद : बौद्ध अहिंसक हैं...

(हनुमान और सुग्रीव हँसते हैं।)

हनुमान : युवाओं का कुछ नहीं हो सकता है... (हँसते हुए।)

सुग्रीव : (हँसते हुए) कुछ नहीं।

हनुमान : अरे अहिंसक हैं तो इतना फैला कैसे?

अंगद : प्रेम से...

हनुमान : (हँसते हुए, सुग्रीव से) तेरा बेटा नशेड़ी है क्या बे...

सुग्रीव : अब क्या बताऊँ? इसके सारे मित्र भी ऐसे ही हैं।

हनुमान : तो हम में प्रेम का अभाव है क्या? करवा लो हमसे प्रेम। क्यूँ जी... करवा लो! (सब हँसते हैं।)

अंगद : सम्राट अशोक को बुद्ध कलिंग युद्ध के बाद दिखे... तब से/

हनुमान : तब से वे अहिंसक बन गए (हँसते हुए।)

सुग्रीव : और अभी के राजा। वह भी अहिंसक हैं तो सेना लेकर इस ओर क्यों आ रहे हैं... आचार्य अग्निवेश का संघ किस बात की तैयारी में जुटा है?

हनुमान : बुद्ध भी अद्भुत थे। यह नहीं कि कलिंग की लड़ाई के पूर्व दिखकर दो-चार-दस हजार लोगों के प्राण बचा लें। अंत में जब अशोक बैठ कर थकान के मारे सोच रहे हैं कि हाय यह क्या कर डाला? इतने क्यों मार दिए, कैसे जलाऊंगा? हाय ! चट से बुद्ध दिख गए...

सुग्रीव : उनके परचम लग चुके हैं। केवल हमारा बचा है।

हनुमान : मेरी मान... लगा दे जैसा मैं कह रहा हूँ।

अंगद : नहीं जब तक इस धर्म में हूँ, ढंग से रहूँगा।

हनुमान : मारेंगे एक चमाट समझा... छाती पर दो बाल क्या आ गए... अपने आप को महापुरुष समझने लगा है?

दोनों आचार्यों के नन्द के पास जाने से पहले परचम नहीं लगा ना, उठने-बैठने के लाले पड़ जाएंगे।

अंगद : गलत लगा तो?

सुग्रीव : या तो पकड़े नहीं जाएंगे और पकड़े भी गए तो कुछ न कुछ शुद्धि हो जाएगी। नहीं लगा तो ऐसी की तैसी।

हनुमान : बौद्ध धर्म में शुद्धि नहीं है बेटा... एक बार गलती हुई तो कर्म का चक्र... जीवन भर इस भय में रहना पड़ेगा। हाय पाप कर दिया, अब फल मिलेगा। अब काम-काज छोड़ कर अच्छाई करूँ?

सुग्रीव : इससे तो हमारा अच्छा। जो इच्छा आए कर, बस जाति के अन्दर कर। हर चीज़ की शुद्धि है और किसी कर्म का उत्तरदायित्व तेरा अपना नहीं।

सब कुछ ईश्वर कर रहे हैं, तू केवल ब्राह्मणों की सुनता जा। सुन सबकी कर अपनी।

अंगद : यह तो किंकरता है...

हनुमान : (हँसते हुए) तेरी उम्र में सब क्रांतिकारी होते हैं। युवा क्रांतिकारी हो तो कोई शोध नहीं। पर अगर क्रान्तिकारी भी हो और धार्मिक भी... तो बड़ा कठिन है।

देखना, कुछ वर्षों में बौद्ध धर्म का क्या हाल होता है।

सुग्रीव : (हँसते हुए) जिनके बस का कुछ नहीं, वह बौद्ध बनेंगे मित्र बनाने के लिए।

अंगद : मैं नहीं मानता।

हनुमान : मत मान। हमारे बाप-दादा भी जब युवा थे, अपने बाप-दादा की मान लेते तो आज नट का काम छोड़कर हम मठ के लिए परचम न लगा रहे होते।

बह गए धर्म में... हो गया काण्ड।

अंगद : आपका कोई हाथ नहीं ना इसमें? आप केवल हर पीढ़ी के पीड़ित ही हैं!

हनुमान : बेटा, हम उस पीढ़ी के हैं जो बीच में फंस गई। जिसने ना समाज बदला ना क्रान्ति की... जो एक बड़ी क्रान्ति के पश्चात आई और एक बड़ी क्रांति के पूर्व विलुप्त हो जाएगी।

सुग्रीव : इस पीढ़ी का कुछ नहीं हो सकता। यह पीढ़ी केवल औरों के परचम लगाएगी और उँगलियाँ चटकाएगी।

तू कर क्रान्ति। पर पहले कुछ बन जा।

हनुमान : तेरे न राम हैं न बुद्ध। कहने की बात है कि बुद्ध जाति नहीं मानते।

अंगद : नहीं मानते... सब जानते हैं।

हनुमान : बुद्ध के भाग भले कि वे क्षत्रिय थे। तू घर छोड़कर चला जा और पेड़ के नीचे बैठ कर कह दे कि मुझे मिल गया है निर्वाण... लोगों ने लपड़िया के तोरण ना बना दिया तो मैं भी हनुमान नहीं... (हँसते हैं।)

सुग्रीव : शंख बजेगा अभी... दोनों आचार्य खड़े हैं मुक्तिधाम की सीढ़ियों पर...

परचम लगा दे। बाँध।

(मंच के दूसरी ओर, दोनों आचार्य स्थान ले रहे हैं।)

अंगद : आचार्य युयुत्सु कहते हैं कि वे मुक्तिधाम के द्वार सबके लिए खोल देंगे... जाति केवल वर्ण में होगी, धर्म में नहीं।

सुग्रीव : आचार्य ऐसे कह रहे हैं कि द्वार खुला और राम ले जाएंगे सबको। यह बाज, घोड़ा, सूअर... ये चित्र कितने पुराने हैं जानते हो?

जब तक ये हैं, कुछ नहीं बदलेगा। मुक्तिधाम के द्वार तो खुल जाएंगे पर पौराणिक कथाओं से मुक्ति कौन देगा?

अंगद : अगर अग्निवेश जीते तो?

हनुमान : पहले पता नहीं कौन जाति थे... अब सबसे अधिक शूद्रों के विरुद्ध... जीवन पाताल बना देंगे ! वे भी युवा हैं। परिवर्तन चाहिए बस... कुछ भी जो उन्हें अपने होने का आभास दिला सके।

अंगद : तो क्या उपाय है?

सुग्रीव : उपाय... उपाय कोई ब्राह्मण की चोटी तो है नहीं कि सदैव हो।

अंगद : आप लोगों की इसी सोच के कारण आज यह दशा हुई है।

हनुमान : (हँसते हुए) तुम्हारे बच्चे भी यही कहेंगे।

सुग्रीव : और उनके भी।

हनुमान : और वैसे भी हमारे लगने न लगने से क्या होता है? शंख उनके... मुक्ति उनकी... तर्क उनके... राजा महाराजा उनके... बुद्ध और राम उनके... हम तो जाति के ही नट हैं... आज वानर बना दो, कल असुर, परसों देवता...

अंगद : सूर्य ग्रहण हो रहा है क्या?

सुग्रीव : लो बाँध दो परचम। सूर्य ग्रहण के समय मुक्तिधाम की ओर नहीं देखते। कहते हैं राम का विवेक भी इस समय संदेह के योग्य हो जाता है।

(वे परचम बांधते हैं। शंख बजता है। सूर्य ग्रहण शुरू होता है।)

सात

(धीरे-धीरे अन्धकार हो रहा है। पक्षियों के घर लौटने की आवाज़ आती है।

गुरु माँ, आचार्य नन्द और अहिल्या अपने-अपने स्थान पर खड़े हैं। वे सब जल में सूर्य को देख रहे हैं।

आचार्य युयुत्सु और आचार्य अग्निवेश धीरे-धीरे सीढ़ियाँ चढ़ रहे हैं। आँखें बंद कर एक-दूसरे का हाथ पकड़े हुए। श्रीहरी अपने स्थान पर खड़ा है।

सब हरि हरि हरि हरि राम राम राम राम जप रहे हैं।)

अहिल्या : हे राम...
हे मृत्युंजय
हे अन्धकार के घातक
इस ग्रहण
प्रेम दे
अनंत, मधुमय
सूर्य में अन्धकार सा
अन्धकार में तेज सा
शौर्य में धैर्य सा
धैर्य में निष्फल भाव सा
हे राम... इस ग्रहण
विपरीत पंथों का ज्ञान दे
विपरीत वर्णन दे

विरुद्ध वचन दे
हे राम
हे राम...

नन्द : हे राम...
हे कुलवान महापुरुष
दर्शन दे
इस ग्रहण
इस ज्योतिर्मय अन्धकार में
दिव्य दृष्टि का वरदान दे
हे राम
हे परम पिता
हे आर्य पुत्र
हे आदि पुरुष
इस ग्रहण
एकांत दे
एकमत, एक सोच दे
एकत्र का ज्ञान दे
इस अधीर मन को चेतना दे
हे राम
दर्शन दे
हे राम
अब दर्शन दे

गुरु माँ : हे राम...
हे बलिष्ठों के बल
अन्नहीनों के अन्नपूर्ण
दासों के स्वामी
आचार्यों के ज्ञान
हे राम
इस ग्रहण

इन निशाचर पक्षियों को दिशा दे
इनकी उड़ान को प्रवाह दे
प्रवाह को भय
भय को सोच
और सोच को नियंत्रण... नियंत्रण को निर्देश...
हे राम
इस ग्रहण
कोई भी गुण
दायित्वहीन को न दो।
हे ईश्वर
हे सूक्ष्मदर्शी
दर्शन मत दो
पर बोध दो...
बोध मत दो
पर बुद्धि दो...
बुद्धि मत दो
प्रेम दो...
प्रेम मत दो
शान्ति दो
हे राम
इस ग्रहण...
(अचानक उन्हें अग्निवेश दिखते हैं।)
कौन?

अग्निवेश : मैं... माता...

गुरु माँ : ग्रहण के समय केवल प्रार्थना करते हैं बालक।

अग्निवेश : मैं प्रार्थना में ही तो हूँ गुरु माँ।

गुरु माँ : यह क्या... तुम तो अभी सीढ़ियों से... आचार्य के मुक्तिधाम की ओर थे, अपना अंतिम पाठ आचार्य से ग्रहण करने, अपनी जात... मैं आँख खोलूं तो वहीं दिखोगे...

अग्निवेश : (हँसते हुए) मत खोलिए। आप माँ हैं। आपका प्रेम तो वैसे भी अँधा होना चाहिए।

गुरु माँ : अन्धकार में तुम दिख रहे हो या ग्रहण की भूल है?

अग्निवेश : ग्रहण में समय नहीं होता माता। स्थान, उपस्थिति सब विचलित...

गुरु माँ : भाई कहाँ है तुम्हारा? और जाति क्या है तुम्हारी?

अग्निवेश : सीढ़ियाँ चढ़ रहा है... वह देखिए। लगभग भीतर... मैं वहां भी हूँ, यहाँ भी... सूर्य ग्रहण में जाति बताएँगे... परन्तु माँ का प्रेम तो माँ का प्रेम ही रहेगा। वात्सल्य की क्या जाति माता?

ग्रहण में हर जाति राम हो जाती है। राम बोधि और बुद्ध जैसे कोई अत्याचारी मठमहंत... समय ही ऐसा है गुरु माँ। सब समय का दोष है। सब समय की लीला...

श्रीहरी : हे राम,

हमें शक्ति दो

हमें राम राज्य लाने का बल दो

डंडा, तलवार, छुरा, खुखरी, रस्सा, तीर, कमान

अग्निवेश : अरे बेटा, किन वस्तुओं की सूची बना रहा है?

श्रीहरी : राम? भगवन आप आचार्य के रूप में?

अग्निवेश : तुम लोग तो सब प्रार्थना में लगे हो, वही खाली था तो उसका रूप ले लिया।

श्रीहरी : युद्ध की तैयारी है भगवन। हमें आशीर्वाद दें।

अग्निवेश : ले ले... आशीर्वाद का क्या है? दो चार ले। वैसे किसके साथ युद्ध करेगा कुछ सोचा?

श्रीहरी : बोधियों के मंदिर तोड़ूंगा?

अग्निवेश : बहुत अच्छे... ईंट से ईंट बजा देना।

श्रीहरी : आज्ञा भगवन...

अग्निवेश : जाति मानता है ना?

श्रीहरी : हाँ हाँ क्यों नहीं? आप ही को लेकर संदेह है सबको।

अग्निवेश : क्यों भई? शम्बूक, शबरी इत्यादि इत्यादि... क्या संदेह है? रामायण ठीक से नहीं पढ़ी क्या?

श्रीहरी : नहीं लोग कहते हैं, आप सब से प्रेम करते हैं?

अग्निवेश : लोगों का क्या है? जब जो कहने में सुविधा हुई कह दिया। कौन सी रामायण पढ़ी है?

श्रीहरी : वाल्मीकि।

अग्निवेश : मूर्ख... कुछ वर्षों में तुलसी आएगा... तुलसीदास पढ़, सबको पढ़वा... तुलसी मेरा अपना है, बाकी सब जंगली कहीं के। कुछ भी लिख देते हैं।

श्रीहरी : तो जात-पात के बारे में/

अग्निवेश : जाति नहीं मानूंगा तो राजा कैसे रहूँगा बे? यह नीची जाति वालों को पहले कर ठिकाने... इनसे बुरा कोई नहीं।

श्रीहरी : क्यों?

अग्निवेश : क्यों पूछ रहा है? पढ़ा-लिखा है क्या?

श्रीहरी : हाँ, थोड़ा-बहुत।

अग्निवेश : साले मैंने तीर-धनुष के आगे कुछ नहीं पढ़ा, तू क्यों इतना पढ़ रहा है? भक्ति कर मूर्ख। मार नीची जाति वालों को नहीं तो लेने के देने पड़ जाएंगे।

श्रीहरी : मेरे शिक्षकों ने कहा है/

अग्निवेश : पहले तो अपने शिक्षकों का कुछ ठिकाना कर। नीची जाति से भी बड़े कोढ़ हैं। पढ़े लिखे की कोई जाति नहीं होती। पहले इनको ठंडा कर, फिर नीची जाति को, और फिर समय बचे तो बौद्धियों को। बौद्धियों का क्या है? आने वाले काल में केवल संगीत बनाएँगे। इनके बस का कुछ नहीं।

श्रीहरी : जय श्री राम।

युयुत्सु : हाथ ठीक से पकड़ना। कोई भी गिरा तो एक आचार्य कम (हँसता हैं।)

(विलम्ब।)

अग्निवेश... तुम्हारा हाथ कहाँ है?

अग्निवेश : यह रहा... स्पर्श नहीं हो रहा है? (हँसता है।)

युयुत्सु : नहीं तो... तुम हो या नहीं?

अग्निवेश : आँखें खोलो... देख लो।

युयुत्सु : ग्रहण में आँखें खोलें। और खो लें अपनी आँखें तुम्हारे कारण?

अग्निवेश : अद्भुत चिंता है। अँधेरे में अँधेरा करना... भाई... अभी मैं राम बन गया हूँ, इसीलिए स्पर्श नहीं हो रहा है...

(युयुत्सु हँसते-हँसते सीढ़ियाँ चढ़ता है।)

नाथ : राम... राम... राम... आप... मैं आपको... हे राम (आँखों में आंसू भर आते हैं) आप आ गए...

अग्निवेश : हाँ बेटा... इतनी चेतना से लगा है, आना तो था ही।

नाथ : मुझे मुक्ति दीजिए राम... राम मुझे मुक्त करें।

(अग्निवेश इधर-उधर देखता है।)

अग्निवेश : किससे मुक्ति चाहिए बेटा?

नाथ : इस जीवन से, मैं/

अग्निवेश : कूद जा नीचे... हो गई मुक्ति।

नाथ : आप भक्तों से व्यंग्य कर रहे हैं...

अग्निवेश : तो राम... हँसी-ठट्ठा-किल्लोल नहीं करते क्या? (हँसते हैं) समूचे रामयाण में देखो... केवल विनोद ही विनोद है।

नन्द : आप परन्तु...

अग्निवेश : क्या?

नन्द : आप?

अग्निवेश : क्या?

नन्द : आप... अग्निवेश जैसे...

अग्निवेश : हाँ हाँ... किसी रूप में तो आना ही था। उसकी कहानी है, उसके रूप में आ गया।

नन्द : नहीं नहीं... आप किसी और रूप में आइए।

अग्निवेश : यह अच्छा है। अब तक राम मिलो, राम मिलो चल रहा था, अब राम आए हैं तो इस रूप, उस रूप में... गमछा दो तो धोती पकड़ लेंगे... नालायक!

नन्द : अग्निवेश... सीढ़ी चढ़ कर नहीं आ रहा?

अग्निवेश : आ रहा है।

नन्द : फिर?

अग्निवेश : फिर क्या... राम वानरों की सेना बना सकते हैं, चुड़ैलों, चांडालों को केवल मंत्र पढ़कर धुआं कर सकते हैं, तो क्या दो-तीन स्थान पर एक साथ नहीं हो सकते? बड़ा कह रहे थे राम हर जगह है... यहाँ हैं वहाँ है?

नन्द : हाँ हाँ... मुझे जीवन मरण के चक्र से मुक्ति दीजिए।

अग्निवेश : कौन से चक्र से?

नन्द : जीवन मृत्यु?

अग्निवेश : यह कौन सा चक्र है?

नन्द : महाराज आप?

अग्निवेश : तो अंतिम पाठ क्या होगा?

नन्द : दुविधा में हूँ भगवन? क्षमा करें इस रूप में आपको भगवन कहते हुए संकोच हो रहा है।

अग्निवेश : (हँसता है) क्या है दुविधा?

नन्द : शोध कर रहा था कि अहिंसा पर अंतिम पाठ दूंगा, पर स्वयं ही इस विषय को लेकर इतना विचलित हूँ। और फिर मेरे नगर के लोग, जानता नहीं था कि एक हत्या के बाद इतने उत्सुक हो जाएंगे, मैं तो अहिंसा का पाठ देना चाह रहा था... भगवन क्या कहूँ?

अग्निवेश : अहिंसा... नवीन शब्द है। कुछ और सोच।

नन्द : भगवन?

अग्निवेश : अहिंसा करता तो सीता रावण की हो जाती, और लक्ष्मण के साथ रोते-रोते, जीभ काटते हुए, शीश झुकाकर घर लौटता। दिवाली की हो जाती मिट्टी पलीत।

नन्द : परन्तु, वह तो न्याय का युद्ध था भगवन।

अग्निवेश : आज तक किसी से मिला है, जो स्वयं ही यह समझता हो कि वह अन्याय का युद्ध लड़ रहा है? तू यहाँ तक पहुंचा कैसे?

नन्द : तो क्या सनातन धर्म में अहिंसा का कोई स्थान नहीं?

अग्निवेश : सनातन धर्म... यह भी नवीन शब्द है (हँसता है।)

नन्द : फिर किस विषय पर अंतिम पाठ करूँ?

अग्निवेश : (सोचता है और फिर अहिल्या को देखता है) लड़की हाथ से जा रही है... स्त्रियों पर बल दे।

नन्द : अतः ?

अग्निवेश : अतः ? अतः मर्यादा-फर्यादा कुछ सुना दे। कुछ ऐसे ही हवा में, पर कठोर। सुन कर महत्त्वपूर्ण लगना चाहिए बस। अंतिम पाठ है... कुछ भी बोल, पर गंभीरता से बोल। गूदे पर क्यों ले रहा है (बार-बार अहिल्या को देखता है।)

नन्द : आप ऐसे क्यों बोल रहे हैं भगवन?

अग्निवेश : हमारे यहाँ ऐसे ही बोलते हैं। अधिक संस्कृति मत झाड़ समझा। वह देख अहिल्या बुला रही है। मैं चला। एक लुगाई थी, वह भी डुबा दी तुम लोगों के चक्कर में।

अग्निवेश : (अहिल्या की ओर देखकर) अहिल्या... अहिल्या...

अहिल्या : भगवन!

अग्निवेश : जी जी।

अहिल्या : प्रेम दीजिए भगवन... केवल... ऐसा प्रेम जो...

अग्निवेश : धन्य है... सबका अपना अपना चल रहा है मेरे नाम पे। यह लो यह लो। मैं आया (उसके पास जाते हैं।)

अहिल्या : आप? आप को मैंने कहा था ना... तर्क के पश्चात आइए?

अग्निवेश : अरे प्रेम दूर से दे दूँ क्या? सब में राम है। अब लो राम।

अहिल्या : अपमान न करें।

अग्निवेश : किसका?

अहिल्या : राम का और किसका...

अग्निवेश : राम राम का अपमान कैसे कर सकते हैं?

अहिल्या : आप तो अग्निवेश हैं... सीढ़ी से ऊपर चढ़ रहे हैं ६

अग्निवेश : हाँ वह भी है। ग्रहण होने वाला है। दिशा इधर-उधर। मन चंचल... भटक गया हूँ।

अहिल्या : मुझे मेरे प्रेग रो आप ही मिला सकते हैं।

अग्निवेश : अपने प्रेम का गुड़-गोबर कर चुका हूँ, रामायण के प्रत्येक काण्ड में दो-चार बार... तेरी नाव कैसे पार करूँ बता?

अहिल्या : आप ईश्वर हैं, आप कुछ भी कर सकते हैं।

अग्निवेश : हाँ... मन भटके तुम्हारा, और भोर होते ही ईश्वर की दुहाई?

अहिल्या : देखिये ईश्वर, समूचा बीरपुर चाहता है अग्निवेश के पथ पर चलना।

अग्निवेश : हाँ... हत्या होते ही ऊँची जाति के गंवारों की टोली तुरंत पथ पर निकल आती है... ऊँची जाति का गंवार सदैव अपने बाप का क्रोध अपने पड़ोसी पर निकालता है, यही नियम है।

अहिल्या : अग्निवेश महापंडित हैं।

अग्निवेश : महापंडित तो एक है सुंदरी... उसके पीछे जो टोली है उसका क्या? ऐसा ही होता है... मेरी कथा ही देख लो...

अहिल्या : आपकी कथा में तो बड़े-बड़े महापंडित थे भगवन।

अग्निवेश : हाँ... एक अपनी पत्नी के वर में बेटा जंगल भेज दे, दूसरा अकेले जंगल में सुन्दर लड़की देखकर उसी की नाक काट दे, तीसरा चप्पल सिंघासन पर रखकर सबकी ऐसी की तैसी करे, और प्रजा ऐसी कि चप्पल को ईश्वर समझकर भरत को शुल्क भरती रहे... इतने पंडित थे कि वानरों की सेना बनानी पड़ी...

अहिल्या : भगवन आप भी ना... अरे... अरे... ग्रहण!

(युयुत्सु और अग्निवेश ऊपर पहुँचते हैं।)

नन्द : यह क्या राम... ग्रहण हो नहीं रहा... यह कैसा प्रकोप?

युयुत्सु : यह सूर्य ढक क्यों नहीं रहा पूरी तरह?

अग्निवेश : ईश्वर ने भी मन बदल लिया? हम शिखर पर आ गए क्या?

नन्द : राम... राम... राम... तुम कहाँ गए? यह किस काल की चेतावनी है...

(दोनों आचार्य आँखें खोलते हैं... सामने नन्द खड़े हैं।

विलम्ब।)

युयुत्सु और **अग्निवेश** : प्रणाम आचार्य।

(विलम्ब।)

नन्द : प्रणाम। (ऊपर देखकर) ग्रहण...

युयुत्सु : नहीं हुआ आचार्य... संभवतः कुछ समय पश्चात...

अग्निवेश : आचार्य... स्वास्थ्य?

(विलम्ब।)

नन्द : प्राण त्याग दूँगा अग्निवेश, चिंता न करें...

(विलम्ब।)

भीतर लेप लगा कर आएं। युवा भीतर आएं तो उनकी आयु कम हो जाती है।

युयुत्सु और **अग्निवेश :** जी आचार्य।

नन्द : दो पात्र हैं बाहर... हल्दी और गोबर... युयुत्सु और अग्निवेश... इसी क्रम में।

(अग्निवेश और युयुत्सु एक दूसरे को देखते हैं।)

अग्निवेश : आचार्य?

नन्द : ब्राह्मण की हल्दी... और डोम के लिए गोबर...

(नन्द बैठ जाते हैं। दोनों लड़के चुपचाप लेप लगाते हैं। नन्द उन्हें देखते रहते हैं।)

नन्द : आप हल्दी लगाना चाहते हैं अग्निवेश?

(अग्निवेश चुप रहता है।)

नन्द : समूचा बीरपुर देखिए, ऊपर की ओर ताक लगाकर देख रहा है... समूचे क्षेत्र को यह ज्ञान होना चाहिए कि उनके आचार्य जिनमें से कोई भी नन्द बन सकता है... हैं क्या? कौन-सी जाति के... कितने ईश्वर और कितने दानव। हर प्रजा को यह अधिकार है... नहीं?

सब को दिखाकर लगाइए अग्निवेश। समूचे बीरपुर को राज पुरोहित के पुत्र की जाति का ज्ञान है। आप ही का छिपाव है।

(अग्निवेश बहुत शर्म से सामने की ओर आता है।)

नीचे देखिए आचार्य अग्निवेश। अपनी प्रजा की ओर।

(अग्निवेश चुपचाप काँपते हुए खड़ा रहता है।)

अपने जन्म पर लज्जा बहुत भयानक भाव है, नहीं? मेरे स्वप्न में आपके भविष्य का सन्देश न आया होता तो उम्र भर यह लज्जा आपके साथ रहती।

आप मेरी मृत्यु चाहते हैं ना?

(युयुत्सु और अग्निवेश आश्चर्य से नाथ नन्द को देखते हैं।)

स्वयं करेंगे यह कार्य या अपने संघ से सहायता लेंगे?

सूर्य ग्रहण होना आवश्यक था। पर राम की लीला अपरम्पार... राम सब जानते हैं। उन्हें ज्ञान है कि मनुष्य कब नीति पर चल रहा है और कब अपनी कर रहा है।

मैं अपनी कर बैठा। राम आए... उन्होंने दर्शन दिया, और चले गए।

आज तर्क के लिए आप दोनों को आशीर्वाद है। भीतर आईए...

(युयुत्सु और अग्निवेश धीरे-धीरे भीतर आने लगते हैं।)

मुक्तिधाम में अब तक डोम नहीं आते हैं आचार्य।

(अग्निवेश चुपचाप बाहर खड़ा हो जाता है।)

बाहर से बहस कैसे कर सकते हैं?

वह झाड़ू लीजिए। घुटनों के बल आईए और जैसे-जैसे आगे बढ़ें, अपने चिन्ह मिटा दीजिएगा। और देखिएगा छाँव न पड़े हम में से किसी पर।

(अग्निवेश चुप रहता है। फिर झाड़ू उठाता है और घुटनों के बल आगे बढ़ता है।)

कितना उदार है सनातन धर्म जो एक डोम को यह अनुमति है कि वह मुक्तिधाम में आए और मठ महंत बनने के लिए तर्क करे। परन्तु फिर भी लोग प्रसन्न नहीं, कहते हैं सनातन क्रूर है, असहिष्णु है। इससे अधिक, कौनसा धर्म किसी को जगह देगा, राम ही जाने...

जो प्रजा एक मृत्यु पर जागरूक हो जाए, वह एक विश्वासघात पर क्या करेगी, आप अनुमान लगा ही सकते हैं अग्निवेश।

अंतिम तर्क?

(युयुत्सु अग्निवेश की ओर क्रोध से देखता है।)

युयुत्सु : हम प्रस्तुत हैं आचार्य।

नन्द : युयुत्सु, क्या हम सब ईश्वर हैं? क्या हम सब एक हैं, अथवा क्या हम केवल ईश्वर की रचना हैं और ईश्वर हम से परे है?

युयुत्सु : आचार्य... ईश्वर एक है... समूचा संसार ईश्वर का बिम्ब है। हम सब ईश्वर के रूप हैं। परन्तु हम ईश्वर नहीं।

ईश्वर ने वर्ण दिए, जाति बनाई, मनुष्य को मनुष्यता का आभास दिया। दृष्टि, स्पर्श, सुनने, और सूंघने की क्षमता दी ताकि हम इस भिन्नता का बोध कर पाएं।

हम सब ईश्वर की रचना हैं। परन्तु ना तो हम सब समान हैं, और ना ही हम ईश्वर हैं।

नन्द : अगर हम सब समान नहीं तो आप मंदिर के द्वार हर जाति के लिए क्यों खोलना चाहते हैं?

युयुत्सु : सामाजिक विवशता है आचार्य। अभी भी मैं स्वप्न देखता हूँ तो केवल सुवर्ण ही दिखते हैं मुझे। मेरे स्वप्न में एक भी डोम, चमार, महार नहीं आता... परन्तु मैं उन्हें छोटा नहीं मानता।

जो बौद्ध बन जाते हैं, उनके लिए एक नया शब्द चल पड़ा है इन दिनों... बुद्धू। आज ईश्वर ने सामाजिक स्थिति ही ऐसी बनाई है कि बौद्धियों की मूर्खता को टालने का इससे सरल उपाय नहीं। उपहास अकेला माध्यम है।

और आचार्य, मंदिर के द्वार खोलने से ही शूद्र मंदिर में आने नहीं लगेंगे। अपने इतिहास का भय तो उनमें हमारे भय से कहीं अधिक है। हाँ यह बौद्ध बनने की जो होड़ है, वह थम जाएगी।

(विलम्ब।)

नन्द : और आप? क्या हम सब ईश्वर हैं? क्या हम सब एक हैं, अथवा क्या हम केवल ईश्वर की रचना हैं और ईश्वर हम से परे है?

अग्निवेश : ईश्वर के हम हैं। हम में कुछ ईश्वर हैं, परन्तु हम ईश्वर नहीं... जैसे पात्र में सागर का जल भर लेने से पात्र का जल सागर है भी और नहीं भी। हम उतने ही ईश्वर हैं जितना पात्र का जल सागर है। हम उसी धातु के हैं जिसके ईश्वर हैं। परन्तु हम ईश्वर नहीं... हम ईश्वर हैं भी और नहीं भी।

नन्द : तुम डोम हो। मुर्दाघाट से तुम्हें, तुम्हारे माता-पिता से लेकर लाया था। अब क्या कहोगे अपने संघ को?

बौद्ध बन जाओगे?

(विलम्ब।)

अग्निवेश : मेरे संघ की आवश्यकता भी मेरे समाज ने ही मुझे दी है आचार्य। अगर मैं ब्राह्मण होता और आप डोम, तब भी आपके स्वप्न में आकर, आपसे शिक्षा पाकर मैं कृतज्ञ ही होता।

और मेरा आन्दोलन उन वर्णों से है जो बौद्ध बन रहे हैं। केवल इसीलिए कि उनका राजा बौद्ध है। धर्म मनुष्य विधि में लिखकर लाता है। चाहे वह धार्मिक हो या नहीं, आस्तिक हो या नास्तिक।

आध्यात्म मनुष्य की इच्छा नहीं है, मनुष्य की नींव है।

जब तक बौद्ध धर्म परिवर्तन करते रहेंगे, मेरा आन्दोलन भी चलता रहेगा, क्योंकि इस विशाल धर्म को एक साधारण धर्म से सुरक्षित रखना भी ईश्वर की ही इच्छा है।

नन्द : तो तुम मानते हो कि तुम डोम हो?

अग्निवेश : आप पिता हैं मेरे... आप कहते हैं तो... हूँ भी और नहीं भी...
(विलम्ब।)

नन्द : तुम ने कोई घोर पाप किया है?
(युयुत्सु अग्निवेश की ओर देखते हैं।)

नन्द : (क्रोध से) तुमने कोई घोर पाप किया है या नहीं?
(अग्निवेश शांत है।)

नन्द : अभी भी कह सकते हो अग्निवेश। तुमने कोई घोर पाप किया है? किया है तो दंड भी नहीं मिलेगा तुम्हें... उसे मिलेगा जो तुमसे भी नीचे है।

अग्निवेश : मैं तो अपने ही आचार्य के आगे गोबर से लथपथ घुटनों पर हूँ। मेरा सहपाठी हल्दी में... मुझसे नीचे कौन है आचार्य?

नन्द : नारी... नारी सबसे नीचे है।

अग्निवेश : नारी तो जननी है आचार्य...
    माता कौशल्या,
    माता यशोदा,
    माता सीता
    माँ जनमजेय
    जो राखे हरि को
    हरि वेश में वह राधिका
    जो बने है राम
    राम वेश में वह माँ सीता...
    प्रेम, वात्सल्य, काम, सहोदरी
    जो पर प्रतिज्ञा में वस्त्र अपने खोए...
    कौन द्रौपदी से अधिक पवित्र...
    मैंने घोर पाप किया है भी और नहीं भी आचार्य।

नन्द : तर्क के पश्चात, अंतिम निर्णय मेरा है।
आप मेरे स्वप्न में आए थे अग्निवेश। इसी कारण एक अंतिम अवसर दे रहा हूँ...

अग्निवेश : मैंने पाप किया भी है तो आचार्य, उसका उत्तर मुझे ईश्वर को देना होगा।

नन्द : गुरु ईश्वर नहीं?

अग्निवेश : हैं भी और नहीं भी...

(विलम्ब।)

नन्द : तो आप पाप का/

अग्निवेश : आपकी मुक्ति समूचे आचार्य कुल के लिए सर्वोपरि है आचार्य नन्द। मैंने अपने पाप का शोध कर दिया तो आपकी मुक्ति में बाधा होगी...

नन्द : मुक्ति... मुक्ति मुझे मिलेगी। सूर्य ग्रहण होगा। अवश्य होगा... परन्तु मैं अपना मठ और अपना बीरपुर... बौद्धियों को दे सकता हूँ पापियों को नहीं...

आपकी सेना मेरी मृत्यु के लिए अब तक तो उत्सुक खड़ी होगी?

युयुत्सु : मैं तो सदैव आपको कहता रहा आचार्य... कि आचार्य अग्निवेश का यह दल हमारी धार्मिक चेतना के विपरीत है। मैं मठाधीश बना तो तुरंत इसका बहिष्कार कर दूँगा।

अग्निवेश : और आत्मरक्षा? आत्मरक्षा कैसे करेंगे भविष्य में? पिछली बार कुछ गिने-चुने लोग मंदिर तोड़ने गए थे और कितने पंडितों को मृत्यु दंड मिला था? और तब बौद्ध राजा आज से दुर्बल था। आज अगर बौद्धियों ने कुछ किया तो/

युयुत्सु : आत्मरक्षा में मूल शब्द 'आत्मन' है अग्निवेश... रक्षा नहीं। मनुष्य की आत्मा रक्षा करने योग्य भी होनी चाहिए। अब डोम करेंगे ब्राह्मणों की रक्षा...

अग्निवेश : शूद्रों पर मुझसे कहीं अधिक क्रोध तो तुम्हें है युयुत्सु। तुम केवल अपने आप को बड़ा दिखाने के लिए यह ढोंग कर रहे हो। और वैसे भी तुम राज पुरोहित के बेटे हो। तुम्हारी विचारधारा के सारे भक्त सुवर्ण हैं... कहते हो तुम सब कि वर्ण नहीं होगा पर स्वप्न में तुम सबके केवल सुवर्ण ही सुवर्ण हैं। जिस मनुष्य के वास्तव और स्वप्न में मतभेद हो, वह किसी नीति का नहीं हो सकता युयुत्सु। तुम्हारी उदारता केवल एक प्रकार का असत्य है।

नन्द : (हाथ दिखाकर उसे रोकता है) अंतिम तर्क समाप्त हुआ। ईश्वर किसके हैं और क्या है और इस बीरपुर के मठ के लिए क्या होंगे, इसका निर्णय ग्रहण हटने पर मैं दूँगा।

(विलम्ब।

दोनों उन्हें प्रणाम करते हैं।)

युयुत्सु : अंतिम पाठ क्या है आचार्य? आज उसका समय आ गया है।

नन्द : (आँखें बंद करके सोचते हैं) राम... हे राम... (ज़मीन पर बैठ जाते हैं) समय ही ऐसा है... जो कहूँ (अग्निवेश उन्हें उठाने जाता है।)

युयुत्सु : रुको अग्निवेश। शरीर पर गोबर मल कर आप मठ महंत को नहीं उठा सकते। आचार्य ने कहा न... अपनी परछाई भी दूर रखिए... द्धनन्द से) आईए आचार्य (उठता है।)

अग्निवेश : युयुत्सु! मत भूलो कि मैं नाथ नन्द के पुत्र सा हूँ। उनके प्रेम में पला हूँ मैं... उनके प्रेम से मैंने/

नन्द : (अग्निवेश की ओर देखकर) अंतिम पाठ है प्रेम का। प्रेम... कोई भी प्रेम, किसी भी प्रकार का... अधिक न करें। प्रेम एक अस्वस्थ मन की चेतना है। एक दुर्बल शरीर की चेष्टा। मनुष्य प्रेम के लिए बना ही नहीं है... प्रेम मनुष्य में एक विशेष खोट है... द्धअग्निवेश से) अंतिम अवतार में ईश्वर मनुष्य का यह दोष भी समाप्त कर देंगे।

(विलम्ब।)

आशीर्वाद है।

युयुत्सु : प्रणाम आचार्य।

नन्द : विजयी भवः।

(विलम्ब।)

अग्निवेश : प्रणाम आचार्य।

नन्द : (क्रोध और दुःख से) निकल जाओ अग्निवेश। कई वर्ष पूर्व गुरु माँ ने कहा था... नाथ अपने स्वप्न से डरो। स्वप्न में ईश्वर सन्देश नहीं चेतावनी देते हैं। मुझसे भूल हो गई।

निकल जाओ...

(अंतराल।)

आठ

(दो दिन और दो रात बाद का समय। ग्रहण अभी तक अधूरा है।

अहिल्या का कमरा। अहिल्या अग्निवेश को नहला रही है और उनके शरीर से गोबर निकाल रही है।

घासीदास उनके सामने एक बड़ी-सी पोटली लेकर खड़ा है।)

घासीदास : अभी तक नहीं निकल रहा? कठिन है। मेरे तो भीतर चला गया है...

दो दिन और दो रातें हो गई हैं... इस पानी में अभी तक अधूरा ग्रहण दिख रहा है अग्निवेश... यह ग्रहण शीघ्र जाने वाला नहीं।

अहिल्या : आप यहाँ तक कैसे आए?

घासीदास : बड़ी कठिनाई से। नगर का द्वार बंद होने से पहले अन्दर आ गया था। और एक रास्ता पहाड़ी से जानता हूँ, उससे चला जाऊंगा। चलोगे अग्निवेश?

(अग्निवेश चुप रहता है।)

घासीदास : शूद्रों की अंतिम टोली एक बैलगाड़ी में निकल रही है अग्निवेश।

अग्निवेश : (अहिल्या से) आप रहने दें, मैं कर लूँगा।

(**अहिल्या :** ककर उसे चुपचाप देखती है, और दोबारा नहलाने लगती है।)

घासीदास : तुम्हारे संघ ने शूद्रों और मठ के आचार्यों पर युद्ध घोषित कर दिया है। द्वार बंद है। नीचे बौद्धियों की सेना आ रही है। भीतर त्राहि-त्राहि है। पकड़े गए तो...

अग्निवेश : मेरा संघ मेरी अनुमति के परे कुछ नहीं करता।

घासीदास : तुम अब वह नहीं रहे अग्निवेश, जो तुम अंतिम तर्क से पूर्व थे। सनातन धर्म में ईश्वर की परिभाषा अनिश्चित है, परन्तु शूद्र की परिभाषा विलक्षण। सम्पूर्ण तरह से निश्चित! आप ही इन्हें कहिए देवी कि ये यहाँ से चला जाए।

(अग्निवेश अहिल्या को देखता है।)

अग्निवेश : (अहिल्या से) मैंने आपसे कहा ना... मैं कर लूँगा।

संघ का नेतृत्व?

घासीदास : श्रीहरी कर रहे हैं। वेद पशुपति की हत्या कर चुके हैं, नीतिशास्त्र के आचार्य रघुनन्दन की कुटिया में आग लगा दी है, और आचार्य/

अग्निवेश : युयुत्सु?

(विलम्ब।)

युयुत्सु कहाँ है?

घासीदास : उन्हें मंडी के चौराहे पर... अँधा कर दिया गया है... संघ के एक बारह साल के बालक ने उनकी आँखें निकाली हैं, सबके सामने। केवल दो दिन और दो रातों में तो हो नहीं सकता... तुम लोगों ने सदियों से प्रतीक्षा की होगी इस समय की।

यह देखो... (पोटली दिखाता है) यह तुम्हारी कुटिया से जो बन पाया, ले भी आया हूँ।

अग्निवेश : क्या? तुम्हें अन्दर जाने किसने दिया?

घासीदास : वह सब मैं बता दूंगा... तुम/

अग्निवेश : चले जाओ घासीदास। अभी भी मुझमें और तुममें बहुत अंतर है। मैं नहीं भागूँगा बीरपुर छोड़कर। अभी तो मेरा समय आया है। नक्षत्र देखे तुमने? ग्रहण में फेर-बदल। यही मेरा समय है, मेरी कुंडली में लिखा है। (हँसता है।)

घासीदास : हँस रहे हो अग्निवेश? मैं तो फिर भी नट हूँ। तुम डोम हो। तुम्हारी देह तक जलाने में संकोच करेंगे लोग। सड़ोगे किसी नदी के किनारे।

अग्निवेश : (चिल्लाकर) घासीदास!

घासीदास : कह लो, कुछ भी। आज आचार्य नन्द की कुटिया में तुम्हें किसी ने स्नान न कराया होता तो अब तक ब्राह्मण बच्चे पत्थर फैंक रहे होते तुम पर।

अहिल्या : चलिए... मैं भी चलती हूँ।

(विलम्ब।)

हाँ... मैं... मेरा अब यहाँ क्या है?

घासीदास : सुना है नाथ नन्द को दो दिन से आप पानी तक देने नहीं गईं?

अहिल्या : नाथ नन्द ने बीस वर्षों में मुझे पानी तक नहीं पूछा है घासीदास... और तुमने भी अपनी अर्धांगिनी को नहीं ही पूछा होगा!

घासीदास : यह तो आप अपने क्रोध से कह रही हैं। क्षमा करें, आपको साथ नहीं ले जा सकते।

अहिल्या : क्यों?

घासीदास : आप हमारी जाति की नहीं है। हमारी बैलगाड़ी ऊँची जाति का बोझ नहीं ढो पाएगी।

अहिल्या : परन्तु/

अग्निवेश : कोई कहीं नहीं जा रहा है घासीदास। आज मेरे छात्र को यहाँ आने में थोड़ा समय लग रहा होगा, परन्तु वह आएगा। तुम अपने प्राण बचाओ... मैंने औरों को बुला लिया तो यहीं ढेर हो जाओगे।

घासीदास : तो नहीं आओगे?

अग्निवेश : नहीं।

घासीदास : मत आओ मेरे साथ। मेरे लिए पुण्य ही है। परन्तु यहाँ से मत निकलना। मेरी जाति से ब्रह्मांड देखते तो नक्षत्र के फेर-बदल के लिए आकाश के मानचित्र की आवश्यकता ना होती।

आज्ञा दें देवी।

(जाने लगता है, रूककर) और हाँ, अग्निवेश, अगर किसी कारणवश यहाँ से निकलो, तो जल पर्याप्त मात्रा में पीकर निकलना। डोम जाति का कुआँ चार गाँव दूर है। प्रणाम!

(घासीदास चला जाता है।

अहिल्या चुपचाप एक कोने में बैठ जाती है।)

अग्निवेश : अहिल्या?

अहिल्या : आप क्यों हठ कर रहे हैं?

अग्निवेश : अभी दो रात पहले तो आप कह रही थीं... कि मैं नाथ नन्द बनकर आपसे ब्याह करूँ। और आज आप बीरपुर छोड़ कर चली जाना चाहती हैं?

अहिल्या : हमारे ब्याह के लिए बीरपुर में रहना या आपका नन्द बनना आवश्यक नहीं। हम यहाँ से चले गए तो गन्धर्व विवाह भी कर सकते हैं।

अग्निवेश : आप ब्राह्मण हैं। यह अनैतिक होगा।

अहिल्या : अगर एक नीरस नैतिक समझौते में रहना निष्कपट प्रेम से अधिक ब्राह्मण-योग्य है, तो आज से मैं आपके साथ डोम हूँ...

अग्निवेश : परन्तु मैं ऐसे भय से अपना घर छोड़ दूँ? मैं अग्निवेश... यहाँ के मठ का...

अहिल्या : पुरुष अपना नाम इतनी बार अपने जीवन में सुनता है कि उसे उस नाम पर विश्वास होने लगता है... नहीं?

(विलम्ब)

मैं भय से नहीं जाना चाहती अग्निवेश। पर प्रेम से... वह प्रेम जो मैंने तुम्हें किया है। किसी को भी यह मिल सकता था। मेरे पास भरपूर है... तुम इसके योग्य हो तो चलो। अथवा मैं स्वयं ही जा रही हूँ। इस बीरपुर में अब कुछ नहीं है हमारा।

अग्निवेश : यहाँ से जाकर हम दोनों अपूर्ण होंगे। क्या हम अपूर्ण होकर प्रेम कर पाएंगे?

अहिल्या : प्रेम अपूर्णता में ही पलता है आचार्य अग्निवेश। अपूर्णता में श्री राम युद्ध करते हैं माँ सीता के लिए, पूर्णता में एक धोबी तक एक वंश का नाश कर सकता है।

आप चलेंगे?

अग्निवेश : मेरा मन कहता है, मेरा शिष्य आएगा...

(अचानक नगाड़े और शंख की तेज ध्वनि सुनाई पड़ती है।)

अहिल्या : लगता है बौद्ध राजा की सेना द्वार तक आ गई है... हो सकता है बौद्ध फिर भी अहिंसा का ढोंग करें। इस ओर तो यह आवश्यकता भी समाप्त हो गई है।

नौ

(उसी रात्रि। मुक्तिधाम में। नन्द को गुरु माँ जल दे रही हैं।)

नन्द : उस की शिक्षा तो आपसे ही है। आप ही से/

गुरु माँ : कुछ भोजन किया है आपने?

नन्द : हाँ, कुछ लोग हैं जो राम पाठ करते हैं। आते हैं तो कुछ ले आते हैं। ना जाने इस ग्रहण में क्या बचा-खुचा बासी... कुछ भी... आज वे भी नहीं आए।

गुरु माँ : आप चलिए द्वार पर।

नन्द : क्यों? मैं सब त्याग कर यहाँ आया हूँ। समाधि लेने।

गुरु माँ : राजा से बात नाथ ही करते हैं... नहीं?

नन्द : अभी कोई नाथ नहीं है बीरपुर में। राजा को प्रतीक्षा करनी होगी।

गुरु माँ : वे प्रतीक्षा ही कर रहे हैं। परन्तु भीतर जो घट रहा है, आपकी दृष्टि के सामने। उसका क्या?

नन्द : यह मेरे समय का दोष तो नहीं है। (विलम्ब) नहीं है यह मेरे समय का/

गुरु माँ : है... कदाचित है।

नन्द : मैंने कब इस नाश की विद्या दी?

गुरु माँ : आपने नहीं दी? यह हिंसा, आपके मठ की शिक्षा में कूट-कूट कर नहीं भरी? जाति, वर्ण, प्रलय, दोष, यह सब हिंसा नहीं हैं?

नन्द : आप बौद्धियों के प्रकार...

गुरु माँ : नाथ... नाथ! इधर... इधर मेरी ओर देखिए।

नन्द : आपको ज्ञान है मैं आपको नहीं देखता। मैं अपनी अर्धांगिनी के/

गुरु माँ : आप उसे भी नहीं देखते...

(नन्द मुड़कर देखते हैं।)

गुरु माँ : हम सहपाठी हैं नन्द। हम दोनों एक ही आचार्य से चार वर्ष की आयु से शिक्षा ले रहे थे। फिर एक दिन तुम नाथ बन गए, और तुमने पूछना ही बंद कर दिया।

नन्द : तुम मुझसे अधिक ज्ञानी थी... इसीलिए तुम गुरु माँ बनी।

गुरु माँ : अब एक बार... एक मेरी बात मान लो नाथ। आओ नीचे चलते हैं। नगर में शान्ति आ जाएगी। और द्वार पर बौद्ध राजा से भी वार्तालाप करेंगे। दोषियों को दंड मिलेगा, और फिर... फिर तुम समाधि लेना।

नन्द : अगला नाथ?

गुरु माँ : युयुत्सु...

नन्द : परन्तु मैं नीचे गया तो मेरी मुक्ति का/

गुरु माँ : राम मुक्ति देते हैं नाथ। राम को मुक्ति नहीं मिलती...

(अंगद दौड़ता हुआ भीतर आता है, और अपना मुकुट और पूँछ ज़मीन पर पटकता है।)

अंगद : यह लीजिए... बस।

नन्द : मुक्तिधाम की गरिमा में/

अंगद : आप लोग सब मूर्ख है क्या? या सो रहे थे इतने वर्षों तक? मुझे अगर मेरे पिताजी नहीं मिले ना... मैं स्वयं पूरा मुक्तिधाम जला दूँगा।

गुरु माँ : अंगद!

अंगद : यह नाम नहीं है मेरा! पेट पालने के लिए आपकी चाकरी कर रहा था। पर बस अब बहुत हो चुका...

नन्द : तुम्हारे पिता जहाँ कहीं भी हैं सुरक्षित हैं।

अंगद : आप बड़े सर्वज्ञानी हैं क्यों? रक्त से रंग गई हैं मुक्तिधाम की सीढ़ियाँ। मेरे पिता को अगर कुछ हो गया होगा तो/

गुरु माँ : क्या... हुआ क्या है... ठीक से बताओ।

अंगद : इन्हीं के पास आ रहे थे, आप की मुक्ति के लिए राम जपने। आप ही की टोली ने इन पर वार कर दिया।

नन्द : मेरी टोली नहीं है वह।

अंगद : मठ की टोली आपकी कैसे नहीं है?

नन्द : तुम नहीं समझोगे...

अंगद : हाँ हम क्यों समझेंगे? हम तो जाहिल हैं। कहा था मैंने पिताजी को कि बौद्ध बन जाईए या मठ की टोली का समर्थन करिए। पर नहीं। कहने लगे, इन दोनों में से कोई भी हमारा धर्म नहीं है।

नन्द : सही कहते हैं।

अंगद : आचार्यशाला में जब आचार्य युयुत्सु पर वार हुआ... पिताजी गए उन्हें बचाने... तब से अब तक नहीं मिले।

गुरु माँ : युयुत्सु?

अंगद : जी।

(विलम्ब। नाथ और गुरु माँ चिंता में।)

अंगद : सब आपका किया धरा है।

नन्द : इस तरह का वाक करोगे तो सीधा नरक में जाओगे।

अंगद : सब कुछ जलाकर, साथ लेकर जाऊँगा सबको।

(हनुमान का प्रवेश।)

हनुमान : प्रणाम आचार्य... (अंगद को मारते हुए) उठा... उठा सब। क्षमा आचार्य, क्षमा करें... प्रणाम प्रणाम गुरु माँ।

अंगद : कहाँ हैं... मिले?

(हनुमान चुपचाप खड़ा रहता है।)

अंगद : क्या?

हनुमान : क्षमा करें आचार्य (अंगद को खीचते हुए) हम रात्रि आकर राम पाठ करेंगे।

कोई और कर लेगा सुग्रीव...

नन्द : कहाँ है सुग्रीव?

(हनुमान चुप रहता है। नन्द आँख बंद करके प्रार्थना करते हैं।)

अंगद : कहाँ हैं... कहाँ हैं?

हनुमान : मैं नीचे बताता हूँ। यहाँ शूद्रों के शोक का उल्लेख नहीं करते... नीचे चलो।

नन्द : अंगद।

अंगद : क्या हुआ है?

नन्द : अंगद... यहाँ आओ।

(अंगद दौड़कर उनके पास जाता है, जैसे वे कुछ दिखाने वाले हों। नन्द अंगद को गले लगा लेते हैं।)

नन्द : मैं तुम्हें क्या सांत्वना दूँ पुत्र? मुझे क्षमा कर दो।

हनुमान : (दौड़कर अंगद को खींचता है) पीछे हो पीछे... छोड़... पीछे हो...

(वह नन्द को धक्का मार देता है। नन्द चौंक कर उसकी ओर देखते हैं।)

हनुमान : मत छू इन्हें। आयु कम हो जाएगी।

(नन्द और गुरु माँ उसकी ओर अचम्भे से देखते हैं।)

गुरु माँ : यह क्या कर रहे हो... जाहिल... शूद्र (नाथ को उठाती हैं।)

हनुमान : नहीं नाथ, अब आपको मृत्यु का भय हो रहा है तो आप हमारी आयु लेना चाहते हैं?

नन्द : क्या मूर्खों की तरह वाक् कर रहे हो!

हनुमान : हम अपनी आयु नहीं देंगे। रात को आएंगे हम पाठ करने। आपका काम हम करते हैं, पर अपने बच्चों की आयु हम नहीं देंगे।

नन्द : तुम सब गंवार हो। एकदम गंवार... जाहिल... इसीलिए बौद्ध बन रहे हो... और जो नहीं बन रहे हैं वे और भी गंवार हैं। मरो सब के सब... इस जन्म में क्षुद्र हो, अगले जन्म में कीट बनोगे। जो भूमि से निकलते ही मर जाते हैं... और गोबर में पलते हैं। सब के सब। केवल कीट।

(अंगद नाथ का गला पकड़ लेता है। उनका दम घुटने लगता है। हनुमान और गुरु माँ उसका हाथ छुड़ाने दौड़ते हैं।)

हनुमान : छोड़ दे। यह चाहते ही हैं कि तू इन्हें हाथ लगाए... छोड़ दे...

(अंगद नाथ का दम पूरी तरह घोंटने लगता है।)

हनुमान : छोड़... छोड़... तेरी आयु भी कम हो गई तो हम खाएंगे क्या? मूर्ख तेरे पिताजी भी नहीं रहे... तू भी मर गया तो सब भूखे मरेंगे। पागल है... छोड़ छोड़ कहता हूँ...

(अंगद पलट कर हनुमान का सर अपने हाथ में लेता है और उसे बलपूर्वक नाथ की खाट पर पटकता है। रक्त बहता है और हनुमान लहूलुहान होकर गिर जाता है।

नाथ और अंगद दोनों दो तरफ़ बैठ जाते हैं हाँफते हुए। गुरु माँ अचम्भे में हनुमान का लहूलुहान शरीर अपने हाथ में लिए, उसे देखती हैं।)

अंगद : हम क्या करें... क्या करें...

(अंगद गुरु माँ के पैर से लिपटकर रोने लगता है।

गुरु माँ उसे उठाती हैं। ज़मीन पर बैठकर उसका सर अपनी गोद में रखती हैं।)

गुरु माँ : अब भी नहीं जाओगे नन्द... अब भी तुम्हारी अपनी मुक्ति इतनी लोभनीय है? यह है मुक्ति? एक मनुष्य को इतना विवश कर दो, कि वह मनुष्यता से ही मुक्त हो जाए...

नन्द : मैं क्या करता गुरु माँ? मैं तो स्वयं/

गुरु माँ : (अगली पंक्तियों को कहते हुए गुरु माँ अंगद के आभूषण निकालती हैं) मुक्ति अकेले को मिलती है नाथ... परन्तु प्रायश्चित एक पूरा समाज करता है। यही धर्म है।

(अब अंगद एक साधारण आदमी के वस्त्रों मैं है।)

जाओ बालक... अब तुम रामायण से मुक्त हो। पीछे मुड़कर मत देखना। यहाँ तुम्हारे लिए कोई स्थान नहीं।

दस

(अहिल्या के कमरे में श्रीहरी का प्रवेश।

अग्निवेश उसे देखकर मुस्कुराते हैं।)

श्रीहरी : प्रणाम आचार्य।

अग्निवेश : प्रणाम, प्रणाम शिष्य... आन्दोलन का मीठा कलरव मेरे कानों तक पहुँच गया है... (अहिल्या की ओर देखकर) मैंने कहा था न... मेरा छात्र आएगा...

श्रीहरी : आपका आशीर्वाद है आचार्य।

अग्निवेश : बौद्धियों ने पलट कर वार किया?

श्रीहरी : हमने द्वार लगा दिए हैं। बौद्धि राजा भी बाहर हमारे नए नन्द की प्रतीक्षा कर रहे हैं।

(विलम्ब।)

परन्तु हमारे सबसे बड़े विरोधियों की खैर नहीं।

अग्निवेश : कौन?

श्रीहरी : बुद्धिजीवी ब्राह्मण और बीरपुर के नीची जाति के सनातनी।

अग्निवेश : क्या? क्या कह रहे हो? तुम अपने ही लोग मार रहे हो?

श्रीहरी : भगवान श्री कृष्ण ने कहा है... सब अपने हैं। युद्ध में भाई-भाई को नहीं छोड़ता। यही धर्म है।

अग्निवेश : क्या मूर्खों वाली बात कर रहे हो श्रीहरी?

श्रीहरी : जिन आचार्यों ने युगों से हमें नपुंसकता सिखाई है। उनके शव एक-एक कर चौराहे पर टांग दिए हैं। पहले अपना घर स्वच्छ कर लें। बौद्ध स्वयं ही पथ पर आ जाएंगे।

(विलम्ब।)

अहिल्या : निकल जाओ यहाँ से। यह मठ महंत की कुटिया है।

श्रीहरी : आप जैसी स्त्रियों को माता कहलाया है इस मठ ने... कुछ धर्म तो इसमें भी भ्रष्ट हुआ है।

(अग्निवेश से) आचार्य?

अग्निवेश : मेरे एक वाक्य से तुम्हारा लोग क्या करेंगे तुम जानते हो न श्रीहरी?

श्रीहरी : आप डोम हैं आचार्य? क्या करेंगे? ईश्वर से ऊपर कोई नहीं, और ईश्वर बौद्ध नहीं हैं। जाति देखकर बात करिए।

फिर भी मैंने इस जागरूक सेना को यह कहा है कि आप द्विज पुरुष हो सकते हैं। एक जन्म आपका ब्राह्मण रूप में हो सकता है।

(अग्निवेश खिड़की पर जाकर बाहर देखता है।)

अहिल्या : चलो अग्निवेश। मैंने तो कहा ही था, इस नगर में अब धर्म का कुछ नहीं रखा...

श्रीहरी : आपने कई धर्म किए हैं... नहीं? आप जानती हैं न/

अहिल्या : चलो अग्निवेश, तुम्हें कोई कुछ नहीं करेगा। हम ही द्वार खोल देंगे और बौद्धि राजा के शरणार्थी बनेंगे। चलो।

(अपनी पोटली लेकर वह जाने लगती है। अग्निवेश एक जगह खड़ा रहता है। अहिल्या लौट कर आती है।)

मैं... मैं हूँ तुम्हारे समीप अग्निवेश। भय किसका है? अब कुछ छुपाने की आवश्यकता नहीं। अब तुम कभी अकेले नहीं रहोगे।

यह। यह क्या है? न हिन्दू है न बौद्ध। कोढ़ है। कोढ़... पूरे बीरपुर के नाम पर कलंक।

(श्रीहरी अहिल्या को ज़ोर से थप्पड़ मारता है। वह गिर जाती है।

अग्निवेश श्रीहरी को हाथ दिखाकर रोकता है। अहिल्या के पास जाकर अहिल्या को उठाता, और उसे श्रीहरी और अपने बीचों-बीच खड़ा कर देता है।)

अग्निवेश : मनुस्मृति खंड दो। गुरु की अर्धांगिनी और शिष्य के नियम। जो स्त्री अपने पति के शिष्य से प्रेम करे, उसे कुत्तों में खिला देना चाहिए। युयुत्सु तो अब नहीं रहे...

कुत्ते हैं आपके पास?

(विलम्ब।)

श्रीहरी : आचार्य अग्निवेश हमारी चेतना, मनुस्मृति हमारा मार्गदर्शक।

जय श्री राम!

आइए देवी।

(अहिल्या चुपचाप अग्निवेश को देखती है। उसके पास जाती है और उसके मुँह पर थूकती है। बाहर कुत्तों की आवाज़ आती है।)

अहिल्या : इस बीरपुर में मुक्ति का बस अब एक पथ है अग्निवेश। और वह है पशु का भोजन बनना... धन्यवाद!

(कुत्तों की आवाज़ और तेज हो जाती है।)

ग्यारह

(युयुत्सु एक बड़ी लकड़ी के खम्भे से बंधा है। उनकी आँखों से ख़ून बह रहा है। अग्निवेश उसके सामने खड़ा है।

दूर से कुत्तों की आवाज़ आ रही है। युयुत्सु का ख़ून धीरे-धीरे टपक रहा है।)

युयुत्सु : मुझे नीचे लाओगे, तो ये लोग तुम्हें भी अँधा कर देंगे अग्निवेश।

अग्निवेश : मैं तुम्हें मारना नहीं चाहता था युयुत्सु। ऐसा मैंने/

युयुत्सु : भोर तक रक्त बहेगा मेरा... तुम क्या हत्या करते मेरी अग्निवेश, हत्या तो सूर्य की पहली किरण करेगी। जब ग्रहण हटेगा... अगर कभी हटा... तो फिर कभी सूर्य को अर्घ्य मत देना। तुम इस योग्य नहीं।

(अग्निवेश खम्भे पर चढ़ने की कोशिश करता है।)

युयुत्सु : उतर जाओ। उतर जाओ। हम में से एक का होना तो आवश्यक है।

अग्निवेश : मैं ऐसे तुम्हें यहाँ मरता हुआ नहीं छोड़ सकता युयुत्सु।

युयुत्सु : मैं मर सकता हूँ। पर एक डोम के हाथों बचना नहीं चाहता। दूर रहो मुझसे।

अग्निवेश : कैसी बातें कर रहे हो युयुत्सु? मैं तुम्हारे प्राण बचाने की चेष्टा कर रहा हूँ।

युयुत्सु : प्राणों का क्या है अग्निवेश? एक बार जाएंगे तो निःसंदेह कई बार फिर कहीं जन्म लेंगे। विवेक का सोचो। अंत में केवल अपने विवेक का सोचो।

अग्निवेश : मुझे आने दो युयुत्सु। मेरे भ्राता समान हो तुम। इस क्षण की कल्पना तक नहीं की थी मैंने।

युयुत्सु : इस क्षण की कल्पना कोई नहीं कर सकता... परन्तु मैं डोम के हाथों में अपनी अंतिम साँस नहीं लूँगा। दया करो। चले जाओ।

अग्निवेश : मैं यह आन्दोलन रोक दूंगा।

युयुत्स : यह तम्हारा है ही नहीं।

अग्निवेश : मैं ही बनूँगा मठाधीश, मैं रोक दूंगा।

युयुत्सु : कोई नहीं सुनेगा तुम्हारी।

अग्निवेश : क्यों... क्यों नहीं सुनेगा? मैं सब सामान्य कर दूंगा। यह तो अभी नक्षत्र ही ऐसे हैं कि/

युयुत्सु : प्रेम, मित्र, और गुरु, तीनों की हत्या करने के पश्चात क्या सामान्य कर दोगे तुम अग्निवेश?

अग्निवेश : मैंने कहाँ हत्या की है युयुत्सु? मैं तो बौद्धियों के विरुद्ध सेना बना रहा था। यह सब/

युयुत्सु : क्या देख पा रहे हो? देख कर बताओ।

(अग्निवेश इधर-उधर देखता है और आँख बंद कर लेता है।)

युयुत्सु : नहीं देख पा रहे हो? यह दंड है तुम्हारा। अब देखो, तुम्हारी दृष्टि तुम्हें सोने नहीं देगी...

(अग्निवेश फिर आँख खोलकर देखता है।)

अग्निवेश : मेरे साथ कितने अन्याय हुए हैं युयुत्सु। यह दंड भी मुझे ही क्यों?

युयुत्सु : अपने जीवन के अन्याय के लिए, अपने ज्ञान के प्रवाह का दुरूपयोग तुमने किया है। शास्त्रों का क्या है? हम जैसे ही साधारण लोगों ने लिखा है। उनकी इर्ष्या, उनके लोभ, उनके स्वप्न और वास्तव में मतभेद नहीं हुए होंगे क्या?

हमने ज्ञान को समझा नहीं, उसका प्रयोग किया है। इसी कारण आज मेरे नेत्र केवल रक्त दे रहे हैं और तुम्हारे नेत्र तुम्हें सोने नहीं देंगे।

(अग्निवेश इधर-उधर देखता है।)

देखो। अब केवल देखो। मृत्यु के लिए विवश हो जाओगे, परन्तु यह दृष्टि तुम्हें...

(युयुत्सु अचानक चुप हो जाता है। विलम्ब। अग्निवेश एक छुरा निकालता है। अपनी आँख पर मारने ही वाला होता है।)

फिर वही भूल कर रहे हो अग्निवेश। फिर हिंसा की सरलता।

(अग्निवेश रुककर युयुत्सु की ओर देखता है।)

आँख निकाल दोगे... तो इस विनाश की कल्पना करते रहोगे। और वह कल्पना वास्तव से भी अधिक भयानक होगी... धर्म और दृष्टि बाहर नहीं भीतर हैं।

अग्निवेश : इतने ज्ञानी हो तुम। परन्तु अभी भी अपने प्राण त्याग दोगे पर एक डोम का स्पर्श नहीं होने करोगे।

युयुत्सु : विवश हूँ अग्निवेश... केवल भय सिखाया है मेरे धर्म ने मुझे...

(विलम्ब।)

अग्निवेश?

अग्निवेश : हाँ... कहो।

युयुत्सु : यह लड़का वैसे है कौन?

अग्निवेश : कौन?

युयुत्सु : श्रीहरी?

(दोनों हँसने लगते हैं।)

युयुत्सु : वह... जो ऊँचाई से डरता था?

अग्निवेश : (हँसते हुए) हाँ... और बाहर दालान पर मिट्टी खाता था।

(दोनों ज़ोर-ज़ोर से हँसते हैं।)

युयुत्सु : इसको ऐसा क्या सिखा दिया तुमने... कि ऐसा/

अग्निवेश : इसके पिताजी की मृत्यु हुई थी/

युयुत्सु : हाँ हाँ... बौद्ध मंदिर तोड़ने निकले थे... (दोनों हँसते रहते हैं।)

अग्निवेश : बाल काल में कोई डरपोक दिखे तो उसे वहीं साहसी बना देना चाहिए।

युयुत्सु : अन्यथा वह बड़ा होकर साँप बन जाता है।

अग्निवेश : तुमने उसे कई बार मारा भी है।

युयुत्सु : हाँ मारा ही होगा। आज भी मेरे हाथ में होता तो लगा देता दो थप्पड़।

अग्निवेश : मैं ही लगा देता... पर/

युयुत्सु : बौद्धि राजा द्वार पर खड़े हैं... और समूचा बीरपुर है इस मूर्ख के हाथों में?

अग्निवेश : मूर्खता पर कोई विजय नहीं पा सकता युयुत्सु। तुमने एक बार इसी श्रीहरी को... (हँसता है।)

युयुत्सु : कुएँ से पानी लाने को कहा था... और यह कुएँ में गिर गया था! ये वही है ना?

अग्निवेश : हाँ... वही है... भय, मूर्खता और आज्ञाकारिता का अद्‌भुत मिश्रण।

युयुत्सु : और हम जैसे अति चालाक हैं। (दोनों हँसते हैं।) एक अँधा और एक रावण।

अग्निवेश : रावण... तुम मुझे रावण कह रहे हो... (हँसता है।)

युयुत्सु : और क्या... मरोगे...

अग्निवेश : हम सब मूर्ख हैं।

युयुत्सु : और जो वर्षों बाद हमारी कथा को दोहराएंगे... वे भी अपने आप को चालाक समझेंगे।

अग्निवेश : और नैतिक, और निष्ठावान और वीर। (दोनों हँसते हैं।)

युयुत्सु : पर उनके भी स्वप्न और वास्तव में दोष होगा।

अग्निवेश : और जब यह कथा कह रहे होंगे, बाहर उस समय का श्रीहरी लगा होगा अपने काम में।

युयुत्सु : क्योंकि उसके स्वप्न और कर्म में कोई भेद नहीं... (दोनों हँसते है।)

युयुत्सु : मेरी मृत्यु हो जाए... तो तुम मुझे जलाओगे?

अग्निवेश : (युयुत्सु की ओर देखकर) हाँ...

युयुत्सु : श्रीहरी कहाँ हैं?

अग्निवेश : मुक्ति... मुक्ति देने मुक्तिधाम गया है।

युयुत्सु : तुम नहीं गए?

अग्निवेश : अब उसके पथ में कोई बाधा नहीं डाल सकता। कहता है यह काम समाप्त कर मुझे नन्द घोषित करेगा। फिर द्वार मैं खोलूँगा।

युयुत्सु : तो जाओ, नाथ बनो। क्या कहोगे बौद्धि राजा से?

अग्निवेश : हमें बुद्ध दिख गए। अब हम नहीं लड़ेंगे। (दोनों ज़ोर-ज़ोर से हँसते हैं।)

युयुत्सु : ईश्वर नाथ नन्द को मुक्ति दे। (विलम्ब।) मुझे तुम अग्नि देना मित्र...

अग्निवेश : हाँ, अवश्य। पर नया-नया डोम हूँ, कच्चा-पक्का जलोगे... ठीक है?

(दोनों हँसते रहते हैं।)

बारह

(रात्रि का तीसरा पहर।

मुक्तिधाम में आचार्य नाथ नन्द आँखें बंद किए बैठे हैं। उनके पीछे श्रीहरी तलवार लेकर खड़ा है।)

नन्द : हाँ... श्रीहरी लाओ... लेप लाओ।

(श्रीहरी गोबर का लेप आगे कर देता है। आचार्य नन्द अपने ऊपर गोबर का लेप लगाने लगते हैं।)

भोजन कर लो... थोड़ी शक्ति मिलेगी। इस दिन के बाद तो किसी का भी शरीर टूट जाए।

श्रीहरी : मैं आपका भोजन नहीं खा सकता।

नन्द : (हँसते हुए) वर्षों से तुम मेरा ही भोजन खा रहे हो बालक।

श्रीहरी : बालक मत कहिए मुझे।

नन्द : बहुत है... और लगाऊँ?

श्रीहरी : और...

नन्द : जैसा तुम उचित समझो।

(विलम्ब।)

श्रीहरी : आप कह रहे हैं, इस कारण थोड़ा-सा ग्रहण कर रहा हूँ। (वह अन्न खाता है।)

नन्द : अवश्य... इस बाल-काल में बिना अन्न के नहीं रहते। पित्त पड़ जाता है पेट में।

श्रीहरी : आपका शव चौराहे पर टंगेगा...

नन्द : बेहतर है... बन पाया तो दक्षिण की ओर मुख रखना...

श्रीहरी : हाँ, हो सकता है।

नन्द : अच्छा है। धन्यवाद।

श्रीहरी : आप ठीक से कर नहीं रहे हैं।

नन्द : बूढ़ा हो गया हूँ ना... (हँसते हैं।)

श्रीहरी : मैं कर दूँ?

नन्द : हाँ कर दो... सुविधा होगी।

(श्रीहरी उठकर जाता है और आचार्य पर लेप लगाने लगता है।)

नन्द : एक प्रार्थना तुम भी कह लेते। मेरी मृत्यु के पश्चात राम तो आएंगे यहाँ मुझे लेने। तुम तो केवल मेरा शरीर नीचे ले जाओगे। कह लो। मेरे चलते राम तुम्हारी भी सुन लेंगे।

श्रीहरी : जी।

हे राम।
हे बलशील, हे धनज्जय
हे महापुरुष, हे प्रथम अवतार।
राम के नाम का डंका दे।
राम के नाम की जय-जयकार दे।
राम के नाम का युग-युगांत दे।

(आचार्य श्रीहरी की तलवार उसे देते हैं। श्रीहरी हाथ में तलवार लेकर खड़ा होता है। आचार्य सामने बैठे हैं। आँखें मींचे। मुस्कुराते हुए श्रीहरी की प्रार्थना सुन रहे हैं।)

राम के नाम का/

नन्द : अपने लिए प्रार्थना कर रहे हो या राम के लिए?

श्रीहरी : आचार्य?

नन्द : नहीं नहीं... क्षमा... करो करो प्रार्थना.. भजो राम। मैं प्रस्तुत हूँ वैसे... जब भी तुम्हें उचित लगे। नि:संकोच।

श्रीहरी : जी आचार्य...

हे राम

इस जगत को जोत दो।

ग्रहण से मुक्ति दो।

अन्धकार से आलोक दो।

नन्द : अरे प्रार्थना तो कम से कम मन से करो। देखो कैसे ग्रहण फंसा हुआ है कितने घंटों से? यह कोई बात है।

राम से ज्योति क्यों ग्रहण की प्रार्थना करें। अधूरा ग्रहण भयानक होता है।

श्रीहरी : जी आचार्य... हे राम मुझे

ग्रहण दो...

ग्रहण के अन्धकार की शक्ति दो।

नन्द : आहा।

श्रीहरी : मुझे...

मुझे शक्ति दो शौर्य दो

अंतिम विजय का स्वाद दो।

इस जगत को

राम का नाम दो

राम के...

नन्द : मैं प्रस्तुत हूँ बालक... संशय मत करना...

श्रीहरी : जी जी आचार्य...

हे राम

हे राम महा...

हे...

(वह प्रार्थना के बीच में दो-तीन बार तलवार उठाता है पर आचार्य पर वार नहीं कर पाता। आचार्य आँख खोलते हैं। उसकी ओर देखते हैं। विलम्ब।)

नन्द : राम से वार्तालाप मत करो... केवल राम का नाम लो। सुविधा होगी...

(आचार्य आँख बंद कर दोबारा मुस्कुराते हुए बैठ जाते हैं। श्रीहरी उनकी ओर देखता है।)

श्रीहरी : सियावर राम चन्द्र की... (चिल्लाकर) सियावर राम चन्द्र की

(वह तलवार उठाता है परन्तु फिर रुक जाता है। आचार्य आँख खोलते हैं, मुस्कुराते हैं।)

नन्द : मन से राम को निकाल दो बालक। शान्ति से... बिना किसी उत्तेजना के... बिनी किसी विडंबना के... सचेत मन से... ठन्डे मस्तिष्क से... पशुओं की तरह करो।

यही भविष्य है।

(श्रीहरी उनकी ओर देखता है। आचार्य आँख बंद कर अपनी प्रार्थना कहते हैं। प्रणाम करते हैं।

दोनों चुपचाप हैं। आचार्य बैठे हैं। श्रीहरी तलवार लेकर खड़ा है। एकदम चुप। कोई नहीं हिल रहा। श्रीहरी तलवार उठाता है और भावशून्य होकर आचार्य की हत्या कर देता है।

आचार्य का शरीर गिरते ही शंख की ध्वनि बजती है। शंखनाद के साथ अग्निवेश नाथ बनता है।

अग्निवेश के नाथ बनते ही ग्रहण पूरा हो जाता है।)

WWW.OBERONBOOKS.COM

Follow us on www.twitter.com/@oberonbooks
& www.facebook.com/OberonBooksLondon

www.ingramcontent.com/pod-product-compliance
Ingram Content Group UK Ltd.
Pitfield, Milton Keynes, MK11 3LW, UK
UKHW020819240326
469204UK00019B/69

9 781786 822581